MÉMOIRES
D'UN GENDARME

POISSY. — TYP. ET STÉR. DE A. BOURET

MÉMOIRES
D'UN
GENDARME

PAR

PONSON DU TERRAIL

PARIS

E. DENTU, ÉDITEUR

LIBRAIRE DE LA SOCIÉTÉ DES GENS DE LETTRES

PALAIS ROYAL, 17 ET 19, GALERIE D'ORLÉANS

—

1867

Tous droits réservés

MÉMOIRES
D'UN GENDARME

Saint-Donat, 4 septembre.

I

J'avais promis, l'année dernière, au père Sautereau le brigadier de gendarmerie, d'écrire un jour ses mémoires. Il y a trois jours, c'est-à-dire vendredi soir, au coucher du soleil, comme nous revenions de faire l'ouverture de la chasse en plaine, le jeune docteur L... et moi, nous avons trouvé le brigadier aux Charmilles.

Jean-Nicolas Sautereau n'est plus gendarme; il a pris sa retraite et il vient d'être décoré.

Il s'est retiré dans son petit bien de l'autre côté de la Loire, dans le Val; c'est une maisonnette blanche, entourée d'un côté d'un clos de vigne et de l'autre d'un arpent de prairie.

Ce modeste héritage appartient à sa femme. Il a fait, lui, quelques économies sur son traitement de trente-cinq années et acheté une inscription au grand-livre.

Sautereau et sa femme ont de quinze à dix huit cents francs de revenu.

Le petit bourg de Saint-Gratien-au-Val, qui touche à la maisonnette, voudrait bien avoir l'ancien brigadier pour maire; mais il a refusé :

— Non, non, mes enfants, a-t-il répondu à ceux qui sont venus le lui proposer. J'ai été toute ma vie l'incarnation vivante et populaire de la loi, je suis las de l'autorité et je veux me reposer. Si vous avez besoin d'un conseil, venez, mais ne me demandez pas autre chose.

Or, vendredi soir, l'ancien brigadier est venu me sommer de tenir ma promesse; il m'a du reste singulièrement abrégé la besogne, en me remettant un gros manuscrit dans lequel, presque jour par jour, il a consigné les événements importants de sa vie. Et c'est en le suivant au jour le jour, me bornant au rôle de rédacteur et d'arrangeur, que je vais raconter cette singulière existence.

II

Il y a quarante ans, la Sologne était un pays tout à fait sauvage.

On n'avait encore rien défriché ni assaini.

Sous les ajoncs dormait une eau bourbeuse; les bois qui se succédaient sans interruption ne laissant à découvert çà et là que de maigres landes de terre sablonneuse et improductive.

Les hameaux étaient clair-semés ; les villages situés à de grandes distances les uns des autres ; les communications difficiles, pour ne pas dire impossibles.

La population, chétive et malaisée, avait grand mal à vivre.

Le fermier ne se tirait d'affaire qu'en ne payant pas ses fermages.

Le paysan braconnait au fusil, au collet, avec toutes sortes d'engins, et personne n'y trouvait à redire.

Le braconnage était passé, en Sologne, depuis 1789, à l'état de profession avouée, et quelle profession, grand Dieu ! Le gibier, assez bon marché quand il arrivait dans les villes, se payait un morceau de pain à celui qui le prenait.

Un de ces industriels qu'on nomme dans le centre *poulaillers* et qui font le commerce des œufs, du beurre et des volailles, parcourait les campagnes, les fermes, les huttes de charbonniers et de bûcherons, et payait un lièvre de dix-huit à vingt-cinq sous, un perdreau rouge six sous, un gris quatre ou cinq.

Il donnait une livre de poudre pour un chevreuil. Le braconnage était donc un moyen d'existence à peu près avéré, et les quelques grands propriétaires de Sologne, qui étaient chasseurs, ne songeaient même pas aux moyens de le réprimer, lorsque le préfet du Loir-et-Cher fut changé à peu près à la même époque où M. le marquis de Vauxchamps fut nommé député.

Tout cela se passait sous la Restauration, et tout au commencement.

Le nouveau préfet, M. de B..., était chasseur, et très à cheval sur les priviléges de chasse ; le marquis de Vauxchamps, qui avait une terre considérable en pleine Sologne, entre Romorantin et Salbris, avait une haine violente du braconnage.

Le préfet et le député s'entendirent; en moins d'un an, toutes les brigades de gendarmerie furent doublées, tous les gardes champêtres et forestiers destitués et remplacés par des gens étrangers au pays.

Le tribunal de Romorantin entra dans la confédération et se montra sévère; les pauvres Solognots furent traqués, condamnés.

On confisqua les fusils; il y eut de la prison pour les récidivistes.

Dans un pays méridional, il y eût eu des révoltes à main armée; mais le Solognot à la fièvre, il est doux et inoffensif.

Les plus enragés braconniers se soumirent un à un; et il n'en resta bientôt plus qu'un très-petit nombre.

Mais à l'époque où commence cette histoire, il en était quelques-uns encore qui bravaient toute autorité, et, de ce nombre, le plus hardi, le plus enragé, et celui qui, bien que Solognot de naissance, paraissait appartenir à une toute autre race, par la violence et l'irascibilité de son caractère, Martin l'*Anguille*.

D'où venait ce surnom bizarre?

Martin habitait avec sa femme et ses cinq enfants une horrible hutte en torchis, couverte de branches de sapin, en guise de toit, en plein bois, au bord d'un étang qu'on appelle la *mare aux Ragots*.

Dans cet étang d'où s'exhalaient, en automne, de pestilentielles émanations, les anguilles étaient assez communes, et pendant bien longtemps le braconnier Martin avait joint à sa première industrie celle de pêcheur et on avait fini par lui donner le nom du poisson qu'il capturait.

Martin était un homme de petite taille, mais fort, trapu, énergique.

Basané comme un maure, l'œil noir, les dents aiguës

et blanches comme un carnassier, il avait une beauté sauvage sous ses haillons.

Sa maison, un bout de champ, quelques nippes et le produit du braconnage de forêt et d'eau, c'était tout ce qu'il possédait.

Il s'était marié à vingt ans, avec une femme plus âgée que lui et qui était devenue aveugle.

Martin avait eu cinq enfants, quatre fils et une fille.

La fille était l'aînée.

A douze ans, pleine de courage, elle s'en était allée dans le Val où les fermiers sont plus aisés, se louer comme gardeuse d'oies.

Les quatre garçons étaient restés au logis, vivant de la vie du père, c'est-à-dire braconnant le gibier et le poisson, allant avec lui le dimanche jusqu'à Salbris, où ils buvaient et se querellaient dans les cabarets.

Ils étaient jumeaux deux par deux.

Martinet et Martin avaient alors seize ans; Jacques et Victor quatorze.

Ce dernier restait souvent à la maison, prenait soin de la mère aveugle et faisait la soupe.

Il était plus doux que ses frères et disait bien souvent :

« En place de courir les bois, est-ce que nous ne ferions pas mieux de travailler notre champ et d'aller en journée dans le Val! »

A quoi les frères répondaient par des injures et le père par un coup de pied.

Martin-l'Anguille souriait même parfois :

« Si je n'avais pas vu naître le garçon, je croirais qu'il est le fils d'un garde ou d'un gendarme!

— Il est bien à toi, répondait la femme aveugle; seulement, il a plus de bon sens que vous tous. »

Un soir de novembre, que la querelle recommençait sur ce point, Martin prit son fusil et dit à ses fils :

— Il a neigé la nuit dernière. J'ai connaissance d'une biche et de son faon; nous les suivrons au pied jusqu'à leur viandis. Il y a longtemps que nous n'avons fait un coup de fusil sur de gros gibier.

— Eh! mon homme, dit la femme aveugle, tu as déjà eu deux procès cet été; tu sais bien que M. Sober, le garde-chef, t'a dit que si on te reprenait, tu irais en prison...

— Eh bien! répondit le braconnier, les enfants te resteront pendant que je mangerai le pain du Gouvernement. Venez les gars!

— Je n'y vais pas, dit Nicolas.

— Tu viendras, brigand! s'écria Martin l'Anguille en levant la crosse de son fusil sur son fils. Va-tu pas renier le métier de ta famille à présent!

Et il le poussa rudement dehors, le forçant à marcher devant lui.

La neige couvrait la terre, et il faisait ce qu'on nomme vulgairement un froid de loup.

Le ciel était clair et la lune y brillait de tout son éclat.

— Nous y verrons tirer comme en plein jour, dit Martin l'Anguille en s'engageant le premier dans un petit sentier qui courait sous bois.

Lui seul avait, en apparence du moins, un fusil.

C'était une arme de gros calibre à deux coups.

Mathieu et Martinet, les deux aînés, avaient eux, quelque chose d'entortillé sous leur blouse. C'était ce classique fusil brisé en trois morceaux, à peu près dispar aujourd'hui, mais dont les braconniers se sont servis bie longtemps.

Jacques et Nicolas, les deux plus jeunes fils, avaient l spécialité des collets.

Le premier surtout excellait à courber une branch d'arbre sur le pasage d'un chevreuil. Quant à Nicolas, l métier ne lui plaisait guère, car il n'en savait pas moins panneauter les lièvres et les lapins et construire le piége ingénieux de l'abreuvoir où se prennent si sottement les bécasses.

III

Quand ils furent à une certaine distance de leur habitation, le père dit à ses fils :

— Je vous ai tous emmenés, parce que je voulais que la vieille vous laissât tranquilles avec ses gendarmes, ses procès et sa prison ; mais nous n'avons pas besoin de nous en aller de compagnie, comme une harde de marcassins.

La neige est dure : ça fait du bruit en marchant.

Mathieu répondit :

— Je vais aller voir du côté de la mare aux Chevrettes. Il doit y avoir un coup à faire.

— Moi, dit Jacques, je vais aller relever mes collets à lapin.

— Je vais avec toi, fit Nicolas.

— Oh ! toi, non, s'écria Martin l'Anguille qui était toujours irrité contre son fils. Tu ne me quitteras pas, gredin ! et bon gré, mal gré, il faudra bien que tu deviennes un vrai braconnier de plaine et de forêt.

— Puisque vous gardez le *feignant*, dit Martinet, l'un des grands frères de Nicolas, vous n'avez pas besoin de moi.

— Où vas-tu donc ?

— Je vais faire un tour du côté de la ferme des *Trois-Chênes*.

— Ah ! et qu'est-ce que tu veux y faire, gars ?

— J'ai idée que la fillette à Jean Féru, le fermier, me trouve à son goût.

— C'est possible, grommela Martin l'Anguille ; mais comme Jean Féru a du bien et qu'il pourra peut-être donner quatre ou cinq cents francs en beaux écus à la fille elle ne sera pas pour toi.

— A savoir, dit Martinet.

— C'est tout su, dit brutalement le père.

— La Madeline est une tête chaude ! ce qu'elle veut, elle le veut bien ! je l'enlèverai et nous nous en irons dans le Val, ou bien encore de l'autre côté de la Loire. Alors faudra bien que Jean Pierre consente !

— Ce que tu dis là est mal, murmura le petit Nicolas.

Mais son père lui allongea une taloche :

— Mêle-toi donc de ce qui te regarde, affreux gamin ! lui dit-il. Et toi, le gars, fais ce que tu voudras. Après ça nous aurions tout de même besoin d'une femme à la maison.

Martinet s'en alla, tirant de son côté, comme avaient fait les deux frères, et Martin l'Anguille resta seul avec son fils Nicolas.

Ce dernier était tout tremblant.

C'était une nature nerveuse, délicate, impressionnable et fort bonne au fond, car elle avait résisté jusque-là aux exemples déplorables de son père et de ses frères.

— Mais, père, dit-il encore, savez-vous bien que ma mère avait raison tout à l'heure.

— Raison, de quoi ?

— Les gardes, les gendarmes, tout cela s'entend contre vous, depuis quelque temps.

— Oui, mais je suis un bon gibier de change. N'aie pas peur... ils ne me pinceront pas.

— Tenez, père, reprit Nicolas d'une voix suppliante, si vous m'en croyez...

— Eh bien ?

— Nous retournerions à la maison.

— Marche, bandit, ou je te casse la crosse de mon fusil sur le dos ! répondit durement le braconnier.

La lune tamisait sa clarté à travers le feuillage et resplendissait sur la neige.

Tout à coup Martin l'Anguille s'arrêta :

— Tiens ! dit-il, connais-tu ça ?

Et il montrait à son fils de larges empreintes sur la neige.

— C'est un piquet de chevreuil, répondit l'enfant.

— Aussi vrai que tu es un fin braconnier et moi un imbécile ! répondit dédaigneusement Martin l'Aguille. Ne reconnais-tu donc pas les *foulées* d'un cerf ?

L'enfant se pencha avec curiosité. Alors Martin l'Anguille, qui tenait à faire l'éducation de son fils, lui dit :

— La foulée est profonde et bien marquée ; le pied est rond et gros ; c'est un cerf de passage. Il n'est pas de ces cantons ; je crois bien qu'il vient des forêts d'Orléans ou de Montargis. Mais comme ses *allures* ne sont pas régulières et que le pied de derrière est à côté de celui de devant ce n'est pas un vieux six-cors ; c'est un cerf à sa deuxième tétée tout au plus.

Nous allons le suivre, je parie que nous le trouverons à la *reposée* avant un quart d'heure.

La trace du cerf se continuait sur la neige, traversant les taillis et les petites futaies de sapin, qui sont très-nombreuses en Sologne.

Martin et son fils cheminaient toujours.

Le premier, qui avait coulé deux balles mariées dans

1.

son canon gauche et une balle franche dans son canon droit, s'arrêta tout à coup.

— Qu'avez-vous, père ? demanda Nicolas.

— J'ai entendu du bruit, il me semble.

Et le braconnier se coucha, l'oreille contre terre pour mieux écouter.

— C'est le vent, dit-il enfin en se relevant. Il n'y a personne en forêt... Les gardes trouvent qu'il fait trop froid, et les gendarmes sont couchés.

Les *allures* du cerf devenaient plus irrégulières encore et l'animal paraissait fatigué, à en juger par la profondeur de ses empreintes.

Martin l'Anguille s'arrêta encore.

— Tiens, dit-il à son fils en lui montrant un fourré de broussailles devant lequel s'ouvrait une étroite éclaircie, pour sûr le cerf est là-dedans. J'ai mon plan. Je vais aller de l'autre côté du buisson et je me posterai.

— Bon !

— Toi, tu vas rester ici. Tu prendras deux cailloux et tu les frapperas l'un contre l'autre en marchant droit sur moi.

— Oui, père, répondit l'enfant, chez qui l'intérêt de cette chasse dominait momentanément les répugnances que lui inspirait le métier de braconnier.

Martin se glissa le long des arbres jusqu'à l'endroit indiqué et s'accroupit au bord du gros buisson qu'il jugeait renfermer le cerf.

Muet, immobile, le fusil à l'épaule, le doigt sur la détente, il attendit.

Alors l'enfant marcha droit sur le buisson en faisant claquer ses cailloux et criant de temps en temps : *Are! are! are!*

Martin ne s'était pas trompé.

Le cerf était dans le buisson; au bruit, il se dressa

inquiet, hésita un moment, car, ainsi que l'avait jugé le braconnier, c'était un cerf de passage et qui était épuisé de fatigue; puis il bondit hors du boisson et s'arrêta de nouveau, en pleine clairière, cette fois la tête haute, prêt à affronter le danger.

Il était en pleine lumière, à soixante mètres du braconnier.

Martin pressa la détente, le coup partit; le cerf fit un bond prodigieux et retomba mort. La balle franche l'avait frappé au cœur.

Mais comme le braconnier joyeux s'élançait sur sa victime, un pas précipité retentit sous bois et Martin vit apparaître le tricorne d'un gendarme au clair de lune.

— Ah! cette fois, Martin l'Anguille, cria le gendarme, il fait assez clair pour qu'on te reconnaisse.

Martin voulut prendre la fuite et cria :

— Sauve-toi! petiot!

Le gendarme le poursuivit :

— J'ai ordre de t'arrêter, continua le gendarme et tu iras finir ta nuit dans la prison de Romorantin.

Martin courait toujours; mais le gendarme était jeune, agile et connaissait parfaitement la forêt.

— On t'a pourtant prévenu, continua le gendarme qui gagnait du terrain, mais tu es incorrigible!... tu auras tes six mois de prison... En courant, Martin fit un faux pas, donna tête baissée contre un tronc d'arbre et tomba.

— Ah! canaille! murmura-t-il, imputant au gendarme le mal qu'il venait de se faire. Son front s'était ouvert et le sang en coulait.

— Rends-toi! cria le gendarme en arrivant sur lui.

Mais le braconnier qui n'avait pas lâché son fusil dont le canon gauche était toujours chargé, aveuglé par le sang, ivre de rage et de douleur, répondit :

— Tiens! voilà comme je me rends!

Et il épaula et fit feu presque à bout portant sur le gendarme, qui tomba à son tour comme était tombé le pauvre cerf.

IV

Martin l'Anguille n'avait jamais commis de crime jusque-là. Jamais, même, il ne s'était approprié le bien d'autrui, hormis le gibier.

Mais, dans l'esprit du braconnier, le gibier est à tout le monde.

A peine le malheureux eut-il vu tomber le gendarme que la peur le prit.

Ses cheveux se hérissèrent, ses yeux s'injectèrent de sang, son cœur cessa de battre.

Il vit se dresser l'échafaud devant lui, et oubliant son fils, oubliant le cerf, cause de son forfait, il prit la fuite, sans même songer à s'assurer si le gendarme était mort ou non.

Or ce dernier avait reçu l'une des deux balles mariées dans la poitrine.

L'autre avait dévié et s'était enfoncée dans un tronc d'arbre.

Le malheureux soldat de la loi était tombé privé de connaissance et baignant dans son sang.

Cependant il n'était pas mort, et il ne tarda point à revenir à lui sous une impression du froid qui avait des transitions de chaleur subite.

Un homme, un enfant plutôt, essayait de le ranimer, en le frottant aux tempes et au visage, avec de la neige mise en boule.

De là ces alternatives de froid et de chaud.

Cet enfant, on l'a deviné déjà, c'était le petit Nicolas, le fils du braconnier.

Nicolas n'avait point calculé que donner des soins au gendarme et chercher à le sauver, c'était perdre son père.

Nicolas n'avait vu qu'un homme en danger de mort, et il était accouru, laissant son père prendre lâchement la fuite après son ignoble action.

La vie se traduisit chez le gendarme par un soupir; puis il rouvrit les yeux, regarda autour de lui et vit le petit braconnier.

— Qui es-tu donc, toi ? lui dit-il.

L'enfant ne répondit pas.

Il avait déchiré sa chemise et la déchiquetait avec ses dents; il en avait fait une sorte de charpie avec laquelle il bouchait le trou fait par la balle et essayait d'étancher le sang qui coulait avec abondance.

— Monsieur, dit l'enfant, si vous pouviez seulement marcher cinquante pas, il y a une hutte de bûcherons tout près, où il n'y a personne... Je vous y ferais du feu, et je pourrais ensuite aller chercher du secours.

Le gendarme essaya de se lever; mais il retomba et murmura d'une voix éteinte :

— J'ai froid...

Et ses yeux se fermèrent de nouveau.

Le petit Nicolas était de taille exiguë, mais, comme tous les gens nerveux, il devenait très-fort quand il obéissait à une grande surexcitation.

Il prit le gendarme à bras le corps, fit un effort surhumain et le chargea sur son épaule.

Il comprenait bien que si le gendarme demeurait une

heure encore exposé au froid glacial de la nuit, c'était un homme mort.

Alors, pliant sous le faix, mais se roidissant et puisant dans son courage des forces presque surhumaines, il se mit en route.

Le gendarme s'était évanoui de nouveau.

Ainsi qu'il l'avait dit, Nicolas n'eût guère plus d'une cinquantaine de pas à faire pour arriver à la hutte des bûcherons.

C'était une sorte de hangar bâti avec des madriers réunis les uns aux autres par de la terre glaise et couvert de branches d'arbres.

Les charbonniers y trouvaient un gîte les jours de pluie; ils y avaient même installé une cheminée rustique, formée de trois pierres, et d'un trou dans la toiture pour laisser passer la fumée.

Les derniers hôtes de la hutte qui, du reste, était un peu à tout le monde, y avaient amoncelé des feuilles mortes et de la fougère.

Nicolas coucha le gendarme sur ce lit improvisé.

La lune brillait toujours au ciel, et on y voyait comme en plein jour.

Ensuite l'enfant qui, comme tous les braconniers, avait toujours sur lui un briquet et de l'amadou, entassa quelques branches mortes, quelques poignées de bruyère sèche et y mit le feu. La chaleur ranima le gendarme, plus promptement que ne l'avait fait la neige tout à l'heure.

L'enfant lui avait ôté son uniforme, et, guidé par un merveilleux instinct, il avait mis une couche de neige sur la blessure.

— Brave enfant, murmura le soldat, tu ne veux donc pas que je meure?

— Si j'étais bien sûr qu'il ne vous arrive rien d'ici mon

retour, répondit Nicolas, je descendrais jusqu'à Salbris chercher M. Chipot, le médecin. Il ne me faudrait pas une heure pour faire les deux chemins.

— Non, reste, dit le gendarme.

Et il essaya de se soulever et de se remettre sur son séant.

C'était un homme de trente-cinq ans à peine.

Il avait fait deux congés dans les chasseurs d'Afrique avant d'être gendarme, et sa poitrine était couturée de cicatrices.

— Bah! dit-il avec un fin sourire, j'en ai vu bien d'autres, va! et je n'en mourrai pas cette fois encore.

La neige et les lambeaux de chemise, convertis en charpie, avaient arrêté le sang.

Le gendarme porta la main à sa blessure et dit :

— Je crois bien que la balle n'est pas entrée et qu'elle a glissé entre les côtes.

— Je vais courir à Salbris, reprit l'enfant.

— Non, attends...

Et le gendarme parvint à se mettre debout et s'approcha du feu.

— J'ai soif! dit-il.

Nicolas alla prendre de la neige dans ses mains et la lui tendit.

Le blessé en mit une poignée dans sa bouche; puis, à la lueur du feu, il se prit à regarder son sauveur.

— Mais qui es-tu donc, toi? répéta-t-il.

L'enfant courba de nouveau la tête.

Un vague souvenir illumina tout à coup l'esprit du gendarme :

— Tu es Nicolas! dit-il.

— Oui, balbutia l'enfant.

— Le fils de Martin!

L'enfant soupira.

— Ah! malheureux! s'écria le gendarme, et tu veux aller chercher un médecin à Salbris?

— Je ne peux pas vous laisser mourir sans secours, balbutia Nicolas.

— Mais tu ne sais donc pas qui a tiré sur moi?

L'enfant se tut.

— C'est ton père, malheureux, et d'un mot je puis l'envoyer à l'échafaud!

Nicolas joignit les mains :

— Grâce pour lui! murmura-t-il.

— Soit, répondit le gendarme; mais si tu veux que je me taise, il faut que tu te sauves toi-même.

— Oh! non, dit l'enfant, je ne peux pas vous laisser seul. Tenez, ne voyez-vous pas que la faiblesse vous reprend...

En effet, le gendarme à bout de forces, se laissa retomber sur la couche de bruyères.

Nicolas avait parfaitement compris, cependant, ce que venait de lui dire le gendarme.

S'il allait à Salbris, le bruit de l'attentat commis sur le gendarme se répandait, on ouvrait une enquête, et sa présence à lui, Nicolas, auprès du blessé, devenait une preuve terrible contre le meurtrier.

Le gendarme lui tendit la main :

— Écoute, mon garçon, lui dit-il, sans toi je serais mort, car le froid m'aurait pris, et peut-être qu'on n'aurait jamais découvert mon assassin.

Il ne faut donc pas que ta bonne action tourne contre toi-même. Reste auprès de moi.

Quand je me sentirai un peu plus fort, je m'appuierai sur toi et je tâcherai de gagner le bord du bois.

L'enfant et le gendarme passèrent le reste de la nuit dans la hutte.

Le premier entretenait le feu ; l'autre étanchait sa soif ardente avec de la neige.

Au matin, un peu avant le jour, la lune quitta l'horizon.

— Maintenant, allons, dit le gendarme.

Et il sortit en chancelant et s'appuyant des deux mains sur les épaules de Nicolas.

La marche fut longue et pénible.

Le blessé trébuchait souvent ; souvent les forces lui manquaient, et il était obligé de s'asseoir.

Nicolas ne le quittait pas.

Enfin, comme le premier rayon du soleil se montrait, ils atteignirent la lisière de la forêt.

On voyait à un quart de lieue de distance les toits et le clocher de Salbris.

— A présent, va-t-en ! dit le gendarme. Je me traînerai comme je pourrai. Et ne crains rien, je ne dénoncerai pas ton père !

V

Son crime accompli, Martin-l'Anguille s'était sauvé.

Pendant près d'une heure il avait couru au hasard dans la forêt, en proie à une terreur délirante, le front baigné de sang et les yeux injectés.

L'échafaud se dressait devant ses yeux à chaque pas qu'il faisait, et l'épouvante précipitait sa course.

Mais cette surexcitation, facile à comprendre si on songe que, jusque-là, cet homme n'avait jamais commis que des délits de chasse et de pêche, se calma peu à peu avec la douleur de cette blessure qu'il s'était faite à la tête et qui, sans doute, était la cause première de son crime.

Alors vint la réflexion, et avec la réflexion le sentiment de conservation qui s'empare de tous les criminels après la perpétration de leur forfait.

La terre était couverte de neige et chaque pas laissait une empreinte.

Martin, qui d'abord avait couru dans la direction de la maison, s'arrêta et comprit qu'il se perdait inévitablement s'il ne parvenait point à faire perdre sa trace avant de rentrer chez lui.

Il croyait fermement que le gendarme était mort.

Martin n'avait jamais manqué son coup, et sa balle tuait roide d'ordinaire.

Mais les autres gendarmes ne voyant pas revenir leur camarade se mettraient à sa recherche, trouveraient le cadavre et suivraient le meurtrier à la piste.

Martin faisait toutes ces réflexions, arrêté au milieu de la clairière où il avait tué le cerf.

Une sorte d'instinct l'avait ramené en cet endroit.

Cependant il ne fallait plus songer à emporter l'animal.

Le braconnier reparut sous l'assassin.

— C'est dommage ! murmura-t-il.

Alors il eut une ruse étrange ; il se déchaussa d'un pied et mit son soulier à contre-sens ; puis, comme il ne pouvait plus marcher ainsi que fort difficilement, il se dirigea vers un petit cours d'eau qui traversait la forêt.

La trace ainsi faite, laissait croire à deux hommes qui

auraient marché en sens inverse, sur une seule jambe : une véritable énigme!

Il mit près de deux heures pour faire une demi-lieue et arriva au cours d'eau.

C'était un ruisseau assez large et profond en de certains endroits, assez pour qu'un homme s'y pût noyer.

Martin se dit :

— Si on suit ma piste jusqu'ici, on croira que l'assassin du gendarme s'est péri.

Il remit ses souliers, passa la bandoulière de son fusil autour de son cou et se jeta bravement à l'eau, malgré la rigueur extrême de la température.

Tant qu'il ne put prendre pied, il nagea vigoureusement; puis arrivé en un endroit où l'eau était moins profonde, il continua à marcher dans l'eau.

Le ruisseau aboutissait à l'étang.

L'étang était profond; Martin se remit à la nage et vint aborder devant sa maison.

Comme il grimpait sur le bord en se cramponnant à des ajoncs, il entendit des voix confuses à quelque distance.

Il prêta l'oreille et demeura blotti dans les ajoncs.

Les voix se rapprochaient; il y avait une voix d'homme et une voix de femme.

La voix d'homme était celle de Mathieu, un de ses fils.

La voix de femme, en arrivant à son oreille, le fit tressaillir et il se remit à trembler de tous ses membres, saisi d'une étrange et impérieuse émotion.

C'était cependant une voix claire et tendre, fraîche et presque rieuse, une voix de jeune fille.

Mais Martin avait reconnu sa fille.

La Mariette, comme on l'appelait, était alors âgée de dix-sept ou dix-huit ans.

C'était cette enfant courageuse qui s'en était allée cinq

ans auparavant du toit paternel pour aller gagner sa vie.

Le départ de sa fille était peut-être le seul chagrin réel que Martin-l'Anguille eût ressenti de sa vie.

Cet homme dur, farouche, taciturne et comme replié en lui-même, n'aimait ni sa femme, ni ses fils, mais il aimait sa fille!...

Devant elle, il était sans force et sans volonté; si elle lui avait commandé de ne plus chasser, peut-être bien qu'il eût obéi.

Or, depuis cinq ans, la Mariette était chez les mêmes maîtres, dans le Val.

Chaque année, pour Noël, elle avait huit jours à elle et venait voir ses parents.

Chaque année aussi, elle leur apportait la moitié de ses gages, dont elle avait touché le montant la veille de Toussaint.

Puis elle s'en retournait, non plus garder les oies, maintenant qu'elle était une grande fille, mais être servante de ferme.

Or, l'émotion qui s'empara de Martin fut d'autant plus grande qu'il se sentit pris à la gorge par le remords de son crime.

Il aurait bien affronté le regard de ses fils, mais supporterait-il celui de sa fille, le regard honnête et limpide?

Un moment, caché dans les ajoncs, il écouta causer les deux jeunes gens.

Mathieu disait :

— C'est pourtant vrai que c'est après-demain Noël. Ma foi! il n'y avait que la mère qui s'en souvînt à la maison. Nous autres nous ne savons comment nous vivons. Martinet est allé passer la veillée dans la ferme à Jean Férou, rapport à la Madeline; moi, j'ai relevé mes collets; le père et Nicolas sont à l'affût.

— Mon père est incorrigible et vous autres aussi, dit

la Mariette avec douceur; il vous arrivera malheur quelque jour, vous verrez ça...

A ces mots Martin eut froid au cœur.

Mais il fit un effort de courage et se montra tout debout au clair de lune sur la berge de l'étang.

La maison était à vingt pas; un filet de fumée s'en échappait, et les vitres de papier huilé de l'unique fenêtre laissaient passer un reflet rougeâtre. Bien qu'il fût deux heures du matin, il y avait du feu dans l'âtre et la mère aveugle n'était pas encore couchée.

L'arrivée de sa fille en était cause, car la Mariette était venue heurter à la porte un petit quart d'heure après le départ en forêt de son père et de ses frères.

Cette année, elle avait devancé son arrivée d'un jour.

Elle s'en était venue à pied, à travers bois, pour aller au plus court, un petit paquet de hardes sur la tête, vêtue de sa robe des dimanches et chaussée de bons sabots tout neufs, cheminant gaillardement et ayant fait ses dix lieues dans sa journée.

La mère et la fille s'étaient attardées à causer; elles avaient tant de choses à se dire depuis un an qu'elles ne s'étaient vues!

Et puis la Mariette ne voulait pas se coucher que son père ne fût de retour.

Mathieu était rentré le premier.

Le frère et la sœur s'étaient remis à jaser..

Mathieu était plus causeur, plus expansif que son frère jumeau Martinet.

Après Mathieu, le petit Jacques était entré à son tour avec un sac de bécasses prises au collet.

Jacques avait embrassé sa sœur et s'était couché.

Mais ni Martinet, ni le père, ni le petit Nicolas n'étaient rentrés.

La Mariette aperçut Martin-l'Anguille qui venait de se

dresser au bord de l'étang, jeta un cri de joie et courut à lui les bras ouverts.

Martin était ruisselant.

— Ah! mon Dieu, exclama la jeune fille, vous êtes donc tombé à l'eau ?

— Oui, répondit Martin, je m'étais posé là-bas, de l'autre côté, pour attendre qu'un chevreuil vînt boire; je me suis laissé endormir par le froid et je suis tombé. Une fois dans l'eau, je suis venu à la nage.

— C'est drôle, tout de même, fit Mathieu en s'approchant; vous n'avez pas perdu votre fusil; est-ce que vous l'aviez, comme ça, passé en bandoulière, pour guetter les chevreuils?

Le père jeta à son fils un regard farouche et ne lui répondit pas.

Puis il dit à sa fille :

— Nous ne t'attendions que demain, petiote. Viens nous-en à la maison, je suis transi.

— Je vas vous faire un bon feu, dit la Mariette; il y a de la soupe qui chauffe. C'est moi qui l'ai faite.

— Je n'ai pas faim, murmura le braconnier d'un air sombre.

Puis il dit encore :

— Ton maître t'a laissé venir un jour plus tôt?

— Oh! dit la jeune fille avec un sourire, mon maître ne me refuse plus rien, maintenant!

— Et pourquoi donc ça, fit Martin avec inquiétude, comme il mettait la main sur la bobinette de la porte.

— Hé! père, dit naïvement la Mariette, si je voulais me marier, est-ce que vous me refuseriez votre consentement?

La Mariette entra à ces mots dans la maison, et les reflets du feu éclairaient en plein son visage.

— Le fils à mon maitre me veut prendre pour femme à tout prix, dit-elle encore.

Martin-l'Anguille regarda sa fille, et ne put se défendre d'un sentiment d'admiration.

La Mariette était vraiment une jolie fille, et on s'expliquait, en la voyant, le goût du fils de son maître.

Mais, comme Martin-l'Anguille entrait à son tour dans la maison et se trouvait pareillement éclairé par le rayonnement du feu, la Mariette eut une exclamation d'effroi.

Elle avait aperçu le front ensanglanté du braconnier.

VI

Martin-l'Anguille avait pourtant baigné son front dans l'étang; mais le sang coulait toujours peu à peu, comme une source à demi tarie, et depuis qu'il était sorti de l'eau, son visage s'était de nouveau rougi.

— Père! père! cria la Mariette, vous êtes donc blessé!

Martin tressaillit, mais il ne perdit pas son sang-froid :

— Oui, dit-il; en tombant dans l'étang, je me suis cogné à un de ces pieux qui sont destinés à retenir nos filets.

— Ah! fit Mathieu, qui regarda son père d'un air étrange.

— Ce n'est rien, continua Martin-l'Anguille en s'essuyant le front du revers de sa manche.

Et il alla s'asseoir au coin du feu, pour sécher ses habits.

La mère aveugle ne faisait pas grand bruit dans la maison ; elle allait et venait par suite de sa grande habitude, comme si elle avait vu clair, et les plus petits recoins lui étaient familiers.

Son mari l'avait toujours fait trembler, et jamais elle n'osait le questionner.

Elle ne demanda donc point ce que signifiaient les paroles de sa fille ; elle n'osa point s'enquérir de la gravité de la blessure de Martin.

Celui-ci lui dit durement :

— Allons ! femme, puisqu'il y a de la soupe, pose-la sur la table. Je mangerai volontiers un brin.

La Mariette aida sa mère ; au bout de quelques minutes les assiettes furent emplies et Mathieu mit sur la table un pichet de cidre.

Ce dernier observait son père et semblait chercher le mot d'une énigme.

Martin se mit à table, mais il ne mangea pas. Il était sombre et n'osait regarder personne.

Cependant la Mariette s'était mise à jaser, comme une fauvette qui revient au nid et raconte tout ce qu'elle a vu en fendant le bleu du ciel et en courant les buissons voisins.

— Tu vas donc te marier ? disait Mathieu d'un air distrait, car la blessure de son père le préoccupait non moins que le fusil en bandoulière avec lequel, disait-il, il était tombé dans l'étang.

— Oui, répondit la Mariette, si toutefois le père et la mère y consentent.

— Ah ! chère enfant du bon Dieu ! murmura l'aveugle ; est-ce que nous voudrions faire manquer ton bonheur ?

— Voyons, dit Martin d'un ton bourru qui déguisait mal ses angoisses, faut encore savoir...

— Quoi donc ? fit la Mariette.

— Les tenants et les aboutissants de la chose, pardine !

— C'est mon avis, ajouta Mathieu. Ton maître est-il à son affaire ?

— Vous savez bien que la ferme est à lui ; il aurait soixante mille francs passés que ça ne m'étonnerait pas, répondit la Mariette.

— Et le gars est fils unique ?

— Oui.

Le sombre visage de Martin-l'Anguille s'éclaira subitement.

— Jour de Dieu ! murmura-t-il, une ferme de soixante mille francs ! mais tu seras quasiment une dame.

La Mariette prit la main de son père :

— Vous vous en viendrez tous vivre avec moi, dit-elle. Mes frères aideront mon mari... Vous autres... vous vous reposerez...

— Moi, dit brusquement Mathieu, je reste ici.

— Et pourquoi donc ça ? fit la Mariette.

— Parce que je me suis adonné à la chasse, et qu'il n'y a pas de gibier dans le Val.

— Vous avez tort, dit encore la Mariette, ça vous jouera un mauvais tour votre passion de chasse. Est-ce qu'il ne vaudrait pas mieux travailler honnêtement ?

— C'est peut être vrai ce que tu dis là, petiote, murmura Martin-l'Anguille avec un sourire, mait il est trop tard pour changer ses habitudes.

— Et puis, reprit Mathieu, les beaux-frères, ça ne s'accorde pas toujours. C'est pas la peine de nous déranger.

Martin frappa du poing sur la table :

— Mais c'est pas le tout, dit-il, que le garçon ait du bien.

— C'est un travailleur, dit la Mariette.

— Faut encore...

— Son père et lui ont bonne odeur dans le pays, continua la pauvre fille, c'est des braves gens...

— Te plaît-il?

A cette question posée à brûle-pourpoint, la Mariette se prit à rougir et baissa les yeux.

— Allons! dit-il, c'est bon en ce cas!

Il avait momentanément oublié son crime pour se repaître du bonheur futur de son enfant.

Mais ce calme fut de courte durée. Il se leva tout à coup et dit à son fils :

— Ah! ça, où sont donc les autres?

— Jacques est couché, répondit Mathieu.

— Et Martinet?

— Dame! Martinet est comme les lièvres bouquins, il ne rentrera pas avant le jour.

— Et Nicolas?

— Nous ne l'avons point vu, dit Mathieu. Mais est-ce que vous ne l'avez point emmené avec vous?

— Nous nous sommes quittés en forêt.

— Tout ça c'est drôle! murmura Mathieu, qui garda de nouveau le silence.

— Petiote, reprit Martin-l'Anguille, tu dois être lasse. Tu as fait un bon bout de chemin aujourd'hui.

— Ça c'est vrai, répliqua la Mariette, mais rien que de vous voir ça m'a délassée.

— C'est égal, faut aller de coucher.

— Et vous aussi, j'imagine, père, dit la jeune fille.

— Oui; mais, auparavant, je vais aller fumer une pipe dehors. J'ai mal de tête.

Et Martin-l'Anguille bourra sa pipe, fit signe à Mathieu et sortit avec lui, après avoir mis sur le front de sa fille un fiévreux baiser.

— Mais dites donc, le père, fit Mathieu, lorsqu'ils furent dehors, est-ce que vous n'étiez pas parti sur le pied d'un cerf?

— Je ne l'ai pas retrouvé, répondit le braconnier.

— Pour sûr, j'ai des bourdonnements dans les oreilles, ricana Mathieu, car je croyais bien avoir entendu un coup de fusil.

— Il n'y a pas que nous en forêt.

— Oui; mais votre fusil, ça se reconnaît de loin.

— Alors, fit brusquement le braconnier, c'est moi qui ai tiré, en ce cas?

— J'en mettrais bien ma main au feu, allez!

— Eh bien! c'est vrai, dit Martin, j'ai tiré le cerf.

— Ah! vous en convenez?

— Mais je l'ai manqué.

— Même la seconde fois?

— Qu'est-ce que tu veux dire? demanda Martin en regardant son fils de travers.

— Je veux dire qu'à un quart d'heure de distance, vous avez tiré un second coup de fusil.

Martin prit vivement le bras de son fils.

— Tais-toi! dit-il d'une voix sourde.

— Père, reprit Mathieu, vous avez tort de vous méfier de moi.

— Je ne me méfie de personne...

— Alors, vous feriez mieux de me conter la chose.

— Quelle chose?

— J'ai idée que vous avez fait un mauvais coup.

— Mais tais-toi donc, pie borgne! grommela le braconnier.

— Écoutez donc, continua Mathieu, si c'est comme ça, vous feriez bien peut-être de filer en forêt... on ne sait pas...

Martin-l'Anguille, dont les angoisses redoublaient, n'hésita plus à se confier à son fils.

Il lui avoua tout.

Mathieu était un garçon calme ; il ne manquait ni de prudence, ni d'intelligence.

— Vous êtes dans de mauvais draps, père, dit-il.

— Bah! le gendarme est mort, et j'ai fait perdre ma trace, dit Martin, qui essayait de faire passer dans l'esprit de son fils une sécurité qu'il ne partageait pas lui-même.

— Mais, Nicolas, où est-il ?

— Ah ! le petit brigand, murmura Martin, il est capable de me vendre.

— Tenez, père, dit Mathieu, voulez-vous que je vous donne un conseil ?

— Parle.

— Reprenez votre fusil, mettez un pain dans votre carnassière, et allez-vous-en en forêt du côté des grottes. Faut tout prévoir, et attendre ce qui arrivera demain.

Martin songea à sa fille.

— Mais... la Mariette ? dit-il d'une voix tremblante.

— On lui fera une histoire...

Martin hésitait encore...

En ce moment, son fils et lui virent se dresser de l'autre côté de l'étang la silhouette de Martinet.

VII

D'où venait Martinet?

Martinet, ainsi qu'il l'avait annoncé, s'en était allé à la ferme de Jean Féru, passer la veillée, et courtiser la Madeline, une assez jolie fille qui devait avoir quelque bien en mariage.

Le fermier de Sologne n'est pas riche; miné par la fièvre, il travaille peu; la plupart du temps, il ne peut payer son fermage, et comme son maître sait bien que s'il le remplace il ne trouvera pas mieux, il se résigne à le garder. Pour les géographes, la Sologne commence à la Loire; pour les gens bien informés, elle ne commence que sur le plateau, c'est-à-dire à deux ou trois lieues du fleuve.

Entre la Loire et le plateau s'étend une contrée plus saine et plus fertile qu'on nomme le *Val*.

Là, le paysan a rarement la fièvre, il est plus à son aise, il se nourrit mieux.

Le Solognot s'en vient volontiers chercher fortune dans le Val; le paysan du Val, par contre, ne déteste pas monter en Sologne.

Dans le Val, la terre est chère; on en a peu pour beaucoup d'argent. Sur le plateau, elle est pour rien, et pour 60,000 fr. on a 5 ou 600 arpents.

Le fermier du Val se laisse toujours tenter par cette

étendue. Il quitte la métairie qu'il exploitait pour aller louer en Sologne.

Il part aisé, avec de bons équipages de charroi, du grain pour les semailles, et un outillage complet ; il a de beaux écus neufs dans un sac de cuir, et il arrive chez son nouveau propriétaire, offrant toutes les garanties désirables.

Dès la première année, il cultive avec ardeur, tourne et retourne cette terre ingrate et sablonneuse comme il ferait de la terre brune et grasse du Gâtinais, et il est tout étonné d'obtenir une maigre récolte de blé noir, de seigle et de pommes de terre.

Au bout de trois ans, les économies ont passé à payer le fermage ; au bout de six, le fermier est endetté. La picote décime ses troupeaux, la fièvre gagne ses enfants, sa femme et lui-même.

Alors il songe à sa ferme de quarante arpents dans le Val, sur laquelle une charrue suffisait, et où il récoltait du froment. Mais il est trop tard, il est engrené, comme on dit ; la dette l'enchaîne à la terre de Sologne, et c'est là, désormais, qu'il doit lutter, vaincre ou mourir, c'est-à-dire succomber sous la routine, ou triompher par les innovations.

Car, depuis quinze ans, la Sologne se transforme, et la main puissante qui s'est étendue protectrice sur elle, lui a ouvert le chemin du progrès.

On a suivi à peu près partout les exemples de la ferme impériale de la Mothe-Beuvron.

Les étangs sont desséchés peu à peu et la fièvre s'en va ; les plantations de sapin se multiplient, et ces plantations qui commencent à être l'aisance du pays, en seront un jour la fortune.

Mais, à l'époque où remonte notre récit, rien de tout cela n'avait été fait.

Le paysan s'obstinait dans les errements d'une longue routine; au lieu de planter des bois, il défrichait.

Un seul fermier avait deviné l'avenir.

C'était Jean Féru.

Jean Féru était venu du Val il y avait près de dix ans. Il avait pris sa ferme à bail.

Le propriétaire, chose rare! était un Orléanais gêné, un pauvre confiseur qui avait mangé en spéculations agricoles tout ce qu'il avait gagné avec ses dragées et son caramel.

Il faisait argent de tout, le pauvre homme! Et quand, au bout de la première année, Jean Féru vint le payer, il le questionna, apprit que le fermier avait de l'argent et finit par lui emprunter dix mille francs.

L'année suivante, nouvel emprunt. Jean Féru proposa d'acheter la ferme. Le confiseur accepta.

Tous ceux qui virent le fermier se charger pour son propre compte de la *sologne* [1] du confiseur haussèrent les épaules et pensèrent que jamais il ne pourrait s'acquitter. Il n'avait donné que vingt mille francs, et la ferme lui était vendue quarante-cinq mille. Faire à cinq pour cent l'intérêt d'un argent qui n'en rapporte que deux au plus, c'est courir en poste vers une ruine prochaine.

Mais Jean Féru était intelligent et courageux.

Il fit des semis partout. Le sapin pousse vite et il pousse serré. Tous les ans on éclaircit la plantation, et tandis que les jeunes sapins arrachés constituent un premier revenu, les autres grandissent.

Tout l'argent gagné dans le Val par Jean Féru y passa; mais le confiseur fut payé intégralement; et lorsque Martinet, le fils du braconnier, commença à courtiser la Ma-

---

1. A Orléans, on ne dit pas « avoir une propriété en Sologne, » mais bien « avoir une Sologne. »

deline, Jean Féru ne devait plus rien et était propriétaire.

Mais il avait une nombreuse famille; la Madeline était son septième enfant, et Martinet, en calculant qu'elle n'aurait pour dot que quelques centaines d'écus, calculait juste.

Cependant, pour lui qui n'avait rien, c'était une fortune, et il sétait juré de séduire et d'enlever la jeune fille si on la lui refusait.

Martinet n'était pas vilain garçon; la Madeline était une fille simple et qui se laissait prendre aisément à un compliment.

Elle avait fini par aimer Martinet; et, ce soir là, en quittant son père et en lui disant qu'il enlèverait la Madeline, Martinet ne s'était pas trop avancé.

La neige interrompant les travaux des champs, on avait veillé plus tard que de coutume à la ferme.

Martinet s'était montré rieur; la Madeline s'était laissé lutiner un peu.

Les frères de la jeune fille étaient aussi simples qu'elle, et ils considéraient Martinet, à cause de son habileté de braconnier, comme un être vraiment supérieur.

Il n'y avait que le vieux Jean Féru, qui était un homme d'âge et d'expérience, qui eût deviné le but des assiduités de Martinet.

Or, ce soir-là, comme le jeune homme espérait sortir un peu avec la Madeline, et se faire faire par elle un bout de conduite, Jean Féru lui prit le bras et lui dit :

— J'ai un mot à te dire, mon garçon.

Martinet tressaillit, mais il suivit le fermier.

Celui-ci l'entraîna dans un sentier qui conduisait de la ferme à la forêt, et qui était du reste le chemin ordinaire que Martinet prenait pour s'en retourner chez lui.

— Est-ce que vous auriez besoin d'un lièvre pour votre *réveillon?* demanda le jeune homme avec embarras.

— Non, je veux te parler d'affaires, dit le fermier.

— Ah ! voyons !

— Tu fais la cour à ma fille, dit simplement le fermier.

— Je ne dis pas non, dit Martinet, et faut croire que ça ne lui déplaît pas.

— Oui, mais cela me déplaît à moi.

— Bon ! dit Martinet d'un ton insolent, si nous nous convenons pourtant...

— J'ai idée d'établir ma fille autrement, dit froidement le premier.

— Savoir si elle y consentira... ricana Martinet.

— J'ai l'habitude que mes enfants m'obéissent... Madeline comme les autres.

— Eh bien ! c'est à elle qu'il faut dire ça et non à moi...

— Tu te trompes, c'est à toi d'abord. Je te prierai de ne pas revenir à la ferme. On commence à jaser dans le pays, et comme je n'ai pas l'intention de te donner ma fille, quand même tu aurais des écus...

— Ah ! dit Martinet avec colère, c'est donc que je suis un voleur ?

— Non, je ne dis pas ça.

— Un mauvais sujet ?

— Je ne dis pas ça non plus ; seulement tu fais un métier qui ne me convient pas.

— Et le fermier tourna le dos à Martinet et reprit le chemin de la ferme.

Martinet s'en alla ivre de rage, faisant le serment d'avoir Madeline ou de se venger cruellement.

Comme il quittait les terres de la ferme pour entrer

sous bois, il entendit un coup de feu dans les profondeurs de la forêt.

— Hé ! hé ! se dit-il, je reconnais le brutal à papa.

Au bout de dix minutes, un second coup de fusil arriva à ses oreilles, et Martinet s'arrêta tout net.

Les braconniers ont coutume de charger plus fort le canon gauche que le canon droit. La seconde détonation était plus forte que la première.

— C'est le canon gauche de papa, se dit Martinet.

Or, comme il y avait eu un intervalle de dix minutes entre les deux détonations, Martinet se demanda pourquoi son père n'avait pas rechargé son canon droit.

Et comme il cherchait la solution de ce problème, il vit une empreinte de pas sur la neige.

Il se baissa pour l'examiner et ne s'y trompa point une seconde.

C'était l'empreinte de la botte d'un gendarme.

— Oh ! oh ! se dit le petit braconnier, est-ce que papa aurait fait un malheur ?

Et il rebroussa chemin.

VIII

En revenant sur ses pas, Martinet disait :

— On ne sait pas ce qui peut arriver. Si mon père s'est mis dans un mauvais cas, tant pis pour lui ! Mais moi je tiens à ce qu'il soit bien constaté que j'ai passé la veillée à la ferme de Jean Féru, laquelle est tout contre les dernières maisons de Salbris, à deux pas de la gendarmerie. Et puis je vais peut-être avoir moyen de revoir la Madeline. Ce vieux grigou de Féru est couché maintenant. Je m'en retourne rôder autour de la ferme.

Ce qui préoccupait le plus Martinet, dans les suppositions auxquelles il se livrait, depuis qu'il avait entendu le second coup de fusil, c'était la nécessité pour lui d'établir son alibi, de façon à n'être pas considéré comme le complice de son père.

Il retourna donc vers la ferme, espérant que tout le monde y serait couché et que, par contre, la Madeline le guetterait et se douterait bien qu'il allait revenir.

Martinet jugeait la chose ainsi, parce qu'il pensait que Jean Féru se serait vanté à sa fille de l'avoir congédié.

Et Martinet pensait juste.

Comme il se glissait d'un arbre à l'autre, à travers le petit clos de poiriers et de cerisiers qui s'étendait derrière la ferme, il entendit un tout petit cri, assez semblable à celui d'un oiseau de nuit dans le lointain.

C'était un signal bien connu de Martinet.

Il répondit par le même cri.

Alors la porte de la ferme s'entr'ouvrit, et la Madeline se glissa dehors et vint à la rencontre de Martinet.

— Ah! seigneur Jésus, quel malheur! lui dit-elle en se laissant embrasser sans trop de façons; sais-tu bien, mon gars, que le père ne veut pas entendre parler de notre mariage?

— Il m'a dit qu'il me défendait de revenir, dit Martinet.

— Et à moi, continua la Madeline, il m'a parlé du mari qu'il me destine.

— Ah! fit Martinet en serrant les poings, c'est donc qu'il compte t'établir?

— Oui.

— Et avec qui?

— Avec un de ses neveux qui est resté dans le Val. Il a un peu de bien, c'est un garçon travailleur.

— Vraiment! ricana Martinet, et ça te plaît probablement, à toi la Madeline?

— Oh! non, dit la Madeline, tu sais bien que nous nous étions *promis*.

— Alors, dit Martinet, quand on s'est *promis* on ne se dédit pas.

— Je ne demande pas mieux, fit naïvement la jeune fille.

— Veux-tu t'en venir avec moi?

— Où donc ça? demanda-t-elle étonnée...

Mais Martinet n'eut pas le temps de répondre.

Un homme, caché jusque-là derrière un tronc d'arbre, se dressa devant lui et lui asséna un coup de fourche sur les épaules en lui disant :

— Ah! misérable *enjôleur* de filles, voilà que tu veux enlever la Madeline.

Martinet poussa un cri de rage et la Madeline un cri d'épouvante; car tous deux avaient reconnu Jean Féru.

Le fermier s'était douté que Martinet reviendrait et il avait fait bonne garde.

Au premier coup de fourche en succéda un second. Le fermier, malgré son âge, était vigoureux et plus fort que Martinet.

Celui-ci voulut se défendre, mais le fermier, à bout de patience, tapait fort et dru, si bien que Martinet appela au secours.

Et Madeline jetait des cris.

En quelques minutes, tout le monde fut sur pied à la ferme, et les fils de Jean Féru accoururent.

Martinet, qui avait tant tenu à se ménager un alibi,

était bien loin de se douter tout à l'heure qu'il l'achèterait à ce prix.

Les fils se joignirent au père et on allait faire un mauvais parti au jeune braconnier, lorsqu'un secours inespéré lui arriva.

Au clair de lune, les battants et le battu virent apparaître le tricorne d'un gendarme.

Jean Féru cessa de frapper, ses fils se sauvèrent, Martinet se mit à crier plus fort.

Le gendarme qui s'en revenait de quelque expédition s'approcha et dit :

— Ah ça ! on se bat donc ici ?

— A moi ! au secours ! on m'assassine ! répéta Martinet.

Jean Féru jeta sa fourche.

— Misérable, dit-il, voici le brigadier auquel je vais raconter ce qui en est.

C'était, en effet, le brigadier lui-même, à qui le fermier et Martinet avait affaire.

Le brigadier s'étant interposé entre Jean Féru et Martinet, dit à ce dernier :

— Mon garçon, je connais Jean Féru, c'est un homme juste et qui n'est pas méchant. Si tu as été battu, c'est que tu lui as joué quelque mauvais tour.

— Mais non, dit Martinet.

— Tu es braconnier de profession, reprit le brigadier. Sans doute que Jean t'aura surpris posant des collets dans ses lapinières.

Mais Martinet se récria vivement :

— Si maître Jean, dit-il, veut parler la vérité vraie, il vous dira que j'ai passé la soirée chez lui.

— C'est la vraie vérité, répondit le fermier.

— Alors, demanda le brigadier, pourquoi vous querellez-vous ?

— Ce ne sera pas long à dire, reprit le fermier. Ce garçon-là cherche à enjôler ma fille que je veux, moi, établir honnêtement. Ce soir, je lui ai signifié qu'il eût à ne plus mettre les pieds à la ferme; il s'en est allé; mais au bout d'un quart d'heure, il est revenu rôder autour de la maison et je l'ai surpris proposant à ma fille de l'enlever. Alors la colère m'a pris et je suis tombé dessus à coup de fourche, continua simplement Jean Féru.

— Vous avez eu tort, maître, dit le brigadier. On ne doit pas se faire justice soi-même.

Puis il prit Martinet par le bras et lui dit :

— Viens-t'en avec moi, mon garçon, je te donnerai un bon conseil.

Martinet était peu satisfait de la manière dont il venait d'établir sa non-participation au crime qu'il soupçonnait; mais comme, après tout, il n'y avait rien à faire, pour le moment du moins, relativement à la Madeline, il suivit le gendarme.

Ce dernier l'emmena en lui disant :

— Écoute, mon garçon, j'ai été jeune comme toi, et je comprends très-bien que les beaux yeux de la Madeline t'empêchent de dormir; mais tu prends le mauvais chemin.

— Nous nous convenons, dit Martinet.

— Oui, j'entends bien. Mais c'est pas le tout de convenir à la fille, il faut encore convenir au père. Si en place de *faignanter*, comme tu le fais, de braconner jour et nuit et de risquer sans cesse l'amende et la prison, tu travaillais, Jean Féru te donnerait la Madeline.

— Oh! dit Martinet, qui ne put maîtriser ses mauvais instincts, faudra bien qu'il me la donne.

— Il ne te la donnera pas!

— Mais puisque la Madeline veut bien que je l'enlève...

— Quel âge a-t-elle ?

— Approchant seize ans.

— Sais-tu à quoi tu t'exposerais, si tu faisais cela?

Martinet regarda le brigadier.

— Tu pourrais aller au bagne ou tout au moins te faire condamner à la réclusion.

Martinet tressaillit.

— Et tiens, poursuivit le brigadier, je te veux donner un autre conseil. Le capitaine de gendarmerie a reçu du préfet des ordres très-sévères qu'il m'a transmis. Ces ordres concernent les braconniers en général, ton père, tes frères et toi en particulier.

— Je ne chasse plus, dit hypocritement Martinet.

— Mais ton père continue...

— Pas en ce moment du moins. Il est malade, répondit Martinet à tout hasard.

— Eh bien! tant mieux, dit le brigadier, car si par hasard il avait été en forêt cette nuit...

— Eh bien? demanda Martinet avec angoisse.

— Il pourrait bien être pris...

— Ah!

— Et cette fois son compte serait bon, ajouta le brigadier, qui ne voulut pas s'expliquer davantage. Il a déjà deux condamnations...

— Mais puisque je vous dis qu'il est malade!

— Tant mieux! répéta le brigadier. Et maintenant, bonsoir, mon garçon, et si tu m'en crois, tu deviendras travailleur... Peut-être qu'alors Jean Féru te donnera sa fille...

Martinet quitta le gendarme et s'en alla en murmurant:

— Plus souvent que je ferai jamais un autre métier. Oh! les gendarmes, je les ai-t'y en horreur!

IX

Martinet s'était donc montré à son père et à son frère au moment où ces deux derniers délibéraient sur le parti à prendre.

Mathieu conseillait, on s'en souvient, à son père, de se réfugier prudemment au fond de la forêt et d'attendre les événements.

Martin-l'Anguille hésitait.

Sa fille venait d'arriver, toute rayonnante de son prochain bonheur; il l'avait à peine vue; il voulait la revoir encore.

S'il partait, la reverrait-il?

Et puis, comment lui expliquerait-on son absence?

Martinet, en abordant son père et son frère leur dit:

— Vous ne seriez pas là, s'il y avait du nouveau.

— Ah! tu crois? fit Martin-l'Anguille d'un ton sombre.

— J'ai entendu les deux coups de fusil. Vous avez fait un mauvais coup, n'est-ce pas?

— C'est vrai.

— Sur quel gendarme? car ce n'est pas le brigadier, pour sûr.

— Qu'en sais-tu?

— Je viens de le voir, le brigadier.

— Ah!

— Et je lui ai parlé, même; et je lui ai dit que vous aviez mal au pied et que vous ne bougiez pas de la maison.

— Alors, dit Mathieu, faut rester, père.

Martinet reprit :

— Lequel est-ce donc?

— C'est Michel Legrain.

— Est-il mort?

— Je le crois. Il est tombé roide.

— C'est dommage, fit Mathieu, Michel Legrain était un bon garçon.

— Bah ! fit Martinet, c'était un gendarme... et des gendarmes, il n'en resterait qu'un, que ce serait encore de trop !

— Oui, fit Mathieu; mais, en attendant, si on sait la chose...

— Tais-toi ! dit brusquement Martin que le remords prenait à la gorge.

Et il fit deux pas vers la maison.

— Avec qui étiez-vous? demanda encore Martinet.

— Avec Nicolas.

— Eh bien ! où est-il?

— Je ne sais pas... il s'est sauvé...

— Et il n'est pas venu ici?

— Non.

Martinet regarda le ciel qui etait étoilé et la lune qui allait disparaître derrière l'horizon :

— Il est près de quatre heures du matin, dit-il, et il n'était pas minuit quand vous avez fait le coup.

— C'est vrai.

— Où peut-il donc être allé ?

— Je crois bien que la peur l'a pris, dit le père, et qu'il n'ose pas revenir. Il est couché sans doute dans quelque cabane de bûcheron.

— Il est *honteux* en diable, ce *mioche*, fit Martinet avec dédain. Autant son *besson*, le petit Jacques, est un garçon résolu, autant il est couard, lui.

Mathieu dit avec ironie :

— Il était né pour être gendarme.

— Je ne sais pas, fit Martinet, mais faut se méfier de lui tout de même.

— Pourquoi?

— Parce qu'il est capable de jaser.

— Oh! dit Martin-l'Anguille avec colère, s'il trahissait son père, je crois que je le tuerais...

Et il mit, en parlant ainsi, la main sur la corde qui faisait mouvoir le loquet de la porte.

Puis se tournant vers ses fils :

— Vous autres, dit-il, vous savez tout... et ça m'est égal... mais la Mariette, j'aimerais mieux être guillotiné tout de suite... et qu'elle ne sût rien...

C'est bon, dit Mathieu, on se taira.

Et tous trois rentrèrent à peu près au même moment où le malheureux gendarme, appuyé sur le bras de Nicolas, quittait la hutte du bûcheron.

Les femmes dormaient ; le petit Jacques aussi.

Les trois hommes se couchèrent tous trois.

Mais aucun d'eux ne dormit.

Ce fut une nuit affreuse, ou plutôt une fin de nuit qu'ils passèrent.

En décembre, il est à peine jour à huit heures du matin.

Pendant quatre heures, le bruit du vent les fit tressaillir.

A chaque minute, il leur semblait entendre des pas au dehors; des pas de gendarmes qui venaient arrêter l'assassin.

Et Nicolas ne rentrait pas!

Martinet qui couchait avec son frère Mathieu lui avait dit à l'oreille :

— J'ai comme une idée que Nicolas vendra la mèche.

— Oh! le garnement, avait répondu Mathieu. Il a beau être mon frère, quand nous sommes sous bois ensemble, j'ai toujours envie de l'assommer d'un coup de crosse, tant il est *faignant* à l'ouvrage.

Enfin, comme le jour commençait à poindre, Martin-l'Anguille, qui, les yeux ouverts était en proie à un affreux cauchemar tout rempli de juges en robe rouge, de gendarmes et d'échafauds, Martin entendit marcher au dehors, et il se dressa fiévreusement sur son lit.

La porte s'ouvrit avec précaution.

C'était Nicolas qui rentrait.

L'enfant referma la porte comme il l'avait ouverte, et, sur la pointe du pied, il voulut gagner l'échelle qui mettait l'unique étage de la maison en communication avec le rez-de-chaussée.

C'était là-haut que Jacques et lui couchaient.

Mais son père l'interpella :

— Hé! petiot? dit-il.

L'enfant s'arrêta.

— D'où viens-tu?

Je viens de la forêt, répondit l'enfant.

— Pourquoi n'es-tu pas rentré plus tôt?

L'enfant hésita à répondre.

— Voyons, Nicolas, dit Martin d'une voix plus douce, viens ici, que nous jasions un peu.

Nicolas s'approcha du lit de son père.

— Tu as bien vu le cerf, n'est-ce pas? reprit Martin-l'Anguille.

— Oui, père.

— Et tu sais que je l'ai tué?

— Je l'ai vu tomber.

— Tu m'as bien entendu, quand je t'ai crié : Sauve-toi?

— Oui, père.

— Sais tu pourquoi je criais?

— Parce que le gendarme Michel Legrain vous poursuivait.

— Tonnerre! murmura Martin-l'Anguille, comment sais-tu que c'était Michel Legrain?

— Parce que je l'ai bien vu.

— Et tu sais ce qui est arrivé? dit le braconnier dont la voix se reprit à trembler.

— Oui, père, murmura l'enfant. Mais n'ayez pas peur...

— Ah! dit Martin, tu crois qu'on ne le saura pas?

— Non.

— Pourtant...

— Michel ne dira rien.

A ces mots, le braconnier fit un bond et tomba sur le lit.

— Michel? dit-il, Michel? tu dis qu'il ne dira rien.

— Non.

— Mais il n'est donc pas mort?

— Grâce à moi, dit naïvement l'enfant : je suis arrivé comme il perdait tout son sang. Mais je l'ai soigné... j'ai mis de la neige sur le trou qu'avait fait la balle, et puis je l'ai porté dans la hutte des charbonniers, vous savez?

Et Nicolas raconta à son père tout frémissant ce qu'il avait fait, ce que lui avait promis le gendarme, et comment il l'avait accompagné jusqu'à la lisière du bois.

Il dit cela simplement, comme il eût raconté l'action la plus banale du monde.

Martin, la sueur au front l'écoutait.

Le braconnier était pieds nus, en chemise, adossé au mur; il écouta son fils sans l'interrompre.

Quand ce dernier eut fini, Martin mit ses souliers, passa son pantalon et sa blouse, et dit :

— C'est bon ! viens avec moi.

— Où voulez-vous aller ? demanda Nicolas.

— Tu verras bien.

Il prit son carnier et son fusil, tout cela sans bruit, et de peur d'éveiller sa femme et sa fille qui, comme lui, couchaient au rez-de-chaussée.

Puis il ouvrit le bahut qui renfermait les maigres provisions de la maison, et y prit une bouteille d'eau-de-vie qu'il porta à ses lèvres.

Il but à longs traits, comme s'il eût voulu se donner du courage.

Puis il ouvrit la porte et dit encore :

— Marche !

— Où allons-nous ? répéta l'enfant.

— Tu le verras bien, dit Martin d'un air sombre.

Et il le poussa devant lui d'un coup de crosse de fusil entre les deux épaules.

Le braconnier était livide, et ceux qui l'eussent vu en ce moment aux premières clartés d'un jour blafard, eussent pressenti qu'il allait commettre un nouveau crime.

X

Quand ils eurent fait cent pas hors de la maison, le père s'arrêta à la bifurcation de deux sentiers.

3.

L'un descendait vers la plaine, en longeant le bord de l'étang, et l'autre s'enfonçait sous bois.

— Viens par-ici, dit Martin-l'Anguille, qui choisit celui-ci.

Nicolas était tout tremblant.

Son père avait un visage sinistre.

Le sentier qui s'enfonçait sous bois conduisait à de grandes roches creusées, au milieu desquelles poussaient quelques sapins rabougris.

L'une de ces roches portait un nom bizarre.

On l'appelait la roche du Trou-de-Satan.

La Sologne est pauvre en légendes.

Cependant elle possède celle-là.

La roche du Trou-de-Satan est une sorte de pain de sucre en haut de laquelle est un un trou, abîme plutôt, d'une dizaine de pieds d'orifice et d'une profondeur qu'on n'a jamais sondée.

Les bergers qui s'en approchent y jettent des pierres et prêtent ensuite vainement l'oreille.

La pierre, en tombant, ne rend aucun son.

Quelquefois on s'amuse à y laisser tomber des gerbes de bruyère sèche auxquelles on a mis le feu.

Les gerbes descendent enflammées et finissent par s'éteindre à plus de cent pieds sans qu'on ait pu mesurer du regard la profondeur de l'abîme.

Ce fut vers cette roche que Martin-l'Anguille se dirigea.

Il avait pris son fils par le bras, de peur que celui-ci ne lui échappât.

— Mais où me conduisez vous, père? répéta l'enfant avec inquiétude.

— Ce n'est pas à toi à m'interroger, répondit brutalement Martin ; mais à moi. Ainsi le gendarme était bien par terre, n'est-ce pas ?

— Oui, père.

— Et il était évanoui?

— Il perdait tout son sang et avait les yeux fermés.

— Et tu crois que si tu n'étais pas arrivé, il serait mort, le gendarme?

— Oh! bien sûr!

— Tu as fait là un beau coup, ricana Martin-l'Anguille.

— Dame! fit naïvement Nicolas, on ne peut pas laisser mourir un chrétien comme ça.

— Ah! c'est juste, dit encore le braconnier avec ironie, c'est un chrétien comme un autre, un gendarme, c'est ta mère qui dit ça.

L'enfant ne répondit rien.

Martin, dont le visage était d'une pâleur mortelle, continua?

— C'est bien, ce que tu as fait là, petiot, tu as sauvé la vie à un gendarme.

Nicolas, se méprit au sens de ces paroles, mais sa méprise fut courte; le braconnier ajouta :

— Et tu as condamné ton père à mort.

— Oh! fit Nicolas, qui tressaillit.

— Oui, répéta Martin, en sauvant le gendarme, tu m'as condamné.

— Vous!

— Oui, moi.

— Mais le gendarme ne dira rien.

— Tu crois ça, toi?

— Il me l'a promis.

— Eh bien! il t'a menti, voilà tout.

— Oh! non, dit encore l'enfant, Michel Legrain est un honnête homme.

— Ah! ah!

— Et ce qu'il promet, il le tient.

— Ma parole, ricana Martin-l'Anguille avec une expression d'effrayante ironie, ce garçon-là est né avec l'admiration du gendarme... C'est dommage de l'arrêter en si beau chemin.

Et il continua à entraîner son fils dans la direction de la roche du Trou-de-Satan.

— Mais où allons-nous, père? répéta Nicolas qui ne pouvait plus se défendre d'une vague épouvante.

— Je vais faire un beau coup d'affût.

— Mais on ne va pas à l'affût le jour?

— C'est ce qui te trompe. Marche!

On montait au sommet de la roche par une sorte de petit sentier qui courait en zigzags à son flanc. Quand on était tout en haut, on avait devant soi un plateau d'une étendue d'environ un arpent. L'abîme était juste au milieu.

Une fois engagé dans le sentier, Nicolas dont l'épouvante augmentait, n'aurait pu revenir en arrière, car son père marchait derrière lui et le chemin n'était pas assez large pour laisser passer deux personnes.

D'ailleurs, de temps à autre quand l'enfant ralentissait le pas, la crosse du fusil faisait son affaire.

Lorsqu'ils furent en haut du plateau, Martin ouvrit son carnier et en tira une corde.

Une corde de l'épaisseur du petit doigt qu'il portait toujours avec lui et qui lui avait servi maintes fois à rapporter un chevreuil sur ses épaules.

Il passa son fusil en bretelle, puis il dit à l'enfant :

— Donne-moi tes mains.

— Mais... père... que voulez-vous faire?

Martin ne répondit pas ; mais il prit son fils à bras le corps, le renversa brutalement sous lui et lui lia les mains.

— Un fils qui trahit son père, murmura-t-il, mérite ton sort.

L'enfant devinait vaguement que son père voulait se défaire de lui.

— Mon père, supplia-t-il, tandis que le braconnier le garrottait, ayez pitié de moi !

— Je n'ai pas de pitié pour un fils qui trahit son père.

— Grâce ! grâce ! répéta l'enfant.

— Puisque tu es si bon chrétien, ricana le braconnier, fais donc ta prière, car tu vas mourir.

L'enfant jeta un cri d'angoisse.

— Le Trou-de-Satan est plus discret que toi, dit encore Martin, il garde ce qu'on lui confie...

Et il chargea l'enfant, qui se débattait en vain, sur ses épaules, et courut vers l'abîme.

— Mais fais donc ta prière ! répétait-il d'une voix assourdie par l'ivresse, car il avait bu plus de la moitié de la bouteille d'eau-de-vie.

Cependant, arrivé au bord du trou, il s'arrêta et déposa l'enfant à terre.

— Mon père, mon bon père, suppliait Nicolas, pardonnez-moi...

— Jamais ! dit le braconnier... tu me trahirais encore... Mais je ne veux pas te faire souffrir... Si je te jette tout vivant dans l'abîme, qui sait comment tu y mourras... J'aime mieux te tuer d'un coup de fusil d'abord et t'y jeter ensuite.

Et Martin recula de quelques pas lentement, son fusil à l'épaule, comme s'il se fût agi pour lui de tuer un lièvre au gîte.

Malgré ses liens, car le braconnier lui avait lié les bras et les jambes, Nicolas était parvenu à se mettre à genoux.

L'enfant comprenait que le moment était solennel et qu'il allait mourir.

— Adieu, ma mère... murmura-t-il.

Martin coucha sa joue sur son fusil, et son doigt effleura la détente.

— Adieu, la Mariette! dit encore l'enfant.

Mais à ce nom qui vint mourir à son oreille comme un cri vengeur, Martin éprouva une commotion électrique, et le fusil échappa à sa main et tomba devant lui.

Le nom de sa fille, de cette enfant devant laquelle il avait tremblé naguère au souvenir de son crime, venait de sauver son fils.

Un moment il demeura immobile, hébété, l'œil fixe, le front baigné de sueur.

Puis la raison lui vint.

Il ne ramassa point son fusil, mais il vint à son fils, toujours agenouillé et attendant la mort, au bord de cet abîme insondé.

Puis il le délia et le força à se remettre sur ses pieds.

— Écoute bien, lui dit-il alors, tu as parlé de la Mariette et tu as bien fait, car maintenant tu serais mort... Ce nom t'a sauvé. Je ne te tuerai pas...

Mais, continua-t-il, avec un accent sauvage, je suis comme les piqueurs de grande maison, moi, qui élèvent des centaines de chiens au chenil; quand il y a un *corneau* dans la portée d'une lice, ils le pendent à un arbre. Les bons chiens chassent de race et je n'aime pas les bâtards.

Le fils d'un braconnier doit être braconnier, et tu n'as jamais aimé le métier de ton père. Tu aimes les gendarmes, donc tu n'es pas mon fils! Va-t'en!

Et comme l'enfant attachait encore sur lui un regard suppliant :

— Va-t'en gagner ta vie où tu voudras, peu m'importe,

mais ne reviens jamais frapper à la porte de la maison, elle ne s'ouvrira pas.

Et si jamais tu entres sous bois, ne passe pas à la portée de mon fusil, car si j'avais bu un coup de trop, je pourrais bien te rouler comme un lièvre au déboulé !

Puis il étendit la main et dit encore :

— Va-t-en ! je te renie !...

Et il ramassa son fusil, tourna le dos à Nicolas tout frémissant et reprit le sentier qui, du haut de la roche, descendait dans la forêt.

XI

Le petit Nicolas demeura longtemps immobile, muet, les cheveux hérissés par l'horreur, en haut de la roche du Trou-de-Satan.

Il vit d'un œil hébété son père descendre, puis disparaître sous bois.

Un moment il espéra que Martin-l'Anguille se retournerait et lui ferait signe de le rejoindre.

Mais le braconnier ne détourna point la tête.

Dans son esprit étroit, dans son cœur haineux, Martin jugeait que la condamnation de son fils était juste. A ses yeux, le plus grand des crimes était de sauver la vie à un gendarme.

Alors avec cette lucidité d'esprit merveilleuse qui est

particulière aux enfants. Nicolas envisagea sa situation.

Il était banni du toit paternel.

Mais cette disgrâce n'était-elle pas une délivrance? Et n'avait-il pas cent fois demandé à s'en aller gagner sa vie au loin, tant il avait peu de goût pour l'abominable métier de son père et de ses frères?

Certes, jamais l'occasion ne se fût présentée plus belle, et cependant Nicolas se mit à pleurer.

Il pensait à sa pauvre mère aveugle, à la Mariette, sa sœur, et aussi au petit Jacques son besson.

Les enfants aiment qui les aime.

Mathieu et Martinet s'étaient toujours montrés méchants envers Nicolas, et Martin avait élevé son fils avec d'autant plus de dureté que le métier de braconnier ne lui plaisait pas.

Mais Jacques, tout en partageant les mauvais instincts de la famille, aimait Nicolas son frère jumeau, et Nicolas l'aimait.

Ne plus manger le pain de la maison, ce n'était rien pour le petit Nicolas : il trouverait bien à utiliser ses deux bras; mais partir sans voir sa mère, son frère et sa sœur, c'était là une pensée qui lui déchirait l'âme.

Nicolas, dans son enveloppe chétive et souffreteuse, avait le cœur d'un homme ; il eut bientôt pris son parti.

— Je les verrai, se dit-il, dût mon père me tuer!

Passer une journée sans manger n'était rien pour lui.

Il demeura tout le jour couché sur la roche, exposé au froid ; mais, de ce lieu élevé, il explorait les alentours.

Le jour baissa, le soleil disparut dans un linceul de brouillards jaunes, et les cloches du village voisin commencèrent à sonner pour la fête du lendemain, car le lendemain, on le sait, c'était Noël.

Or Nicolas s'était dit :

— La Mariette ira bien sûr à la messe de minuit avec

la mère, et peut-être bien que Jacques, mon besson, les accompagnera.

Mon père, Mathieu et Martinet n'y vont jamais, eux.

Quand la nuit fut tout à fait close, l'enfant quitta la roche et redescendit sous bois.

Il savait un chemin qui allait droit à Salbris, sans passer près de l'étang et de la maison de Martin-l'Anguille.

Nicolas le suivit.

Ce chemin longeait les champs de la ferme de Jean Féru.

Nicolas avait faim; comme il approchait de la ferme, il se prit à penser que Jean Féru était un homme charitable et qu'il ne lui refuserait pas un morceau de pain et une assiettée de soupe.

Il alla donc frapper à la porte de la ferme.

Les fils de Jean Féru étaient à Salbris; la mère Féru était allé à Romorantin vendre ses oies, car c'était un samedi et jour de marché par conséquent.

Jean Féru lui-même était absent.

Le fermier était allé chez un de ses voisins qui était *toucheur* de bœufs, le prier de venir le lendemain lui tourner deux veaux qu'il voulait élever.

La Madeline était toute seule.

Elle était tristement assise devant le feu, sur lequel bouillait l'énorme marmite qui contenait le souper de la famille.

Ses pauvres yeux étaient rouges; car elle aimait Martinet, et son père lui avait formellement signifié que jamais il ne donnerait son consentement au mariage.

Quand elle vit entrer Nicolas furtif et tremblant, et se demandant si on n'allait pas le mettre à la porte, elle crut qu'il lui apportait un message verbal de son frère.

La Madeline était une fille entêtée dans ses idées; et

plus on la voulait séparer de Martinet, plus elle songeait à le rejoindre.

— Ah! te v'là, petiot! lui dit-elle; est-ce que tu viens de la part de ton frère?

— Non, dit Nicolas, je ne l'ai point vu aujourd'hui.

— Seigneur Dieu! exclama la Madeline, est-ce qu'il lui serait arrivé malheur?

— Oh! non, dit l'enfant, mais je ne viens pas de la maison.

— Et d'où viens-tu?

— J'étais sous bois, à tendre des collets, répondit Nicolas embarrassé.

— Ah! bien, fit la Madeline, faudrait pas dire ça à mon père, il te chasserait comme il a chassé Martinet hier.

Nicolas redevint timide.

— Il n'est donc pas ici, ton père? dit-il.

— Non. Mais il ne tarde que le moment d'arriver, répondit la jeune fille, se servant d'une locution familière dans le centre de la France.

— Et tu crois qu'il me chassera!

Tout en faisant cette réflexion, le petit Nicolas regardait d'un œil avide un gros pain placé sur le bord de la huche.

— Il n'aime ni toi ni les tiens, dit tristement la Madeline, surtout depuis qu'il s'est mis en tête de me marier avec le gros François, mon cousin qui est dans le Val.

L'enfant regardait toujours le pain, et il écoutait chanter la marmitte, et la chanson monotone avait pour lui une harmonie infinie.

Mais la Madeline était toute à son idée.

— Non, dit-elle, il ne me veut pas donner à Martinet, mais Martinet et moi nous nous sommes *promis*.

Puis, regardant Nicolas :

— Mais tu as l'air tout *bleu* de froid, mon *mioche,* dit-elle. Chauffe-toi.

— Le temps est dur, dit Nicolas.

— Si j'étais sûre que mon père ne se fâchât point, je te dirais bien de rester à souper avec nous, poursuivit la Madeline, mais il a la tête montée rapport à vous.

— Je te remercie, répondit Nicolas ; donne-moi un morceau de pain, c'est tout ce que je te demande.

La Madeline entama le pain et en coupa un large morceau ; puis elle ouvrit le bahut et y prit du fromage.

— Prends, dit-elle ; c'est peut-être bien trop sec, le pain.

L'enfant se mit à manger avec avidité.

— Tu devrais t'en aller, lui dit alors la Madeline, j'ai peur que mon père ne revienne. Mais si tu me veux faire une commission, je te vas donner une belle pièce blanche pour ta Noël.

Et la Madeline fouilla dans sa poche et en retira une pièce de vingt sous qu'elle fit briller aux yeux du petit Nicolas.

— Je n'ai pas besoin d'argent pour t'obliger, Madeline, dit-il.

— Ça ne fait rien, prends toujours...

Il hésitait et demanda :

— Que faut-il faire ?

— Aller dire à Martinet que je l'attendrai derrière l'église, auprès de la gendarmerie, pendant la messe de minuit.

Nicolas n'allongea point la main et ne prit pas la pièce blanche.

— Mais, la Madeline, dit-il, m'est avis que c'est mal...

— Quoi donc ?

— Ce que tu veux faire là.

— Faut bien que je voie Martinet.

— Tu ne dois plus le voir, puisque ton père ne le veut pas...

— Mais puisque nous nous sommes promis ?

— Vous n'êtes plus promis, du moment que ton père te veut établir autrement.

— Oh ! dit la Madeline, mais Martinet a son idée.

— Ah !

— Et moi aussi.

— Qu'est-ce que vous voulez donc faire ? demanda encore Nicolas.

— Nous partirons tous deux, une belle nuit, nous passerons la Loire, et alors, faudra bien...

Et la Madeline tendait toujours la pièce blanche à Nicolas.

Mais celui-ci la repoussa.

— Ce que tu me proposes là, dit-il, est aussi mal que ce que tu veux faire, Madeline. Tu ne sais donc pas que le bon Dieu dit qu'il ne faut pas désobéir à ses parents...

Comme le petit Nicolas disait cela, la porte de la ferme s'ouvrit et le fermier Jean Féru entra.

Nicolas eut un geste de crainte en le voyant.

Mais Jean Féru vint à lui et lui posa sa large main sur l'épaule :

— Mon gars, lui dit-il, j'ai l'oreille fine et je t'ai entendu jaser. Tu es un brave garçon, et j'ai idée que tu vaux mieux que ton père et tes frères ; si tu veux travailler et gagner honnêtement ta vie, je suis ton homme.

— Je ne demande pas mieux, dit naïvement l'enfant.

— Eh bien, reste ici, je te prends comme gardeur de vaches, nous verrons après...

Et le fermier ajouta, s'adressant à sa fille :

— Quant à toi, la Madeline, faut te préparer à déguerpir de la maison. Tu te maries avant le jour des Rois.

XII

Cependant, à la maison du braconnier, au bord de l'étang, la journée avait été rude.

Mathieu et Martinet, qui couchaient ensemble à l'étage supérieur qui n'était autre qu'un misérable grenier, avaient entendu rentrer le petit Nicolas.

Martinet avait collé sa bouche à l'oreille de son jumeau, disant :

— Voyons ce que va dire le père ?

Le plancher qui séparait les deux étages était un assemblage grossier de planches au travers desquelles on avait passé un enduit de terre glaise.

Martinet se glissa hors de son lit, colla son oreille au plancher et écouta.

Il entendit les aveux naïfs du petit Nicolas, la colère étouffée de Martin.

Puis ayant approché son œil d'un jour qui se trouvait entre les planches, il vit ce dernier se lever, prendre son fusil et boire à longs traits de l'eau-de-vie.

Alors il se moucha tranquillement et dit à Mathieu :

— Je crois bien que Nicolas va passer un mauvais quart d'heure.

— Que veux-tu dire ?

— Le père va le tuer.

— Ah ! fit tranquillement Mathieu. Eh bien, ce sera un joli *feignant* de moins.

— Oui, dit Martinet, mais au lieu d'une méchante affaire, ça en fera deux. Est-ce que tu vas croire que le gendarme ne jasera pas?

— A savoir, dit Mathieu.

— C'est tout su, reprit Martinet, et si je n'enlève pas la Madeline ce soir même, je ne l'aurai pas... Heureusement que j'ai mis ma peau à couvert, moi...

— Qu'est-ce que tu as fait?

— J'ai jasé une partie de la nuit avec le brigadier, c'est toujours ça... Si on pince le père, je n'en suis pas.

Et Martinet se tourna sur le côté gauche et ne pensa plus à Nicolas que, selon lui, son père allait tuer. Mathieu était plus curieux; il se leva sans bruit, descendit et traversa le rez-de-chaussée sur la pointe du pied. Les deux femmes dormaient toujours. Quant au petit Jacques, qui avait pour lit le fenil, il était trop loin pour avoir rien entendu.

Mathieu jeta un regard explorateur autour de la maison et eut bientôt trouvé la trace des pas de son frère et de son père.

— Bon! pensa-t-il, je sais où ils vont... Pas bête, le père! il va le jeter dans le trou de la Roche-à-Satan. S'il eût tué roide le gendarme et qu'il l'y eût porté, c'est ça qu'aurait été malin.

Telle fut l'oraison funèbre que prononcèrent les deux frères sur la tombe entr'ouverte de leur cadet.

Mathieu rentra à la maison, et comme les femmes se levaient, il alluma le feu.

— Où est donc mon père? demanda la Mariette.

Et où veux-tu donc qu'il soit? répondit Mathieu tranquillement. Nous avons vendu tout notre gibier par avance, le poullailler de Nouan va venir ce matin et il ne nous reste seulement pas un lièvre pour notre réveillon.

— Comment! il est retourné à la chasse?

— Dame! c'est le cas d'en profiter, puisque le *livre des ânes* est ouvert.

On appelle le *livre des ânes* la terre couverte de neige qui permet de suivre le gibier à la trace.

— Mon Dieu! mon Dieu! murmura la Mariette, mon père n'est pas raisonnable.

— Faut vivre! murmura Mathieu.

— Et mon frère Nicolas? où est-il?

— Avec le père, sans doute.

— Ah! soupira la Mariette, il a pourtant le travail en goût, celui-là, pourquoi donc finissez-vous de le perdre?

— Ça, c'est vrai, dit la pauvre aveugle qui vint s'asseoir devant le feu ; c'est un brave enfant, Nicolas, et doux, et patient, que le bon Dieu l'aurait en faveur s'il le voyait...

— C'est un *feignant*, dit Mathieu.

— Donne-lui voir un métier, dit la Mariette, je gage qu'il fera un brave ouvrier.

La conversation en resta là. Il s'écoula plus de deux heures, et ni Martin-l'Anguille, ni son fils Nicolas, ne revenaient. Enfin le premier revint seul.

Il était sombre et portait son chapeau enfoncé sur ses yeux.

Il jeta son fusil dans un coin, s'assit auprès du feu et ne souffla mot.

Comme il arrivait, Martinet qui avait refait un somme, descendit de son grenier, et le petit Jacques sortit du fenil.

— Mais où est donc Nicolas? demanda la Mariette.

Martin fronça le sourcil.

— Il n'est pas ici, dit-il.

— Il ne reste pourtant pas toute une nuit sous bois, celui-là, dit le petit Jacques. Il est trop *feignant*.

— Il va où on l'envoie! dit rudement Martin.

— Et où donc l'avez-vous envoyé, père?

— Loin d'ici.

Martinet et Mathieu échangèrent un regard qui voulait dire :

— Si loin qu'il ne reviendra jamais.

— J'aurais pourtant bien voulu le voir, dit la Mariette. Ce n'est pas de trop une fois par an.

— Tu ne le verras pas? dit durement le braconnier.

Puis, regardant sa fille d'un œil moins farouche :

— Il te doit une belle chandelle, va! dit-il.

— A moi? fit la Mariette étonnée.

Mathieu et Martinet échangèrent un nouveau regard.

Un regard plein de mépris et d'ironie qui signifiait clairement :

— Le père a eu peur!...

Martin ajouta :

— Mais c'est des affaires à moi, ça! et ça ne regarde personne, entendez-vous!

Puis, comme on servait la soupe, il se mit à table.

Mais à son attitude, à sa physionomie inquiète, à sa pâleur, on devinait qu'une horrible angoisse l'étreignait.

— Est-ce que nous allons comme ça rester tout le jour ici? demanda le petit Jacques qui ne savait rien du mauvais coup de la nuit.

— Oui, dit durement Martin-l'Anguille.

— C'est veille de Noël, dit Mathieu.

— Jour de repos, ricana Martinet.

— Si vous ne me fichez pas la paix, vous autres! s'écria le braconnier, je fais un malheur!

Et il menaça ses fils du poing.

La Mariette lui jeta ses deux bras autour du cou.

— Soyez donc calme, père, dit-elle.

Le braconnier s'apaisa, puis une larme roula dans ses yeux.

Il prit sa fille sur ses genoux et l'embrassa :

— Tu es un bon ange du paradis, toi, dit-il, et je voudrais te ressembler.

Puis, comme s'il eût craint de s'attendrir, il la repoussa vivement, et dit à Jacques :

— Toi, mioche, cherche-moi ma pipe.

Le petit Jacques était un enfant terrible.

— Mais le cerf, dit-il, vous ne l'avez donc pas vu?

— Non, dit Martin, il avait vidé l'enceinte.

— Ah bien! fit l'enfant, quand je suis entré ici, je croyais bien le trouver.

Martin haussa les épaules et sortit sur le pas de la porte.

— Avec tout ça, murmura le petit Jacques, il y a des mystères à la maison aujourd'hui.

— Tu crois? fit Martinet.

— Et je voudrais savoir où est Nicolas.

— On te le dira quand tu auras été bien sage, répliqua Mathieu avec une féroce ironie.

La journée s'écoula.

Martin avait donné l'ordre formel à ses fils de ne pas sortir, et tout le monde était resté à la maison, au grand étonnement du petit Jacques.

La nuit vint, Nicolas ne rentra pas.

— Mais où est-il donc? demandèrent encore les deux femmes.

— Eh bien, répondit Martin dont le visage se rasséréait quelque peu à mesure que le temps s'écoulait, je l'ai envoyé à la Mothe-Beuvron me chercher de la poudre ; vous savez bien qu'on ne veut plus m'en délivrer au bureau de Salbris.

On se contenta de l'explication.

— Mère, dit la Mariette, je voudrais bien aller à la messe de minuit, comme tous les ans.

— Et moi aussi, dit l'aveugle.

4

— C'est la messe des braconniers, dit Martinet, j'y vas aussi.

— Allez-vous-en au diable! s'écria Martin-l'Anguille, qui, durant tout le jour avait tremblé comme la feuille, écoutant le bruit du vent qui chassait la neige et croyant toujours entendre au dehors retentir les pas des gendarmes.

Les deux femmes s'encapuchonnèrent dans leur pelisse, Martinet passa sa blouse, et tous trois partirent. Mais quand ils furent à la hauteur de la ferme de Jean Féru, Martinet dit à sa sœur :

— Tu vois le clocher, la nuit est claire, et vous n'avez pas besoin de moi.

— Où vas-tu donc? demanda la Mariette.

— J'ai affaire, répondit Martinet.

Et il quitta brusquement les deux femmes.

XIII

Qu'était devenu le gendarme, cause première de tout cet émoi.

Nous avons suivi Michel Legrain, — c'était son nom, — depuis la hutte des bûcherons jusqu'à la lisière de la forêt, s'appuyant sur le petit Nicolas.

Quand il eut renvoyé ce dernier, le pauvre soldat qui avait pris sa carabine par le canon et s'en servait en guise de canne, fut obligé de s'arrêter plus de vingt fois.

A chaque pas, les forces lui manquaient.

De temps en temps, cependant, il parvenait à se baisser, ramassait une poignée de neige et la portait à sa bouche.

Heureusement Salbris était tout près, et la *gendarmerie* était la première maison du village.

Enfin, au bout de deux heures, mourant, épuisé, il atteignit le seuil de la caserne.

Salbris, quoique chef-lieu de canton, était alors un pauvre village, peu bruyant, et dont l'unique rue était déserte dès sept heures du matin, car tout le monde allait aux champs ou dans les bois.

Or, il était à peu près cette heure-là lorsque Michel Legrain arriva.

Par un hasard étrange, durant son pénible voyage, il n'avait rencontré personne.

Le brigadier ne se trouvait pas à la caserne, ni le troisième gendarme non plus.

Une seule personne attendait avec angoisse, comptant les heures et les minutes, depuis la veille au soir.

C'était la femme de Michel Legrain.

Ils étaient mariés depuis deux ans et avaient un petit enfant.

La pauvre femme accourut à la rencontre de son mari, vit du sang sur son uniforme, et jeta un cri.

— Tais-toi, femme, dit-il, tais-toi !

Et il s'appuya sur elle et monta péniblement jusqu'à leur logis.

Puis il lui dit encore :

— Ferme la porte et aide-moi à me déshabiller.

La femme pleurait en obéissant à son mari, et elle murmurait des mots entrecoupés :

— Oh ! les canailles de braconniers ! disait-elle, ils m'ont tué mon pauvre homme !...

— Tais-toi donc, femme, tais-toi, disait le gendarme en se mettant au lit... tu vas faire disparaître ce sang... il ne faut pas que le brigadier sache rien... je ne le veux pas... où est-il le brigadier?

— Je l'ai vu partir à la pointe du jour.

— Et Malaunay? demanda Michel Legrain, désignant le troisième gendarme de la brigade à pied.

— Le maire lui a donné une lettre à porter au tribunal de Romorantin. Mais, dit la pauvre femme, en pansant avec du linge blanc la blessure de son mari, il faut pourtant bien que j'aille chercher M. Chipot, c'était le nom du médecin.

— Oui, vas-y, dit Michel Legrain. C'est un brave homme, M. Chipot; si je l'en prie, il ne dira rien.

Et comme la femme sortait, Michel Legrain ajouta :

— Prends bien garde de ne rien dire, si tu rencontres la femme de Malaunay ou celle du brigadier.

La femme de Michel ne comprenait pas pourquoi son mari voulait faire un mystère de sa blessure; mais elle le considérait comme un être qui lui était infiniment supérieur, et elle obéissait sans réplique.

Elle courut donc chez le médecin et lui dit :

— Monsieur Chipot, venez vite! j'ai mon enfant qui a des convulsions.

Le médecin était un vieux brave homme que la Providence avait fortement éprouvé. Il avait perdu, lui, le sauveur de ses semblables, successivement sa femme et trois enfants, et il était demeuré seul.

Aussi, tout entier à son ministère, dévoué à cette population souffreteuse au milieu de laquelle il vivait depuis quarante ans, le bon docteur était-il toujours prêt, qu'il fît jour ou nuit.

Il crut la femme Legrain et la suivit.

Dans la cour de la caserne, celle-ci rencontra la femme du brigadier qui lui dit :

— Vous avez donc quelqu'un de malade chez vous ?

— Oh ! ce ne sera rien, répondit-elle, sans vouloir s'expliquer davantage.

Comme le médecin, la femme du brigadier crut qu'il s'agissait de l'enfant.

M. Chipot, en entrant dans le logis du gendarme, s'arrêta stupéfait.

Auprès du lit dans lequel Michel Legrain était couché, pâle, et défait, il y avait, sur une chaise, son uniforme ensanglanté.

Michel mit un doigt sur ses lèvres, tandis que sa femme fermait la porte.

— Mais, malheureux, que vous est-il donc arrivé ? s'écria M. Chipot.

— Docteur, dit le gendarme, vous allez me dire d'abord si j'ai mon compte... et puis je vous conterai la chose.

Et il découvrit sa poitrine.

M. Chipot eut ausculté la blessure en un instant.

— La balle a tourné sur les côtes, dit-il, la blessure n'est pas mortelle et n'est même pas dangereuse. Dans trois semaines vous serez sur pied. Mais vous avez perdu beaucoup de sang, et si vous n'aviez pas pris la précaution de boucher le trou constamment avec de la neige, vous eussiez succombé à l'hémorragie. C'est un braconnier, n'est-ce pas ? Peut-être ce misérable Martin l'Anguille ?

— Chut ! dit Michel Legrain. J'ai promis de me taire.

— A qui ?

— A l'enfant qui m'a sauvé ?

— Quel est cet enfant ?

— Ne le devinez vous pas ? c'est le fils de mon meurtrier.

Et Michel Legrain raconta tout le drame de la forêt.

Le docteur lui prit la main.

— Vous êtes un brave homme, dit-il, et je vous garderai le secret. Mais il faut faire disparaître ce sang, et il faut être circonspect vis-à-vis du brigadier qui ne manquera pas de venir vous voir.

M. Chipot posa un premier appareil, tandis que la femme Legrain lavait les taches de sang qui jaspaient l'uniforme.

Puis il annonça qu'il reviendrait vers midi et procéderait à l'extraction de la balle.

Le sang ne coulait plus, les draps du lit n'étaient pas tachés, et Michel Legrain les avait ramené, sous son menton, lorsque le brigadier entra.

Le vieux soldat s'arrêta soupçonneux sur le seuil.

— Tu es donc malade, camarade? dit-il.

— J'ai attrapé les fièvres, cette nuit, dit Michel Legrain.

— Tu n'as attrapé que ça?

— Mais dame, c'est bien assez...

— Ah! dit le brigadier.

Et il s'assit.

Puis, regardant fixement Michel Legrain :

— Et que dit M. Chipot?

— Que j'en ai pour quelques jours de repos.

— C'est dommage ! car nous aurions joliment besoin d'être au complet.

— Pourquoi ça? demanda le gendarme.

— Parce que je crois bien qu'il s'est commis un crime cette nuit.

Michel Legrain demeura impassible.

— Un bûcheron, le père Charrier, est venu me chercher ce matin. Je l'ai suivi. Nous avons trouvé sous bois une large flaque de sang ; puis des pas qui se continuaient vers une hutte, et dans la hutte du sang aussi... on avait allumé du feu... puis, hors de la hutte, d'autres pas qui se continuaient jusqu'aux terres.

— Et puis? demanda Michel Legrain.

— Aux terres, ils tombaient bientôt dans le chemin communal, ils se confondaient avec tant d'autres, qu'il n'était plus possible de rien démêler.

— C'est assez extraordinaire ce que vous me racontez-là, dit Michel Legrain.

— Figure-toi, poursuivit le brigadier, que j'ai eu peur un moment; j'ai cru qu'on avait tiré sur toi.

Michel ne sourcilla point.

— Avec des canailles de braconniers comme nous en avons..., reprit le brigadier.

— C'est vrai, fit Michel avec indifférence.

— Martin-l'Anguille, par exemple!

— Oh! dit le gendarme, quant à celui-là, je l'ai prévenu hier... et il m'a bien promis de ne pas se risquer en forêt la nuit.

— Tu l'as donc vu?

— Je suis entré chez eux, pour allumer ma pipe, comme ils étaient à souper. Martin avait mal aux pieds. Je crois bien qu'il a assez du braconnage.

Le brigadier haussa imperceptiblement les épaules et murmura à mi-voix :

— Après tout, on ne peut pas forcer les gens à demander justice.

Et il quitta Michel Legrain en lui disant :

— Faut soigner ta fièvre, camarade.

XIV

Maintenant, transportons-nous de nouveau à la ferme de Jean Féru.

Le fermier avait donc retenu le petit Nicolas à souper et lui avait offert de le prendre comme gardeur de vaches, en attendant qu'il fût assez fort pour pouvoir travailler comme valet de charrue ou journalier.

Les fils de Jean Féru revinrent de Salbris et on se mit à table pour souper.

Les enfants Féru étaient deux grands gaillards, vigoureux de corps et simples d'esprit.

Leur admiration pour Martinet, le fils de Martin le braconnier, en était la preuve.

Leur père qui était un homme de sens ne se fiait guère à eux, et il haussait les épaules quelquefois en les entendant deviser.

Ce soir-là, l'événement de la nuit précédente fut l'objet de la conversation pendant le souper, bien que le fermier leur eût plus d'une fois poussé le pied ou le coude pour les faire taire.

L'aîné des deux frères se nommait Constant, l'autre Timothée.

Le premier était un grand rougeaud à l'œil d'un bleu pâle et aux cheveux jaunes; le second avait une chevelure noire toute frisée et le nez épaté comme celui d'un Kalmouck.

Constant disait :

— Après ça, puisque Martinet veut de la Madeline et que la Madeline en veut bien, qu'est-ce que ça fait donc qu'ils se marient ?

— Cela ne me convient pas, dit sèchement le fermier.

— C'est pas un si mauvais métier pourtant, dit à son tour Timothée, que le métier de braconnier ; en deux heures, quelquefois, on gagne plus qu'un bon ouvrier en huit jours.

La Madeline, qui servait à table, était rouge comme un coq ; elle allait et venait par la salle basse de la ferme et ne sonnait mot.

Mais on devinait qu'elle avait son idée.

Et quand la Madeline avait une idée, le bon Dieu et tous ses saints n'y pouvaient rien.

— Et puis, reprit Constant, le gars aux cheveux jaunes, faut pas s'y tromper, les filles sont difficiles à établir en Sologne. Autant le faire quand on trouve l'occasion.

Le petit Nicolas écoutait cette conversation étrange et gardait le silence.

— Je ne suis pas embarrassé de ma fille, dit le fermier. J'ai des écus à lui bailler.

— Oui, répliqua Timothée, mais peut-être bien que Martinet la prendrait sans écus, et alors ce serait tout profit.

— Je veux bien, moi, dit la Madeline.

Jean Féru n'était pas très-patient. Comme il finissait de souper, il alluma sa pipe et dit à ses fils :

— Au lieu de vous mêler de ce qui ne vous regarde pas, vous feriez mieux d'aller vous coucher.

— Nenni-da ! répondit Timothée. C'est demain Noël ; on ne travaille pas.

— Soit, dit le fermier, mais ça n'empêche pas de s'aller coucher.

— Nous aimons mieux aller à Salbris cette nuit.

— Et qu'y ferez-vous? demanda le père avec dédain.

— Nous verrons les *jeunesses* entrer à la messe de minuit, dit Constant Féru.

— Beau plaisir en vérité !

— Et nous jouerons au tonneau chez la voisine, ajouta Timothée.

La voisine était la cabaretière de Salbris.

C'était chez elle que se réunissaient les jours de fête et les dimanches les jeunes gens du pays.

Pendant la nuit de Noël, elle avait l'autorisation de ne pas fermer.

— Puisque vous allez à Salbris, dit la Madeline, attendez-moi un brin, les gars.

— Hein? fit Jean Féru.

— Je vais à la messe de minuit, moi aussi.

— Si cela me convient toutefois, observa le fermier.

— J'y suis pourtant bien allé l'an dernier, dit la jeune fille d'un ton aigre.

— L'an dernier ça me convenait, répondit Jean Féru.

— Et... cette année-ci?

— Ça ne me convient pas.

La Madeline se prit à faire la moue, mais elle n'osa pas insister.

— Vous autres, dit Jean Féru s'adressant à ses fils, si vous voulez aller à Salbris, allez-vous-en tout de suite, il est tard, et je ne veux pas veiller toute la nuit.

Les fils Féru ne se le firent pas répéter et s'en allèrent sur-le-champ.

Il ne resta plus à la ferme que la Madeline, Jean Féru et Nicolas.

Au temps des travaux, Jean Féru employait beaucoup

de monde; mais l'hiver, il n'avait personne autre que ses enfants.

Ses fils partis, il dit à la Madeline :

— Une fille bien apprise doit obéir à son père sous peine de manquer à tous ses devoirs. Je t'ai défendu d'aller à la messe de minuit, parce que tu ne manquerais pas d'y rencontrer Martinet, et que je ne veux pas.

La Madeline ne souffla mot.

— Quand tu auras rangé ta vaisselle et couvert le feu, tu monteras te coucher, ajouta le fermier.

Puis il frappa sur l'épaule de Nicolas :

— Viens avec moi, petiot, lui dit-il.

Il emmena l'enfant dans une sorte de petite salle qu'il fallait traverser pour aller de la cuisine au dehors, et dans laquelle d'habitude couchait Constant Féru.

Le corps de logis principal, c'est-à-dire celui qu'habitaient le fermier et sa famille, n'avait qu'une porte.

Pour sortir, il fallait absolument traverser la pièce où Jean Féru venait de conduire Nicolas.

— Écoute-moi bien, mon garçon, dit-il. Tu as l'air honnête, et j'ai confiance en toi.

— Parlez, dit Nicolas.

— Tu vas mettre ton lit en travers de la porte.

— Oui, maître.

— Si on frappe, tu n'ouvriras pas.

— Je vous le promets, dit Nicolas.

Et il fit ce que le fermier lui avait commandé ; il trouva devant la porte le lit de Constant Féru et se coucha, tandis que le fermier gagnait le derrière de la maison, où il couchait tout auprès de sa fille la Madeline.

Nicolas était harassé de fatigue; il ne tarda donc point à s'endormir.

Mais, peu après, il fut éveillé en sursaut par un léger bruit.

La lune passait au-dessus de la porte par un carreau de papier huilé, et projetait ainsi une lueur incertaine dans la pièce.

Le bruit venait du dehors.

On avait frappé doucement à la porte.

Nicolas prêta l'oreille.

Une voix disait :

Hé ! la Madeline ? c'est moi.

Nicolas tressaillit. Il reconnut la voix de Martinet, mais il ne bougea pas.

Au même instant, il vit apparaître la jeune fille.

La Madeline était descendue pieds nus ; elle portait ses sabots à la main, mais elle était habillée comme les dimanches, et elle portait sur sa tête un petit paquet de hardes.

Elle avait entendu la voix de Martinet et, en fille entêtée qu'elle était, elle accourait ouvrir à son amant, prête à fuir avec lui.

Mais Nicolas se dressa entre elle et la porte.

— Ce n'est pas bien ce que tu veux faire là, dit-il, et je ne te laisserai pas ouvrir.

— Petit malheureux ! dit la Madeline, mêle-toi donc de ce qui te regarde !

— Non, dit Nicolas, si tu essayes de passer, je me mets à crier, et ton père viendra.

La Madeline se mit à rire d'un rire idiot.

— Alors, dit-elle, puisque c'est comme ça, je m'en vas me recoucher. Mais tu le payeras.

Nicolas la crut sur parole.

La Madeline, en effet, rebroussa chemin, et Nicolas fit la sourde oreille, car Martinet continuait à frapper doucement, et disait :

— Mais ouvre donc !... Je n'ai pas peur de ton père, à cette fois, j'ai un bon bâton...

Quelques minutes s'écoulèrent, mais tout à coup la Madeline reparut.

— Ah! dit-elle, mon père est bien malin, mais on l'est autant que lui. Comme il a laissé la clef sur la porte de sa chambre et qu'il s'est endormi se fiant à toi, j'ai tourné la clef et je l'ai enfermé.

Nicolas se mit en travers de la porte et répondit résolûment :

— C'est égal, tu ne sortiras pas!

— Oh! méchant gringalet! dit la Madeline, ce n'est pas toi qui m'empêcheras de sortir.

C'était une robuste fille que la Madeline. Elle se jeta sur Nicolas et le saisit à bras le corps.

Nicolas se cramponna à la porte et dit tout bas :

— C'est mal, c'est très-mal, ce que tu veux faire.

— Laisse-moi sortir ou je t'étrangle! exclama-t-elle en le prenant à la gorge.

— A moi! Jean Féru, cria Nicolas.

La voix de l'enfant arriva jusqu'au fermier, qui sauta hors de son lit, courut à la porte de sa chambre et s'aperçut qu'il était prisonnier.

En même temps, et tandis que le fermier faisait de vains efforts pour jeter la porte par terre, la Madeline luttait avec Nicolas et finissait par le terrasser.

— A moi! à moi! répétait l'enfant d'une voix étouffée.

Mais la Madeline était parvenue à tirer le verrou de la porte, laquelle, du reste, ne se fermait point autrement.

Et Martinet, qui devinait ce qui se passait à l'intérieur, parvint, d'un vigoureux coup d'épaule, à repousser la porte et le lit qui se trouvait en travers.

L'enfant essayait de se débarrasser de l'étreinte de la Madeline.

Martinet entra.

5

Au clair de lune, il reconnut son frère.

— Oh! brigand! dit-il, voilà que tu fais le gendarme.

Et comme le fermier hurlait dans sa chambre, comme la Madeline lâchait le petit Nicolas, ce dernier qui se relevait reçut un coup de bâton sur la tête et retomba sanglant sur le sol.

XV

Martinet avait compté sur la Madeline qui lui ouvrirait.

Mais il n'avait compté ni sur Nicolas ni sur un ennemi inattendu.

Un coup de bâton venait de le débarrasser de Nicolas.

Mais l'ennemi inattendu, celui sur lequel il ne comptait guère, c'était un chien de vache, qui accourut et se jeta sur lui.

Le fermier s'épuisait en vains efforts pour enfoncer la porte de sa chambre, et il n'avait pas la ressource de pouvoir sauter par la croisée.

En effet, les paysans, pour éviter l'impôt des portes et fenêtres, se contentent de percer deux ou trois petits trous voisins les uns des autres, dans le mur, et de les boucher ensuite avec un carreau de vitre.

Ces trous sont assez grands pour laisser passer un peu de jour, mais trop petits pour livrer passage au corps d'un homme.

Jean Féru était donc victime de sa parcimonie, et il se trouvait tout à fait prisonnier.

Mais les trous du mur donnaient sur la basse-cour, et le fermier se mit à siffler ses chiens.

Il y en avait deux, un tout jeune qui aboya et que la Madeline fit taire d'un mot ; un vieux qui ne perdit point son temps à hurler et sauta résolûment à la gorge de Martinet.

Pourtant les chiens de la ferme connaissaient le braconnier.

Maintes fois le vieux chien l'avait *flatté*, comme on dit, quand il venait passer la veillée à la ferme.

— A bas ! Médor. Ne me reconnais-tu donc pas? cria Martinet en lui donnant un coup de pied.

Mais le fermier criait :

— Pille, pille, Médor !

Et le chien mordait à belles dents.

Ce que voyant, la Madeline prit le bâton qui avait servi à assommer le petit Nicolas et que Martinet, vaincu par la douleur, avait laissé échapper, et elle se mit à frapper le chien.

Mais le chien mordait de plus belle.

En même temps, Nicolas s'était relevé, et au lieu de porter secours à Martinet, il s'élançait à l'intérieur de la ferme et allait délivrer le fermier.

Alors les rôles changèrent.

Le fermier arriva, non plus armé d'une fourche, mais avec son fusil.

— Paix, Médor ! dit-il.

Puis il coucha en joue Martinet que le chien venait de lâcher.

— Misérable ! dit-il, j'ai le droit de te tuer, car tu es chez moi, de nuit, et tu as escaladé le mur de la cour.

Ce droit, je vais en faire usage, si tu ne te retires à l'instant.

Martinet eut peur ; il prit la fuite.

Le fermier le reconduisit jusqu'au chemin qui passait devant la maison, ayant toujours son fusil à l'épaule.

La Madeline, éperdue, s'était assise sur une pierre et sanglotait.

Le fermier revint et appela Nicolas.

Mais Nicolas ne répondit pas.

Le pauvre enfant, à bout de forces, s'était évanoui, et le sang coulait en abondance de son crâne entr'ouvert ; l'épaisseur de sa chevelure avait seule empêché le coup de bâton d'être mortel.

Le fermier prit l'enfant dans ses bras et le porta dans la cuisine, et il ralluma le feu.

La Madeline, hébétée et pleurant toujours, le suivait.

La chaleur du feu ranima le petit Nicolas. Jean Féru lui prodigua ses soins, comme s'il eût été son propre enfant.

Quand il rouvrit les yeux, il se vit couché dans le propre lit du fermier, sa tête entourée d'un mouchoir.

— Ah ! mon brave *petiot*, lui dit Jean Féru, sans toi ma fille était déshonorée. Aussi, va, sois tranquille, je t'aimerai comme si tu étais à moi.

. . . .

Jean Féru était un brave homme.

Le même sentiment qui avait fait taire le gendarme lui imposa silence.

Il ne porta pas plainte contre Martinet.

Mais, le lendemain matin, quand ses fils revinrent, car ils avaient passé la nuit à boire et à jouer chez la voisine, il dit à la Madeline :

— Tu es bien têtue, faut te rendre cette justice, mais je le suis encore plus que toi, et je vais te donner à choisir :

ou tu épouseras ton cousin qui est dans le Val, avant trois semaines, ou Martinet ira au bagne.

La Madeline était comme ses frères; elle n'avait pas l'entendement bien développé; cependant, au mot de bagne, elle frissonna.

Mais elle répliqua néanmoins :

— Ah! bon! ce serait drôle tout de même qu'on allât aux galères, parce qu'on aime une fille.

— Eh bien! dit le fermier, gageons que je vais trouver le brigadier de gendarmerie.

— Après? fit l'entêtée jeune fille.

— Que je lui dise que Martinet a pénétré chez moi de nuit par escalade et effraction, et qu'il a essayé de t'enlever. Le brigadier, continua Jean Féru, commencera par arrêter Martinet et le conduira à la prison de Romorantin. Il passera ensuite aux assises...

— Il n'y a pas de preuves, père, dit encore la Madeline.

— On trouvera des témoins. Est-ce qu'il n'y avait pas Nicolas.

— Ah! le bandit! fit la Madeline. Il nous le payera cher...

Mais, tout en murmurant, elle finit par se rendre.

Le lendemain, Jean Féru fit publier le premier ban de sa fille.

Dans la soirée, il attela son cheval à sa carriole et emmena la Madeline dans le Val.

Pendant ce temps-là, Martinet, qui sentait bien qu'il s'était attiré une méchante affaire, restait auprès de son père, qui, lui aussi, était livré à toutes les angoisses de la peur.

L'absence du fermier dura trois jours.

Quand il revint, Nicolas était sur pied et avait commencé son service de gardeurs de vaches.

Les fils de Féru le houspillaient bien un peu, car ils étaient bien faux et taquins ; mais, au demeurant, l'enfant ne les craignait guère.

Deux semaines s'écoulèrent ; la neige avait disparu ; on avait repris les travaux des champs.

Le petit Nicolas n'avait plus entendu parler de son père et de ses frères.

Seule, la Mariette, sa sœur, était venue l'embrasser à la ferme avant de retourner dans le Val.

L'enfant ne lui avait rien dit.

Mais, un soir, comme il s'était attardé avec ses vaches de l'autre côté de la Saule, une petite rivière qui coule à Salbris, tandis qu'il était assis au pied d'un arbre, il vit au loin remuer les ajoncs, puis un éclair suivi d'un brouillard blanc, puis une détonation, et une balle vint s'enfoncer dans le tronc de l'arbre, à trois pouces au-dessus de sa tête.

En même temps un homme sortit des ajoncs et se sauva à toutes jambes.

Il était presque nuit, mais Nicolas avait l'œil perçant et nocturne, qu'on nous passe le mot, des braconniers.

Dans l'homme qui fuyait, il reconnut Martinet.

Martinet qui avait voulu se venger.

L'enfant revint tout tremblant à la ferme et il conta cette aventure en grand mystère à maître Jean Féru.

Le fermier lui dit :

— Mon garçon, tu ne peux pas rester ici. Ton père et tes frères t'en veulent à la mort et ils finiront par te tuer ; il faut que tu quittes le pays.

Nicolas essuya une larme, il aimait déjà Jean Féru comme un père.

— Mais, reprit ce dernier, je ne t'abandonnerai pas, sois tranquille.

Le lendemain, en effet, le fermier éveilla l'enfant avant le jour et lui dit :

— Viens avec moi.

Il le conduisit à Salbris et frappa à la porte de la gendarmerie.

Ce fut le gendarme Michel Legrain qui vint ouvrir.

Le brave soldat était remis de sa blessure, et il avait tenu sa parole.

— Mon garçon, dit-il à Nicolas, mes camarades et moi nous avons fait une petite collecte pour toi. Voici quarante francs, maître Féru t'en donne soixante. Avec cent francs, on peut aller chercher fortune plus loin.

Le brigadier qui va à la correspondance t'accompagnera jusqu'à Romorantin, et mes camarades de l'autre brigade te conduiront jusqu'à Vierzon.

Va, mon enfant. Tu trouveras dans l'Allier ou le Berry une ferme où on pourra t'employer. Conduis-toi bien. Dieu n'abandonne pas ceux qui sont honnêtes et ont foi en lui.

XVI

Quelques années se sont écoulées et nous touchons au mois de janvier 1829.

Il est huit heures du matin, le soleil resplendit dans un ciel sans nuages, et il fait un de ces petits froids piquants et secs qui sont la joie de la campagne en hiver.

Un jeune homme de vingt ans chemine gaillardement, un bâton sur l'épaule, et, au bout de ce bâton, un petit paquet de hardes.

Sa mise est celle d'un paysan, mais il a bon air, et sa chemise bien blanche, sa blouse neuve, ses bons souliers ferrés attestent cette aisance modeste que donnent la conduite et le travail.

Il était plutôt grand que petit, robuste en sa taille, assez joli garçon, avec un air de belle santé, et on eût difficilement reconnu en lui le pauvre être malingre et chétif que ses frères rudoyaient et que son père n'aimait pas.

En un mot, notre voyageur n'était autre que notre ami Nicolas et venait au pays après six années d'exil.

Il suivait la grande route de Vierzon à Orléans, et quand, arrivé sur une petite éminence, il vit poindre devant lui le clocher de Salbris, il s'arrêta tout ému, son cœur battit plus vite, et une larme roula sur ses joues.

Au delà de Salbris, les grands bois, et cachée sous les grands bois, la maison où il était né.

Après avoir dominé son émotion, Nicolas se remit en route et doubla le pas.

C'était un dimanche ; il y avait du monde sur les portes et devant l'église ; mais personne ne le reconnut, et Nicolas continua son chemin.

Au bout du pays, il s'arrêta de nouveau.

Il y avait là un grand bâtiment carré, sur la porte duquel flottait un drapeau ; et, assis sur la première marche du seuil, un homme en bonnet de police, qui fumait sa pipe.

C'était le bon Michel Legrain, avec six années de plus et sa belle tête honnête et martiale toute blanchie.

L'homme et l'enfant se reconnurent et s'élancèrent dans les bras l'un de l'autre.

— Tu es exact comme un petit soldat que tu pourrais

bien être ce soir, mon garçon, dit le vieux gendarme qui, nous avions oublié de le dire, était passé brigadier.

Les paroles de Michel Legrain étaient aisées à comprendre.

Nicolas avait vingt ans, et l'heure du tirage au sort venait de sonner pour lui.

Or, c'était précisément ce jour-là que le tirage avait lieu, à midi précis, au sortir de la messe, dans la salle de la mairie.

Michel Legrain fit entrer le jeune homme dans la caserne. Madame Legrain prépara le déjeuner à la hâte, et le vieux soldat dit à son protégé :

— Tu vas manger un morceau et boire un coup ; après nous causerons.

— Donnez-moi des nouvelles des miens, dit le jeune homme d'une voix tremblante, car depuis bien longtemps il n'avait rien appris touchant sa famille.

Le gendarme fronça les sourcils, hésita un moment, puis avala deux verres de vin coup sur coup, comme s'il eût voulu se donner du courage.

— Écoute, lui dit-il, les mauvaises nouvelles, ça s'avale tout d'un coup ; c'est âpre à la gorge, mais ça fait moins de mal que si on les boit goutte à goutte. Ton père et ta mère sont morts.

Nicolas pâlit et ses yeux se remplirent de larmes, au souvenir de sa mère.

— Et ma sœur, et mes frères ? dit-il avec angoisse.

— Martinet a quitté le pays. Mathieu et Jacques vivent ensemble, et ils continuent leur métier. Quant à ta sœur, elle est mariée et heureuse.

Nicolas murmurait avec émotion le nom de sa mère.

— Faut pas la plaindre, la pauvre chère femme, dit Michel Legrain, elle avait tant de mal en ce monde, que la mort a été pour elle comme une délivrance.

5.

— Oui, mais mon père... il était jeune encore... il n'avait pas cinquante ans.

— A peu près, dit Michel Legrain.

— De quoi donc est-il mort?

— Voyons, mon garçon, reprit le gendarme, ne nous attristons pas outre mesure, je te dirai ça quand nous aurons déjeuné.

Nicolas n'osa pas insister ; mais il mangea de mauvais cœur et, plus d'une fois, il laissa tomber une larme dans son verre.

— Parle-nous de toi, reprit Michel Legrain. Sais-tu que tu t'es fait un beau gars Tu as des épaules et des bras comme un petit hercule. Es-tu toujours resté chez le même maître?

— Toujours.

— Et tu es content?

— C'est un brave homme, dit Nicolas. Sa femme prend soin de moi et me rapetasse mes nippes comme si j'étais son fils.

— Et gagnes-tu de gros gages?

— Quarante-cinq francs par an, mais je n'y touche guère.

— Ah! fit le gendarme en souriant, tu as des économies?

— Oui, dit Nicolas qui essuya de nouveau sa joue sur laquelle roulait une larme; j'ai amassé cent écus. Je pensais à prendre ma mère avec moi.

— Ta pauvre mère n'a plus besoin de rien, dit tristement Michel Legrain, mais si tu tires un bon numéro, tu pourras t'établir. Un bon ouvrier qui a cent écus trouve toujours une ménagère.

Et le gendarme regarda en souriant sa femme encore jeune et son fils, un joli bambin de sept ans, qui était revenu de l'école pendant qu'on était à table.

Madame Legrain secoua la tête :

— C'est drôle, dit-elle, mais j'ai mauvaise idée...

— A propos de quoi? fit le gendarme.

— Touchant Nicolas. Il pourrait bien amener un mauvais numéro.

— Bah! fit le gendarme. Et puis, dame! s'il part, il partira. Tu es un trop brave garçon pour être peureux, n'est-ce pas?

— Je ne crois pas l'être, répondit simplement Nicolas. Mais ça me fendra bien le cœur tout de même de quitter mes maîtres... depuis six ans que je suis avec eux, c'est quasiment une famille.

Plusieurs fois, pendant le repas, Nicolas fit allusion à son père, espérant que Michel Legrain lui donnerait quelques détails sur sa mort. Mais le gendarme garda le silence.

Nicolas dit encore :

— Je voudrais pourtant bien aller voir mon *besson* et mon autre frère.

— Je ne te le conseille pas, répondit Michel Legrain. Ton frère Mathieu est mauvais à fond, et quant à Jacques, il l'ont si bien perverti, qu'il ne vaut guère mieux.

— Mais mon frère Martinet, où est-il donc allé?

— Je te conterai ça ce soir, dit le gendarme.

Un roulement de tambour se fit entendre sous les fenêtres de la caserne.

— Allons, *petiot*, dit Michel Legrain, voici le moment dur à passer. Avale-moi un bon verre d'eau-de-vie, et viens!

Il était midi, le tirage au sort commençait devant le maire et les autorités militaires et cantonales.

Le lieutenant de gendarmerie qui assistait à l'opération n'était autre que l'ancien brigadier de Salbris.

Il était passé lieutenant à Romorantin.

Il reconnut Nicolas et l'embrassa.

— Du courage, mon garçon, lui dit-il.

— Ah! répondit Nicolas qui songeait toujours à sa mère, maintenant cela m'est égal d'être soldat.

Et il attendit son tour.

— Fourre-moi la main bien franchement dans l'urne, lui dit Michel Legrain. C'est comme à la bataille, ceux qui vont toujours de l'avant sont rarement blessés.

Michel Legrain se trompait.

Le tour de Nicolas arriva; il retira son billet.

— Numéro trois! dit le scrutateur.

— Pas de chance! murmura Michel Legrain.

— Bah! fit l'ancien brigadier, qui sait?

— Eh bien, dit Nicolas avec un sourire, je serai soldat. Vive la France!

Le bon Michel l'embrassa pour ce mot plein d'élan; puis il lui mit le doigt sur le côté gauche de la poitrine:

— Tiens! dit-il, moi aussi j'ai mon idée, et mon idée me dit qu'un jour viendra où il y aura là quelque chose de rouge, comprends-tu?

XVII

Michel Legrain, après le tirage, emmena Nicolas chez lui.

L'ancien brigadier n'était pas devenu fier en prenant l'épaulette; il vint, sans façons, souper chez Michel, et tous deux n'eurent pas grand'peine à consoler le jeune homme.

Celui-ci disait :

— Je ne partirai pourtant pas sans aller voir mes frères.

Le lieutenant tira sa moustache grise d'un air d'humeur :

— Vois-tu, mon garçon, dit-il, tu es un peu comme un fruit sain qui s'est trouvé parmi des fruits pourris. Puisqu'on l'a mis à part, assez à temps pour qu'il ne soit pas piqué, il ne faut pas qu'il soit mêlé de nouveau à ceux qui le sont. Tes frères te recevront avec des injures ; il n'y a que ta sœur qui vaille quelque chose. Quand tu iras *rejoindre*, eh bien ! tu passeras par le Val et tu la verras.

— Mais enfin, insista Nicolas, vous ne voulez donc pas me dire comment mon père est mort ?

Le lieutenant fronça le sourcil ; mais Michel Legrain répondit :

— Si tu avais eu un bon numéro, je ne te l'aurais pas dit peut-être, mais à présent que te voilà soldat, autant vaut que tu saches tout. La fin terrible de ton père sera un bon exemple pour toi dans l'avenir, en te prouvant que lorsqu'un homme s'écarte une fois, c'est fini, il ne peut jamais revenir au droit chemin.

Le lieutenant eut un geste approbateur.

— Tu as raison, Michel, dit-il, autant vaut tout lui dire.

Nicolas se surprit à frissonner, car il prévoyait quelque chose de terrible, mais il attendit.

Alors Michel Legrain s'exprima ainsi :

— Tu sais ce qui s'était passé entre ton père et moi. J'avais tenu ma parole en me taisant, et le lieutenant que voilà te dira que je n'ai parlé qu'après sa mort.

— Oui, dit le lieutenant, mais je savais tout.

— Quand tu fus parti, reprit Michel Legrain, il se passa quelque temps sans que je le rencontrasse...

Ta sœur s'étant mariée, ton père et tes frères allèrent dans le Val. Ils y demeurèrent près d'une année, ne laissant ici que Martinet et ta mère.

Au bout d'un an, ils revinrent à la suite de violentes discussions avec le beau-père et le mari de Mariette, et ils se remirent à braconner de plus belle.

On s'était alors relâché de la sévérité excessive qu'on avait montrée d'abord envers les braconniers.

Ton père, enhardi, s'était mis avec ses fils à placer des collets sur tout le cantonnament du bois qui vous entoure. Au marché de Romorantin, on vendait publiquement des cerfs et des chevreuils. Les marchands ne se gênaient plus pour dire qu'ils venaient de chez Martin-l'Anguille.

Une nuit, un garde reçut un coup de fusil dans sa casquette. On soupçonna ton frère Martinet, mais on ne put avoir des preuves.

Le garde, confronté avec lui, ne le reconnut pas ou n'osa pas le reconnaître.

Deux mois après, en revenant d'une tournée, avec le lieutenant que voilà, et qui était encore mon brigadier, nous entendîmes deux coups de feu, sous bois, à une très-petite distance.

Cette fois il n'y avait pas à fermer les yeux ; nous entrâmes sous bois et nous arrêtâmes ton père, comme il chargeait un chevreuil sur ses épaules.

Il n'eut le temps ni de fuir, ni de se défendre.

Le brigadier le désarma lestement, et, comme il faisait des difficultés pour nous suivre, on lui mit les menottes.

Le lendemain, il fut conduit à Romorantin.

Son affaire ne traîna pas. Il fut condamné à six mois de prison.

Tes frères, pendant qu'il subissait sa peine, vinrent plus d'une fois chez la voisine, au cabaret de Salbris, se répandre en injures contre nous, et Martinet cria bien haut qu'il me ferait mon affaire un jour ou l'autre.

Par amitié pour toi, le brigadier et moi, nous étions sourds et aveugles.

Tandis que ton père était en prison, ta mère mourut. La pauvre femme eut un *saisissement*, comme on dit.

Le tribunal, tout en envoyant ton père en prison, l'avait condamné à cent francs d'amende et aux frais de la procédure.

Un matin, les huissiers vinrent saisir chez vous. Ta mère était seule à la maison ; elle en prit la fièvre et, le lendemain soir, elle était morte.

Huit jours après, ton père sortit de prison.

Les huissiers avaient marché ; après la saisie, ils avaient fait afficher la vente.

Un matin, ils se présentèrent avec un chariot destiné à enlever vos pauvres meubles.

Ton père et tes frères se barricadèrent et menacèrent les huissiers de tirer sur eux.

Ceux-ci se retirèrent ; mais ils vinrent à Salbris demander main-forte à l'autorité.

Nous fûmes mis en réquisition, et deux heures après, nous frappions à la porte de ton père.

Il ouvrit une fenêtre du grenier et nous intima l'ordre de nous retirer.

Tu penses bien que cela ne pouvait pas se passer ainsi. Le brigadier le somma d'ouvrir. Alors ton père et tes frères parurent se consulter. Nous y mîmes de la patience. Il s'écoula dix minutes. Au bout de ce temps, Mathieu et le Petit-Jacques sautèrent par une croisée.

Mathieu nous dit :

— Le père et Martinet ont des mauvaises idées. Arrangez-vous avec eux.

Et ils s'en allèrent.

Alors le brigadier fit les trois sommations d'usage.

La porte resta close.

Il fallut l'enfoncer, et ce fut notre camarade, ce pauvre Auger qui s'en chargea.

Il prit une solive qui était au bord de l'étang et se mit à ébranler la porte.

Mais, au troisième coup, un éclair se fit, une balle siffla.

Auger tomba mort.

Nous entendîmes, à l'intérieur, ton père qui criait :

— Tu es un maladroit, Martinet, c'est l'huissier qu'il fallait tuer d'abord, et puis Michel Legrain, et puis le brigadier.

— Tu comprends bien, poursuivit le gendarme, qu'il fallait que force restât à la loi. Nous fîmes usage de nos carabines, le brigadier fut blessé au bras ; moi j'eus une balle dans la cuisse ; mais nous pénétrâmes dans la maison.

Sans l'huissier, nous eussions pris ton père vivant. Mais l'huissier était courageux, de plus il était chasseur ; comme ton père tirait sur lui son dernier coup de fusil, il baissa la tête, saisit la carabine de notre pauvre camarade et fit feu.

Ton père tomba mort.

Quant à Martinet, il avait deux balles dans la poitrine, mais il n'était pas mort.

Nous l'emmenâmes prisonnier.

— Ah ! je devine, murmura Nicolas qui était pâle comme un mort, le malheureux est au bagne ?

— Oui, fit le brigadier d'un signe de tête.

Une larme silencieuse roula sur la joue de Nicolas :

— Eh bien ! moi, dit-il, je vous jure que je serai un honnête homme et que je serai un bon soldat.

XVIII

Lettre du brigadier Michel Legrain à Nicolas Sautereau, cavalier au 1er régiment de chasseurs d'Afrique.

« Mon cher enfant,

Voici trois années passées que je ne t'ai vu, et ma femme et moi nous avons pleuré comme des enfants en recevant ta lettre.

Ainsi donc, te voilà un beau et brave soldat, avec l'estime de tes chefs et l'amitié de tes camarades.

Cristi ! comme vous y allez, vous autres !

Vous ne chômez guère sur cette terre d'Afrique, et les batailles courent l'une après l'autre, que ça fait plaisir !

Tu as bien fait d'aller à l'école du régiment, tandis que tu étais encore en France et d'apprendre à lire, car en campagne on n'en a guère le temps.

Et il faut qu'un soldat sache lire, écrire et compter. On ne sait pas ce qui peut arriver, et quand, avec ça, on a du cœur et de la chance, on est en passe de devenir officier tout comme un autre.

Tu me demandes des nouvelles du pays.

Je te dirai que tes deux frères sont toujours d'assez mauvais sujets et qu'il n'y a rien de changé dans leur existence, à cela près que le Petit-Jacques s'est marié avec une fille du Val. Il l'a prise au petit village de Sigloy, en face de Châteauneuf.

Elle n'a rien, lui non plus, et c'est une singulière manière de faire du beurre que d'associer deux cailloux.

Ta sœur, au contraire, la Mariette, prospère que c'est une bénédiction.

Elle a quatre grands garçons, dont l'aîné approche dix ans.

Son beau-père est mort, mais son mari est bien portant, et leur ferme est la mieux tenue de tout le Val.

La semaine dernière, je suis allé les voir : les bonnes gens m'ont reçu à bras ouverts.

La Mariette voudrait déjà que ton congé soit fini, pour que tu viennes te retirer avec eux; mais pour peu que le métier te plaise, je crois que tu feras bien de continuer.

La vie du soldat, vois-tu, c'est droit comme une grande route, et ça va tout seul pour ceux qui sont honnêtes et braves.

Il vient un moment où le régiment est devenu une famille et où on ne pense plus à s'en aller.

Tes économies de garçon de ferme ont dû filer peu à peu depuis trois ans.

La Mariette m'a donné soixante francs pour toi, j'en ajoute autant et je t'envoie cette petite somme.

Tâche de devenir brigadier à la première occasion. C'est l'affaire de quelques bons coups de sabre, et tu ne dois pas être manchot.

Adieu, mon garçon; au revoir, plutôt. Ma femme, mon garçon et moi, nous t'embrassons de tout notre cœur.

Ton vieux camarade,

Michel Legrain. »

Réponse de Nicolas Sautereau à Michel Legrain.

« Mon brigadier,

Quand votre bonne lettre m'est arrivée, il n'y avait pas

moyen de vous répondre, et je vais vous en dire la raison. Nous étions en train de prendre Constantine, une belle ville arabe, perchée sur un rocher, et qui s'est défendue un peu bien, à preuve même qu'elle nous a tué notre général qui a reçu une bombe en pleine poitrine.

Mais il ferait beau voir qu'on résistât à la France !

Nous avons pris Constantine d'assaut et nous voilà établis dedans.

Cependant, il paraît que nous n'y resterons pas longtemps, — je parle de mon régiment, — et que nous allons reprendre la plaine pour faire connaissance avec le plus redoutable des généraux arabes, l'émir Abd-el-Kader, comme on l'appelle, et qui est, en même temps, racontent les camarades, une manière de prêtre dans sa religion, comme qui dirait l'évêque d'Orléans, qui commanderait en même temps la division militaire.

Le bey de Constantine, — il paraît que c'est le nom du roi dans ce pays, — a pris la fuite; mais son lieutenant s'est rendu après un combat acharné.

Nous campons dans la ville ou autour de la ville.

Je suis monté avec les camarades, suivant une permission qu'on nous a donnée, et nous voici attablés dans un café arabe où on nous sert du café sans sucre, ce qui n'est pas bon du tout.

Votre argent et celui de la Mariette est le bien venu, croyez-le, et il me rend fièrement service; aussi j'espère bien, dans ma prochaine lettre, vous donner la bonne nouvelle que je suis passé brigadier.

Les camarades disent que je me suis très-bien battu, et le maréchal-des-logis a parlé de moi au colonel.

Je vous embrasse bien, ainsi que la bonne madame Legrain et le petit.

Si vous voyez la Mariette, dites-lui que je pense toujours à elle.

Votre fils adoptif pour la vie,

NICOLAS. »

Cette lettre avait été, en effet, écrite dans une sorte de cabaret arabe, tenu par une famille juive.

Ils étaient là une douzaine de soldats de toutes armes, chantant et buvant.

C'était au lendemain de la victoire.

Les maisons renversées par le canon fumaient encore. Le sang coulait par les rues, les vainqueurs donnaient la chasse aux vaincus, et les vaincus essayaient encore de timides représailles.

De temps à autre, on entendait un coup de feu isolé.

C'était un Maure enfermé dans sa cave qui faisait feu sur un soldat français, par un soupirail.

Le soldat tombait, mais les camarades arrivaient; on faisait le siége de la maison comme on avait fait la veille celui de la ville, et l'assassin était recherché, pris et expédié sommairement.

Or, pendant que notre ancienne connaissance Nicolas Sautereau, devenu un fort beau chasseur d'Afrique, pliait sa lettre qu'il venait d'écrire sur le tambour d'un camarade du 17ᵉ léger, la petite rue dans laquelle était le cabaret retentit tout à coup de cris déchirants et de pas précipités.

— Sus au moricaud? sus au moricaud! criaient plusieurs voix en bon français.

Les soldats qui étaient dans le cabaret se levèrent et se précipitèrent dans la rue, Nicolas l'un des premiers.

Un vieux Maure fuyait de toute la vitesse de ses jambes devant une demi-douzaine de zouaves qui le poursuivaient la baïonnette en avant.

Le Maure poussait des cris, levait les mains au ciel et, sans doute, protestait dans sa langue de son innocence.

Nicolas et les autres soldats lui barrèrent le chemin.

Alors le Maure se jeta à genoux et demanda grâce.

Les zouaves arrivaient sur lui.

— Il faut l'empaler! disait l'un.

— Si nous le jetions du haut des remparts? disait un autre.

— Halte-là! camarades, dit Nicolas Sautereau que la mine piteuse et suppliante du juif toucha; avant de tuer cet homme, il faut savoir de quoi il est coupable!

— Il a tiré sur nous!

Le Maure, qui paraissait comprendre l'accusation qui pesait sur lui, leva les mains au ciel de plus belle, pour attester qu'on se trompait.

Nicolas le prit par le bras et le poussa dans le cabaret.

— Voyons, camarades, dit-il aux zouaves, on ne condamne pas les gens sans les juger.

— Est-ce que cela te regarde? dit un zouave.

— Pourquoi pas? fit crânement Nicolas.

Les soldats qui tout à l'heure buvaient avec lui prirent son parti.

Les zouaves se consultèrent; on faillit en venir aux mains, mais un des zouaves, plus sage que les autres, s'écria :

— Après tout, le chasseur a raison ; il faut juger ce vieux bandit.

— Oui, oui, jugeons-le, répéta-t-on en chœur.

Nicolas protégeait toujours le vieillard en lui faisant un rempart de son corps.

— Voyons! dit-il, de quoi s'agit-il?

— Nous passions tranquillement dans une rue. Une balle a sifflé et traversé le turban d'un de nos camarades.

— Voilà le turban, dit le zouave.

— Et c'est cet homme qui a tiré?

— Oui, oui, dirent plusieurs voix.

Le Maure protestait énergiquement par signes.

— C'est-à-dire, reprit le zouave qui avait porté le premier la parole, que nous l'avons vu à une fenêtre. Alors nous sommes entrés dans la maison, et il s'est sauvé.

— Mais vous ne l'avez pas vu tirer? demanda Nicolas.

— Non.

— Alors qui vous dit que c'est lui?

— Il a pris la fuite.

— Ce n'est pas une raison, et je vous engage à laisser cet homme tranquille.

— Non, non, dit un zouave, il faut lui faire son affaire.

Mais Nicolas s'était placé résolûment devant le Maure :

— Et si je ne veux pas, moi? dit-il.

Le Maure tremblait de tous ses membres et invoquait Allah de mille manières.

Les zouaves étaient menaçants; les soldats qui se trouvaient avec Nicolas paraissaient vouloir prendre parti pour lui, et nul doute qu'on n'en fût venu aux mains sans une circonstance fortuite.

Un officier vint à passer, vit le rassemblement, entendit les clameurs et entra dans le cabaret.

Il demanda le motif de tout ce vacarme.

Les zouaves exposèrent leurs griefs; les chasseurs d'Afrique soutinrent la prétention de ne livrer le Maure qu'après enquête.

L'officier fut de cet avis et donna raison à Nicolas Sautereau.

L'officier parlait arabe :

— Comment te nommes-tu? demanda-t-il au Maure.

— Ali-Baboum.

— Ta profession?

— Marchand d'étoffes.
— Est-ce toi qui as tiré sur les soldats français?
— Non. Je prends Allah à témoin.
— Peux-tu le prouver?

Le Maure hésita et regarda Nicolas Sautereau.

— Parle, répéta l'officier, peux-tu prouver que tu n'as pas fait feu sur les soldats?

— Je le prouverai, répondit le Maure, si tu as confiance dans cet homme.

Et il montrait Nicolas.

XIX[1]

La présence de l'officier avait calmé tous les soldats; on ne poussait plus des cris de mort contre le vieillard, et les zouaves ne songeaient plus à en venir aux mains avec les chasseurs d'Afrique.

L'officier était, du reste, un lieutenant de zouaves, et cette particularité n'avait pas peu contribué à rétablir l'ordre parmi les hommes de son régiment.

---

[1]. Je me suis chargé d'écrire les Mémoires du brigadier Nicolas Sautereau, et de donner autant qu'il est possible une forme intéressante aux aventures de cette longue carrière militaire; mais je n'invente rien, et quant aux descriptions topographiques, elles seront nécessairement incomplètes, car je n'ai jamais vu l'Algérie. C'est un caractère que je peins, et non point une histoire de nos faits d'armes en Afrique que j'ai la prétention d'écrire.

— Voyons, reprit l'officier, s'adressant au Maure, quelle preuve peux-tu nous donner de ton innocence?

Le Maure hésitait encore et continuait à regarder le chasseur Nicolas, comme si cet homme eût été son unique chance de salut.

Mais enfin il dit à l'officier :

— Si l'homme que voilà et qui m'a protégé veut me suivre dans ma maison, je lui prouverai que je suis innocent.

— Pourquoi cet homme plutôt qu'un autre? demanda l'officier.

— Parce que j'ai confiance en lui.

— Plus qu'en moi? fit le lieutenant.

— Oui, dit simplement le Maure.

Le lieutenant était un homme doux et instruit; il ne se fâcha point.

Seulement il fit cette observation :

— Cet homme ne sait pas ta langue, comment pourras-tu te faire comprendre?

— La parole est souvent inutile, répondit le Maure.

L'aventure était piquante. Le lieutenant traduisit à Nicolas les singulières conditions du vieillard.

— Je ferai ce que vous voudrez, mon lieutenant, dit-il.

— Eh bien ! va, dit le lieutenant.

Mais comme Nicolas s'apprêtait à suivre le Maure, un zouave lui dit :

— Prends garde, camarade, le vieux bandit est capable de t'emmener dans sa maison pour t'y assassiner.

Nicolas haussa les épaules et se contenta de frapper de la main sur la poignée de son sabre.

L'officier avait manifesté sa volonté, il fallait obéir. On laissa sortir du cabaret le Maure et Nicolas Sautereau.

Mais l'officier dit à celui-ci :

— Pour un Arabe, c'est pain bénit de tromper un

Français; si cet homme ne te prouve pas, jusqu'à l'évidence, qu'il n'a pas tiré sur nous, tu le ramèneras et je le ferai fusiller sur l'heure. Au lendemain de la prise d'une ville, il nous faut de ces terribles exemples.

Le Maure marchait le premier; mais Nicolas lui emboîtait le pas de manière à ce que toute tentative d'évasion de sa part fût impossible.

Quelques zouaves et quelques chasseurs, piqués par la curiosité, suivaient à distance.

Le Maure parcourut un dédale de petites rues sales, tortueuses, et dans lesquelles le soleil pénétrait à grand'-peine.

Puis il s'arrêta devant une pauvre maison à un seul étage et dont la porte était demeurée ouverte lorsqu'il avait pris la fuite.

Un des zouaves cria à Nicolas :

— Oui, oui, c'est bien là !

Nicolas entra; le Maure s'effaça pour le laisser passer; puis il ferma la porte.

Alors le jeune soldat se trouva dans une sorte de cour comme en possèdent presque toutes les maisons moresques, au milieu de laquelle était une petite fontaine qui laissait échapper un filet d'eau.

Le Maure alla vers le bassin de cette fontaine, y trempa ses mains et fit ses ablutions.

Puis il regarda Nicolas, leva sa main droite vers le ciel et sembla lui dire :

— Dieu seul nous voit !

Nicolas fit un signe d'intelligence.

Alors le Maure se livra à une pantomime singulière. Il alla toucher une porte qui se trouvait à l'extrémité de la cour et fit comprendre au soldat que cette porte était inviolable, que jamais un homme, lui excepté, n'en devait franchir le seuil.

6

Et pour donner plus de force à sa pantomime il ouvrit une autre porte et sembla dire au soldat :

— Ceci est l'accès libre à tous. Tu peux entrer là, gravir cet escalier, visiter toute la maison, si bon te semble.

Nicolas qui n'était plus le petit Solognot plein de simplesse, avait parfaitement compris ou plutôt cru comprendre.

La porte inviolable était celle du harem, de l'habitation mystérieuse où le vieillard cachait ses femmes.

Le Maure l'entraîna à l'intérieur de la maison ; elle était fort simple et d'aspect presque misérable.

Une vieille négresse encapuchonnée fut le seul être humain que Nicolas et lui y rencontrèrent.

La négresse, en revoyant son maître, donna tous les signes d'une joie satisfaite ; elle se prosterna devant lui, toucha plusieurs fois le sol avec son front et finit par lui baiser les mains avec transport.

Le vieillard, en recevant ces marques d'affection et de soumission, semblait oublier pourquoi Nicolas l'avait accompagné.

Alors celui-ci le lui rappela.

Il fit le geste de mettre un fusil à l'épaule.

— Oui, oui, fit le vieillard d'un signe de tête, tu vas voir.

Il y avait dans une salle où ils venaient de s'arrêter un large yatagan qui pendait au mur.

Le Maure le prit et prononça un nom : Ben-Aïssah !

Ben-Aïssah était le kalifat ou premier ministre du bey de Constantine, Achmet.

Alors le Maure fit le simulacre de couper une tête, puis deux, puis trois et cela jusqu'à six.

Et sa mimique fut si expressive et si claire que Nicolas

comprit que le Maure avait jadis six enfants, et que le terrible kalifat leur avait fait trancher la tête à tous.

Et comme Nicolas faisait un geste d'horreur, le Maure lui fit comprendre que le kalifat n'avait agi ainsi que dans l'espoir de lui extorquer un trésor considérable.

Le chasseur d'Afrique jeta alors un regard étonné sur les lieux qui l'entouraient.

Le Maure eut un sourire mystérieux :

— Oui, dit-il encore par signes, tu me crois pauvre; mais il n'en est rien. Je suis riche, très-riche...

Et il sut, avec ses mains et ses bras, qui décrivaient des arabesques et de fantastiques dessins dans l'air, faire comprendre à Nicolas qu'il possédait de nombreux troupeaux, des chevaux, des dromadaires, au pied de l'Atlas, et de grandes terres mises en culture, et des étoffes précieuses, et des vases d'or et d'argent, et des sacs de sequins.

Puis comme il craignait que le doute ne s'emparât de l'esprit de Nicolas, il se baissa vers le sol qui était dallé en marbre rouge d'Égypte, et il souleva une des dalles avec la pointe de son yatagan.

Nicolas recula ébloui.

Le dessous de la dalle était littéralement pavé de pièces d'or.

Le Maure plongea ses mains amaigries dans cette cachette et les retira pleines de sequins.

Puis il les tendit à Nicolas.

Mais Nicolas repoussa cet argent et fit comprendre au Maure qu'un soldat français était incorruptible.

Alors le Maure prononça plusieurs fois le nom d'Allah et ensuite le mot de Français, et Nicolas crut deviner qu'il appelait les bénédictions de Dieu sur lui et les gens de sa nation.

Dans sa mimique imagée, le Maure lui dit alors qu'il

était prêt à se dévouer corps et âme aux Français et à leur sacrifier même une partie de ses trésors, si on voulait respecter un trésor pour lui sans prix.

Alors il ouvrit une fenêtre qui donnait sur une cour intérieure, fit entendre un petit coup de sifflet et attira ensuite le soldat vers la fenêtre.

Nicolas se pencha.

Dans cette cour, qui était plutôt un jardin, il y avait trois femmes assises au pied d'un figuier, devant lequel coulait une fontaine.

Ces trois femmes avaient le visage entièrement couvert; mais Nicolas devina à leurs pieds nus et à leurs bras potelés qu'elles étaient jeunes.

Et le Maure refermant aussitôt la croisée et repoussant Nicolas en arrière lui fit comprendre que c'étaient ses filles.

Alors Nicolas devina le reste.

Le vieillard avait pris la fuite et risqué sa vie pour soustraire ses enfants aux brutalités d'une soldatesque enivrée par la victoire.

Et dès lors, pour Nicolas, l'innocence du chétif vieillard ne fit plus l'ombre d'un doute.

XX

Lorsque le Maure eut achevé de se faire comprendre, Nicolas, à son tour, le rassura d'un geste, et lui fit signe qu'il pouvait rester chez lui, ne rien craindre, et que lui, Nicolas, se chargeait de tout.

Alors le Maure lui prit la main et la baisa, murmurant quelques paroles en sa langue qui, sans doute, étaient l'expression de sa vive reconnaissance.

Le chasseur d'Afrique retrouva, dans la rue, une partie de ses camarades et les zouaves accusateurs.

— Eh bien? eh bien? lui demanda-t-on de toutes parts.

Mais Nicolas répondit simplement :

— C'est au lieutenant que je dois faire mon rapport.

Un des zouaves qui avait mauvaise tête et qui n'était plus alors dominé par le regard de son officier, s'écria :

— Mes amis, le cavalier nous fait poser. Si vous m'en croyez, nous entrerons dans la maison et nous y mettrons le feu.

— Oui! oui! dirent les zouaves.

Mais Nicolas se plaça devant la porte et cria :

— A moi, les chasseurs !

La querelle allait recommencer et dégénérer en rixe sanglante.

Le zouave, qui sans doute avait bu, disait :

— Les cavaliers ont l'habitude de faire la loi aux fantassins, mais nous sommes des zouaves, nous !

Le bon sens de Nicolas triompha momentanément de cette exaltation.

— Écoute, camarade, dit-il au zouave, un troupier qui a la raison ne peut pas refuser à s'expliquer. Laisse-moi parler d'abord; nous nous battrons ensuite, s'il le faut.

— Oui, oui, parle, Nicolas, dirent les chasseurs.

— Parle, répétèrent deux zouaves.

Le récalcitrant se mit à ricaner.

— Il paraît, dit-il, que tu étais avocat de ton métier, toi, avant d'être chasseur.

— Non, répondit Nicolas, j'étais valet de charrue. Mais

ça ne fait rien, j'ai assez de bon sens pour comprendre ce qui est juste. Le lieutenant m'a donné une mission, je l'ai remplie. C'est à lui que j'en dois compte. Si, quand je lui aurai parlé, le lieutenant vous permet de brûler la maison, je ne m'y opposerai pas. Mais, jusque-là, comme j'ai la preuve que ce vieillard n'a pas tiré sur vous, je dois le défendre.

— Il a raison ! dirent les zouaves.

Naturellement l'esprit de corps poussait les chasseurs à approuver la conduite de Nicolas.

On se remit donc en route pour le cabaret, où le lieutenant de zouaves attendait :

— Mon lieutenant, lui dit Nicolas, je ne puis raconter ce que j'ai vu qu'à vous seul.

Les zouaves recommencèrent à murmurer, mais l'officier leur imposa silence.

Puis il entraîna Nicolas dans l'arrière-boutique du cabaret arabe.

Alors Nicolas lui raconta ce qu'il avait vu ; puis il ajouta :

— Ce pauvre homme craint pour son argent et encore plus pour ses filles. Je ne veux pas avoir mauvaise opinion des camarades, mais, enfin ils sont assez surexcités pour que, si on leur dit la vérité, ils aillent le soir faire le siège de la maison, ne fût-ce que pour voir les belles Mauresques.

— Tu as raison, répondit le lieutenant.

Et rejoignant les soldats, il leur dit :

— Mes amis, je suis pleinement satisfait des explications du cavalier Santereau. Le Maure est innocent. Par conséquent, je vous ordonne de le laisser tranquille à l'avenir, et s'il était l'objet de quelque violence, celui qui s'en serait rendu coupable serait sévèrement puni.

— Vive le lieutenant ! exclamèrent les chasseurs.

— Les zouaves étaient visiblement désappointés, mais ils se retirèrent sans mot dire.

Nicolas resta dans le cabaret avec les autres chasseurs et ferma la lettre qu'il écrivait au brigadier Michel Legrain.

Le lieutenant était parti.

Mais tandis que ses camarades le complimentaient de sa modération et de sa fermeté, Nicolas vit reparaître le zouave qui lui avait cherché querelle.

Il était seul; son œil était allumé et ses narines dilatées témoignaient d'une irritation extrême.

— Camarade, dit-il à Nicolas, un troupier français n'a jamais refusé satisfaction à un homme qu'il avait offensé. Qu'en penses-tu?

— Je pense comme vous, dit Nicolas. Seulement, je ne crois pas vous avoir offensé.

— Tu as refusé de me dire ce que tu avais vu dans la maison du Maure.

— C'était mon droit.

— C'est le mien de considérer ton silence comme une offense.

— A votre aise, camarade, répondit Nicolas.

— Alors tu refuses de m'en rendre raison?

— Non, dit Nicolas. Si vous croyez avoir le droit de me demander satisfaction, je suis à vos ordres.

— Je n'aime pas les affaires qui traînent, reprit le zouave. J'ai deux amis à la porte. Si tu veux, nous allons nous expliquer tout de suite.

— Comme il vous plaira, dit tranquillement Nicolas.

Il n'eut que l'embarras du choix; tous les chasseurs qui se trouvaient dans le cabaret se disputèrent pour être ses témoins.

Le cabaret était près des remparts; en quelques minutes, on eut trouvé un endroit solitaire, mis habit bas et le fer à la main.

Nicolas ne s'était encore battu que sur le champ de bataille. Il était aimé pour sa naïveté et sa douceur, dans l'escadron, et jamais il n'avait eu querelle avec personne.

Son adversaire, par contre, était une assez mauvaise tête et un bretteur de profession. Il tirait très-bien.

Nicolas ignorait les premiers éléments d'escrime.

Mais la théorie du jugement de Dieu, c'est-à-dire du bon droit, n'est point, comme on le pourrait croire, une théorie menteuse.

A la troisième passe, Nicolas, qui avait reçu trois égratignures, se fendit et jeta son ennemi par terre d'un vigoureux coup d'épée.

Les chasseurs ramenèrent en triomphe Nicolas, très-ému, et qui ne se calma un peu que lorsqu'on vint lui dire que le chirurgien avait affirmé que la blessure du zouave n'était pas mortelle. Cette petite victoire remportée par les chasseurs sur les zouaves aurait infailliblement amené d'autres querelles et d'autres rencontres sans un ordre du jour très-sévère des chefs.

Mais Nicolas vit s'accroître l'estime de ses camarades, et on lui fit une véritable ovation dans le régiment.

Le lendemain, il reçut ses galons de brigadier.

Nicolas était, nous l'avons vu, une nature essentiellement aimante, et, chez lui, le dévouement était une sorte de besoin.

Il se prit d'une sorte de pitié profonde pour ce vieillard qui tremblait, devant les vainqueurs, pour l'honneur de ses filles, et il se jura de les protéger.

Il assembla quelques-uns de ses camarades, leur fit une demi-révélation sur ce qu'il avait vu, et obtint d'eux le serment qu'ils lui prêteraient main-forte au besoin. Pendant huit jours, chaque nuit, un chasseur d'Afrique fit le guet dans la ruelle étroite où le Maure cachait son double trésor.

Mais, le neuvième, l'escadron de Nicolas reçut l'ordre de quitter Constantine le lendemain.

Heureusement, pensait Nicolas, les zouaves sont déjà partis.

Et comme il rôdait dans la ruelle, espérant rencontrer le vieux Maure, celui-ci l'aperçut et vint à lui.

Le vieillard lui baisa de nouveau la main.

Puis il recommença la pantomime, et, de nouveau, il répéta le nom de Ben-Aïssa.

Or, Ben-Aïssah, ce terrible premier ministre du bey Ahmed, venait de faire la paix avec la France; il s'était soumis et rentrait à Constantine avec un commandement.

Alors le vieillard fit comprendre à Nicolas que les Français en qui il avait eu foi trompaient ses espérances, puisqu'ils pactisaient avec le terrible ennemi de sa famille, Ben-Aïssah, le coupeur de têtes.

Que dès lors, pour lui, il n'y avait plus de sécurité à Constantine, et qu'il allait prendre la fuite après avoir mis en sûreté ses filles et ses richesses.

— Et où irez-vous? lui demanda Nicolas dans cette langue par signes, la seule que le Maure et lui pussent employer.

Le Maure étendit les bras, ce qui voulait dire :

— Au désert!

Puis il ouvrit son cafetan et prit à son cou un petit cordon de soie rouge auquel pendait la moitié d'un sequin, et le lui tendit.

Nicolas le prit sans trop savoir quelle pouvait être la valeur d'un semblable souvenir.

Mais la pantomime du Maure fut si expressive que Nicolas finit par comprendre.

Cette demi-pièce de monnaie, c'était un talisman.

Ce talisman lui serait utile un jour ou l'autre.

Et le Maure qui croyait à Mahomet, et le soldat français né sous le drapeau du Christ, se séparèrent en se montrant le ciel!...

XXI

A la longue, le régiment est une famille.

Il y avait six années que Nicolas était soldat; il y en avait deux qu'il était passé brigadier.

On touchait au mois d'octobre 1839.

Le brigadier Nicolas avait dans son régiment, où il était aimé de tous du reste, deux amis intimes.

Chose assez bizarre! le premier était un officier, l'autre n'était qu'un simple soldat.

Le premier était un fils de famille; il s'était engagé à dix-huit ans, s'arrachant à la vie parisienne, à l'existence du viveur, aux nuits du boulevard et aux cabinets du café Anglais.

Pour le jeune homme qui s'engage, il n'y a d'abord que la vie aventureuse, l'uniforme, dans l'avenir l'épaulette, et dans le présent le confort que permet une famille riche et puissante.

Arrivé sur la terre d'Afrique, où l'on vit presque toujours en *plaine*, comme on disait il y a quinze ans, la rudesse du métier apparaît peu à peu. Il y a la corvée, il y a le pansage des chevaux, le fourbissage des armes, etc.

M. de G..., l'engagé volontaire, fut fort heureux de rencontrer le bon Nicolas, qui se chargea d'une bonne partie de sa besogne.

Il était brave, mais il n'était pas rompu encore aux fatigues de la guerre ; dans une rencontre avec les Arabes, il fut démonté, et, sans Nicolas qui lui donna son cheval, il eût été fait prisonnier.

Une autre fois, Nicolas reçut un coup de yatagan qui était destiné à M. de G...

M. de G... eut un avancement rapide. Il passa brigadier, puis maréchal-des-logis, et, au bout de cinq ans de service, sous-lieutenant.

Mais il n'en demeura pas moins l'ami de Nicolas et continua à le tutoyer.

L'autre ami de notre héros était, au contraire, un simple soldat, et il y avait gros à parier qu'il serait soldat toute sa vie.

C'était cependant un garçon assez instruit, très-brave, plein d'esprit et qui eût fait un brillant sous-officier.

Mais il avait un vice, un vice indéracinable, il aimait l'absinthe et était arrivé à en faire un usage immodéré.

Quand il était pris de cette abominable boisson, le cavalier Rossignol, c'était son nom, devenait indiscipliné et passait toujours à deux doigts du conseil de guerre.

Il fallait toute l'affection qu'on avait pour lui dans l'escadron, pour qu'il eût pu l'éviter jusqu'alors.

On l'avait fait brigadier trois fois, et trois fois il avait été contraint de rendre ses galons.

Un soir, il s'était oublié jusqu'à lever la main sur un de ses chefs.

Ce chef, c'était Nicolas.

Nicolas le prit par le bras et lui dit :

— Il est nuit, personne ne t'a vu. Je ne veux pas t'envoyer au conseil de guerre, tu serais fusillé.

Rossignol se dégrisa, prit les deux mains du jeune brigadier et lui dit :

— Maintenant, c'est entre nous à la vie et à la mort.

Et Rossignol avait tenu parole.

Quand l'escadron avait avec les Arabes un engagement, il y avait trois hommes qui ne se quittaient jamais, le cavalier Rossignol, le brigadier Nicolas et le sous-lieute- de G...

Ils eussent été faits prisonniers tous trois ensemble, ou tués plutôt.

Un matin, l'escadron de Nicolas était campé en plaine, à dix lieues au nord de Blidah, le commandant R... fit appeler le sous-lieutenant de G...

— Vous allez prendre dix hommes avec vous, lui dit-il, et porter ce message à Blidah, coûte que coûte.

L'explication des paroles du chef d'escadron était dans les événements de la veille et de la dernière nuit.

Les Hadjoutes, la plus féroce des tribus insoumises, cernaient le camp.

Le camp se composait d'un escadron de chasseurs et de deux compagnies d'infanterie.

Pendant toute la journée de la veille, les Hadjouts s'étaient approchés des palissades jusqu'à portée de pistolet.

Deux vedettes, surprises à la tombée de la nuit, avaient payé de leur tête un moment de sommeil. A trois heures du matin les Hadjoutes avaient résolûment attaqué le camp, mais ils avaient été repoussés.

Seulement, en s'en allant, ils avaient entraîné un maigre troupeau de vaches et de moutons destiné à la nourriture du camp.

Le sous-lieutenant de G... fit le choix de ses dix hommes.

Le premier qu'il demanda fut naturellement Nicolas Sautereau, le dernier le cavalier Rossignol.

On sonna le boute-selle; neuf hommes s'élancèrent à cheval. Le dixième manquait à l'appel.

— Il est ivre! murmura le sous-lieutenant qui déjà s'apprêtait à chercher un autre chasseur, lorsqu'on vit accourir Rossignol.

Il avait entendu prononcer son nom; il avait compris vaguement qu'on avait besoin de lui. Mais M. de G... ne se trompait pas, il était ivre.

Il s'était fort bien battu pendant la nuit et avait même reçu un coup de lance; mais après le café du matin, l'absinthe avait repris ses droits, et le sous-lieutenant se contenta de lui dire :

— Va, dormir, ivrogne!

Puis il désigna un autre chasseur pour compléter son petit détachement.

— Ah! vous ne voulez pas de moi? s'écria Rossignol.

— Non, tu es ivre...

— Eh bien, murmura le chasseur, j'irai tout de même.

Il rentra dans le camp et le détachement partit.

Mais à peine M. de G... et ses hommes, après un quart d'heure de marche, atteignaient-ils un petit bois d'oliviers, qu'un cavalier, galopant ventre à terre, les rejoignit.

C'était Rossignol.

— Mais malheureux! s'écria M. de G..., tu ne te rends donc pas compte de tes actes?

— Je veux me battre, répondit l'indiscipliné.

— C'est une désobéissance qui prend les proportions d'une désertion, dit encore l'officier.

— Eh bien, dit l'entêté Rossignol, vous m'enverrez au conseil de guerre et on me fusillera.

— Cet homme est fou! exclama le sous-lieutenant avec impatience.

— C'est possible, répondit Rossignol; mais je ne veux

7

pas laisser mon ami le brigadier Nicolas aller seul. Il lui arriverait malheur...

— Imbécile! dit M. de G...

— Rossignol, dit Nicolas au cavalier, tu veux donc te mettre dans un mauvais cas?

— Cela m'est égal!

— Et si je te supplie de ne pas pousser plus loin ta désobéissance, me refuseras-tu?

Nicolas avait un grand empire sur Rossignol; cependant celui-ci ajouta :

— Si je ne vais pas avec vous, il t'arrivera malheur.

Nicolas haussa les épaules.

— Eh bien, dit-il, j'aime encore mieux cela que de te voir au conseil de guerre.

Rossignol hésitait encore.

M. de G..., impatienté, s'approcha du récalcitrant :

— Rossignol, lui dit-il, prends bien garde. Je te parle comme un ami et non comme un supérieur. Si tu me forces à te punir, je ne pourrai plus empêcher les conséquences de ta punition.

Rossignol s'était complétement dégrisé; mais il était pâle et ses yeux étaient pleins de larmes.

— Vous le voulez? dit-il.

— Oui, je le veux! répéta l'officier.

— Vous verrez qu'il vous arrivera malheur, murmura le pauvre chasseur.

Et il tourna bride et reprit le chemin du camp, tandis que le petit détachement continuait sa route.

Nicolas avait rangé son cheval à côté de celui de l'officier.

Pendant une heure, les chasseurs galopèrent sans trouver trace de l'ennemi.

Les Hadjoutes avaient disparu, et sans doute ils s'étaient repliés, un peu avant le jour, vers les gorges de l'Atlas, dont les cimes neigeuses brillaient à l'horizon.

Déjà les montagnes vertes qui entourent Blidah apparaissaient dans le lointain, et on n'avait plus à traverser qu'une forêt de chênes-liéges.

— Je crois bien, dit M. de G... à Nicolas, que notre expédition va ressembler à une promenade militaire.

Une fois hors de ce bois, nous pourrons allumer les cigares.

— Ce pauvre Rossignol se sera trompé dans ses prédictions, répondit Nicolas en souriant.

— Et il a bien fait de s'en aller, ajouta M. de G...; le commandant R... commence à se lasser de son ivrognerie et de son caractère indiscipliné.

La petite troupe arrivait à la lisière du bois de chênes.

Tout à coup Nicolas, qui chevauchait un peu en avant, arrêta brusquement son cheval.

— Qu'est-ce? demanda l'officier.

Un burnous blanc.

— Où?

— Là, derrière cette broussaille...

En même temps, un éclair brilla, un nuage de fumée s'éleva au-dessus de la broussaille et une balle passa en sifflant au-dessus du képi de Nicolas.

XXII

M. de G... réunit la petite troupe.

— Mes amis, dit-il, les Hadjoutes sont en embuscade

dans le bois, il faut leur passer sur le corps ou mourir.

Les chasseurs se serrèrent autour de leur chef, et, le sabre aux dents, le pistolet au poing, ils s'élancèrent au galop vers le bois.

Vingt coups de feu les saluèrent.

Un seul homme fut atteint ; mais il ne fut pas désarçonné et ne perdit pas son rang.

Les Hadjoutes étaient plus de cent.

On les vit surgir un à un de chaque broussaille et engager une fusillade acharnée.

Les chasseurs ripostèrent à coups de pistolet d'abord ; puis ils mirent le sabre à la main.

L'arme blanche sera toujours l'arme de prédilection du soldat français.

Le combat fut long ; les chasseurs tombaient un à un ; mais ils faisaient payer chèrement leur vie et s'ouvraient un passage sanglant à travers les Arabes.

M. de G... et Nicolas ne se quittaient pas.

Il vint un moment où des dix hommes il n'en restait plus que quatre.

Le sous-lieutenant et le brigadier étaient du nombre.

Le premier était porteur du message.

Les quatre chasseurs firent un effort désespéré, poussèrent leurs chevaux sur un gros d'Arabes, les culbutèrent et parvinrent à sortir de ce cercle de fer et de feu où leurs compagnons avaient trouvé la mort.

— Il ne s'agit plus de se battre, il faut arriver à Blidah ! cria M. de G...

Il montait un excellent cheval qui prit un galop furieux. Nicolas et les deux chasseurs le suivaient.

Les Arabes s'étaient mis à leur poursuite.

De temps en temps, une balle sifflait ; les chasseurs se retournaient sur leur selle, faisaient feu à leur tour et continuaient leur course précipitée.

Mais les Arabes gagnaient du terrain.

Un des deux chasseurs fut démonté. Son cheval, atteint d'une balle, s'abattit sous lui.

L'autre le prit en croupe.

Cent mètres plus loin, le second cheval s'abattit et les deux chasseurs se trouvèrent à pied.

Alors M. de G... et Nicolas vinrent à leur secours.

Mais il était trop tard. Après une lutte de dix minutes, les deux malheureux soldats succombèrent, et M. de G... et Nicolas virent briller le yatagan destiné à faire de leurs têtes un sanglant trophée.

Déjà les maisons blanches et les orangers de Blidah apparaissaient dans le lointain, lorsque le cheval de M. de G... s'abattit à son tour.

— Cours à Blidah ! Vive la France ! s'écria l'intrépide jeune homme à Nicolas qui bientôt allait être le dernier survivant de l'héroïque petite troupe.

Mais Nicolas avait déjà mis pied à terre.

— Prenez mon cheval ! dit-il.

— Non, dit le sous-lieutenant.

— Il le faut, répéta Nicolas. Vous êtes un fils de famille, je ne suis qu'un paysan... il vaut mieux que vous viviez.

— Je ne le veux pas ! s'écria M. G...

— Prenez mon cheval, ou nous sommes perdus tous deux ! insista Nicolas.

Ce fut une lutte de générosité entre eux.

Les Arabes approchaient et les balles pleuvaient autour des deux jeunes gens.

Mais enfin Nicolas l'emporta.

— Vous avez une mère, dit-il, moi, je n'en ai plus.

Le sous-lieutenant se jeta dans les bras du soldat, puis il sauta en selle et continua sa course furieuse.

Nicolas, à pied, le sabre au poing, adossé à un olivier, attendait tranquillement les féroces Hadjoutes.

Ceux-ci avaient perdu du temps à couper les têtes et à les accrocher aux palettes de leur selle.

Ils arrivèrent le sabre haut sur Nicolas, et ce dernier entendit que leur chef donnait un ordre.

Quel était cet ordre ?

Nicolas ne savait pas l'arabe.

Mais il vit les Hadjoutes faire cercle autour de lui et cesser le feu.

Alors il comprit qu'on voulait le prendre vivant.

Et il se rua sur le Hadjoute le plus près de lui, bien décidé à se faire tuer.

Mais l'ordre du chef était formel sans doute, car aucun coup de sabre n'atteignit Nicolas, et un Arabe, ayant poussé son cheval sur lui, parvint à le renverser.

Nicolas se releva et tua l'Arabe d'un coup de sabre ; mais un autre cheval le heurta de son poitrail et il tomba de nouveau.

Cette fois, on lui posa sur la tête un burnous qui l'aveugla un moment ; et ce moment suffit pour le désarmer et le garrotter.

En un clin d'œil Nicolas fut attaché solidement et jeté en travers d'une selle comme le porte-manteau d'un soldat.

Puis les Arabes tournèrent bride et galopèrent vers l'Atlas.

Enveloppé dans le burnous, Nicolas qui avait reçu dix blessures et perdait son sang en abondance, ne put voir où on le conduisait.

Cependant au bout de deux heures d'une course furibonde, les Arabes firent halte.

Ils étaient en plein désert ; mais s'étaient arrêtés à l'ombre d'un maigre bouquet de palmiers, au milieu duquel coulait un filet d'eau.

Alors seulement on s'occupa du prisonnier.

Le prisonnier était à moitié mort de fatigue.

On lava ses blessures, et un des Arabes qui paraissait versé dans la science chirurgicale les pansa, après les avoir imbibées d'une sorte de baume qui calma le douleur presque instantanément.

A la conversation animée qui eut lieu entre ceux qui paraissaient être les chefs, Nicolas comprit qu'on tenait à lui conserver la vie.

Pourquoi?

Les visages sanguinaires des Hadjoutes ne lui présageaient rien de bon, et si on ajournait sa mort, c'était sans doute pour le réserver à quelque épouvantable supplice. Après une halte d'une heure, les Arabes remontèrent à cheval, le prisonnier reprit sa place sur l'arçon d'une selle, et la petite troupe continua sa route vers le désert. Ce ne fut que le soir, bien après le coucher du soleil, qu'elle s'arrêta de nouveau.

Cette fois, les aboiements de plusieurs chiens, des cris de femmes et d'enfants apprirent à Nicolas qu'on arrivait à un campement.

Quand on le débarrassa du burnous qui lui avait constamment couvert le visage, Nicolas se vit au milieu des tentes de la tribu.

Les femmes se réjouissaient, les enfants touchaient avec curiosité les têtes sanglantes pendues aux arçons ; les chiens, qui flairaient le chrétien vivant, hurlaient avec fureur, et il fallait les maintenir à distance à grands coups de fouet.

On conduisit le prisonnier vers une tente qui était au milieu du campement et qu'à son apparence il comprit être celle du chef de la tribu.

Le chef attendait le prisonnier.

Nicolas vit alors un grand vieillard à barbe grise vêtu d'un riche burnous brodé d'or et la ceinture ornée de pistolets et de yatagans.

Cet homme baragouinait quelques mots de français :

— Chien, dit-il à Nicolas, les hommes de ma tribu ont bien fait de t'amener vivant devant moi, car il dépend de toi de racheter ta vie.

Nicolas demeura impassible.

— Écoute bien, continua le chef : si tu veux me donner des renseignements précis sur la position des tiens, sur leur nombre, sur leurs projets, je te ferai grâce; sinon, tu mourras.

— J'y suis préparé, répondit Nicolas.

— Mais tu ne sais pas à quel genre de mort je te destine, poursuivit le chef.

— Que m'importe! fit le chasseur d'Afrique.

— Tu ne mourras point d'une balle ; on ne te coupera point la tête avec un yatagan... non, dit le vieillard avec un sourire féroce, je te garde mieux que cela.

Nicolas ne sourcilla point.

— La nuit porte conseil, déclara le Hadjoute.

— Vous pouvez me faire mourir tout de suite, répondit Nicolas. Je ne dirai rien.

— Tu parleras demain, va.

Un sourire de dédain vint aux lèvres du soldat.

— Je compte te faire dévorer tout vivant par les chiens de la tribu, ajouta le chef.

— C'est une mort comme une autre, répondit Nicolas avec calme.

— En attendant, dit encore le chef, on va t'appliquer la bastonnade.

Et il donna ses ordres, et le *tchaous* de la tribu arriva.

XXIII

Le *tchaous* ou bourreau était un Maure de haute taille, au visage sinistre, aux yeux féroces, et qui semblait remplir avec amour son terrible ministère.

Le bruit du supplice qu'on allait infliger au chrétien s'était répandu dans la tribu.

Les femmes, les enfants, les vieillards s'étaient réunis dans un vaste espace laissé au milieu des tentes et qui devait servir de théâtre à l'exécution.

Les hommes valides de la tribu fumaient, gravement accroupis auprès des grands feux que les Arabes ont coutume d'allumer.

La nuit était venue, mais la lune brillait au ciel de tout son éclat.

Nicolas fut conduit par le tchaous au milieu du cercle.

La tribu vociférait des injures. Le soldat était calme et souriait avec dédain.

Le tchaous le dépouilla de ses vêtements et le mit nu jusqu'à la ceinture.

Mais soudain il fit un geste d'étonnement et s'arrêta.

— Qu'est-ce donc? demanda le chef.

Le tchaous venait d'apercevoir le demi-sequin que le vieux Maure avait donné à Nicolas et que celui-ci portait au cou.

Le chef de la tribu s'approcha et le bourreau lui montra le mystérieux talisman.

— Qu'est-ce que cela? demanda-t-il à Nicolas.

— C'est un cadeau qu'on m'a fait, répondit le chasseur.

— Qui t'a donné cette pièce de monnaie?

— Un Maure de Constantine.

— Sais-tu son nom ?

Nicolas chercha dans ses souvenirs.

— Oui, dit-il, c'est Ali-Baboum.

Le chef des Hadjoutes grommela quelques paroles inintelligibles pour Nicolas, mais qui, évidemment, témoignaient de sa mauvaise humeur.

Puis il donna un ordre au tchaous.

Et le tchaous jeta son terrible bâton et rendit les vêtements à Nicolas.

Le talisman venait d'opérer et de prouver sa vertu. On renonçait provisoirement du moins, à appliquer la bastonnade à Nicolas.

De nouveau on lui lia les mains derrière le dos et, au grand désappointement de la tribu qui se répandait en imprécations, on le reconduisit dans la tente du chef.

Celui-ci lui dit :

— Estime toi heureux que j'aie épousé la semaine dernière une des filles d'Ali-Baboum. Le talisman que t'a donné Ali-Baboum t'accorde la vie sauve, mais tu resteras prisonnier parmi nous.

Nicolas espérait que le vieux Maure se trouverait parmi les Hadjoutes, mais il se trompait.

Le vieillard n'était pas avec son gendre.

On traita le prisonnier avec plus de ménagements; on lui donna à souper et, son repas terminé, on lui fit cadeau d'une peau de mouton pour s'envelopper durant la nuit.

Le lendemain au point du jour Nicolas dormait encore, lorsqu'il entendit hurler les chiens, hennir les chevaux, les femmes et les enfants crier.

C'était la tribu qui levait le camp.

Comme la veille, on le jeta en travers d'un cheval, et les Hadjoutes se remirent en marche et continuèrent à s'enfoncer dans le désert.

On fit halte à midi dans un bois d'oliviers, auprès d'une fontaine et, une fois encore, Nicolas fut débarrassé de son burnous et put voir ce qui se passait autour de lui.

Trois dromadaires cheminaient au milieu de la caravane.

Ils portaient les femmes et les enfants du chef de la tribu. Les femmes, selon le mode orientale, étaient voilées. Cependant, Nicolas eut comme un pressentiment, en fixant ses regards sur l'une d'elles.

Deux grands yeux noirs s'étaient arrêtés sur lui.

Nicolas tressaillit et pensa que celle qui le regardait ainsi devait être la fille du vieux Maure.

Après la halte de midi on se remit en route.

Mais Nicolas se sentait plus à l'aise et ne souffrait plus de ses blessures.

Ce regard noir et profond qui s'était arrêté sur lui semblait l'avoir guéri.

Jusque-là, le pauvre garçon, dont l'enfance avait été si malheureuse, ne s'était surpris ni battement de cœur, ni rêverie pour une femme.

Et voici qu'il suivait avec moins de peine cette tribu à demi sauvage, sans se soucier autrement du sort terrible que sans doute on lui réservait.

La femme mystérieuse qui l'avait regardé, n'était-elle pas une amie?

On chemina tout le jour; on campa le soir en plein désert.

Il n'y avait plus ni palmiers, ni fontaines.

On but l'eau enfermée dans les outres et le lait des brébis, car la tribu poussait devant elle de nombreux troupeaux.

Le chef ne se voulait pas dessaisir de Nicolas et il ne confiait sa garde à personne.

Cependant ce dernier constata tout de suite une amélioration dans son sort ; on lui délia les bras, sa nourriture fut meilleure et, son repas fini, on lui donna deux peaux de mouton au lieu d'une.

A mesure qu'on approchait de l'Atlas, les soirées étaient plus fraîches.

Pendant la nuit, le prisonnier, qui d'abord avait obéi à un besoin impérieux de sommeil, s'éveilla.

Le campement était plongé dans le silence, et les chiens eux-mêmes se taisaient.

La tente du chef était divisée en deux compartiments. L'un lui était réservé, l'autre était l'habitation des femmes.

La lune pénétrait dans la tente.

Nicolas ouvrit les yeux et constata que le chef n'était plus couché sur les peaux de bête.

Mais il entendit parler dans le compartiment voisin, et il lui sembla qu'une voix mâle était mêlée à des voix de femmes.

Le mot de *roumi* qui revenait fréquemment dans la conversation lui fit comprendre qu'il était question de lui.

La voix mâle, qu'il reconnut pour être celle du chef, était dure et impérieuse.

Une voix de femme lui répondait.

Celle-là était suppliante et douce.

Nicolas était tout oreilles et il eût donné la moitié de son sang pour savoir la langue arabe.

La conversation fut longue, animée.

Le chef exprimait sans doute une volonté que la femme combattait.

Quelque chose disait à Nicolas que cette femme était

la fille du Maure, et que sa vie était le sujet de la conversation qu'elle avait avec son terrible époux.

Enfin, la voix du chef s'adoucit peu à peu et celle de la femme devint plus caressante.

Sans doute la femme avait obtenu ce qu'elle voulait.

Puis il se fit un silence, et le chef revint sous sa tente.

Nicolas ferma les yeux et feignit de dormir.

Au matin, comme les premières clartés du jour glissaient sur les cimes neigeuses de l'Atlas, le chef donna le signal du départ et ordonna qu'on sellât son cheval favori.

Mais avant qu'on ne pliât sa tente, il adressa la parole à Nicolas,

— Écoute, dit-il, je voulais te faire mettre à mort ce matin ; mais Aïcha, la gazelle aux yeux si doux, la fille du Maure Ali-Baboum, dont j'ai fait ma compagne, s'y est opposée et a demandé ta grâce.

Je l'ai accordée à la condition qu'Ali-Baboum déclarerait que tu as mérité de vivre. Quel service lui as-tu rendu ? car ni ma femme ni moi ne savons pourquoi tu as au cou le demi-sequin.

Nicolas répondit :

— J'ai sauvé la vie à Ali-Baboum.

— Où ?

— A la prise de Constantine.

Et il raconta comment il avait arraché le Maure à la brutalité des soldats.

Le chef l'écouta gravement.

— Tu parles bien, dit-il enfin, mais les gens de ta race ont la parole dorée, et rien ne me prouve que tu dises la vérité.

Nicolas mit la main sur son cœur.

Le chef poursuivit :

— Ali-Baboum est loin d'ici, parmi la tribu de l'un de

mes frères ; je vais lui envoyer un messager, et, s'il confirme tes paroles, tu auras la vie sauve. Prie Dieu que le messager ne s'amuse pas en route ou qu'il ne tombe pas au pouvoir des chrétiens, car, si dans dix jours il ne nous a pas rejoints, tu mourras.

Et ayant ainsi parlé, le chef donna l'ordre de plier les tentes, et la tribu continua à s'enfoncer dans le désert, avec ses troupeaux, ses chevaux et ses dromadaires.

XXIV

La caravane marcha ainsi plusieurs jours, partant de grand matin, s'arrêtant chaque soir et faisant halte à midi.

Quelquefois, trompé par l'immensité du désert, le prisonnier prêtait l'oreille.

Il lui semblait entendre des bruits lointains, semblables à ceux d'un escadron en marche.

Au repos de midi, quand son regard était libre, il interrogeait l'infini de l'horizon.

Quelquefois il lui semblait qu'un nuage de poussière s'élevait dans le lointain et qu'au travers de ce nuage brillaient de rapides éclairs.

Alors il espérait que les Français étaient à la poursuite des Hadjoutes, et ces éclairs qu'il avait cru voir briller, c'était le reflet du soleil sur l'épaulette d'or des chefs et sur le sabre des soldats.

Mais le vent s'apaisait, l'horizon redevenait pur, et, abusé un moment par les mirages sans nombre du désert, le prisonnier s'apercevait de sa cruelle erreur. Quelquefois cependant son cœur se reprenait à battre d'espoir.

Le femmes du chef passaient près de lui, encapuchonnées dans leur blanc haïck, et ces grands yeux noirs qui le troublaient jusqu'au fond de l'âme s'abaissaient, escarboucles mystérieuses, sur le pauvre prisonnier.

Cependant les jours s'écoulaient, et le messager dépêché auprès du Maure Ali-Baboum ne revenait pas.

Un soir, c'était le neuvième depuis le départ de cet homme qui, vraisemblablement, devait rapporter la grâce de Nicolas, un soir, disons-nous, quand le camp fut rentré dans le silence, le chef dit au prisonnier :

— Dans quelques heures, ton sort sera fixé. Si le messager n'est pas revenu, je serai dégagé de ma parole vis-à-vis d'Aïcha, et tu mourras.

Nicolas s'inclina en homme à qui la mort est indifférente.

Le chef s'en alla coucher et il ordonna auparavant que le prisonnier fût solidement garrotté.

Cette dernière précaution était d'un mauvais augure ; mais le chef ne s'en tint pas là. Il appela deux Arabes et leur ordonna de veiller pendant la nuit, tant il avait peur que sa proie ne lui échappât.

Nicolas accueillit tous ces sinistres préparatifs avec le plus grand calme.

Depuis dix jours qu'il vivait continuellement au milieu des Hadjoutes, il avait fini par comprendre quelques mots d'arabe.

Les deux Hadjoutes chargés de le veiller pendant le sommeil du chef se mirent à causer entre eux.

Nicolas feignait de dormir, mais il écouta.

L'un des Hadjoutes disait :

— Le messager ne reviendra pas.

— Pourquoi?

— Tu ne sais donc pas quel est l'homme que le chef a envoyé?

— Non.

— C'est Ali.

— Eh bien? dit l'autre.

— Ali est un voleur de chevaux. Il se soucie peu de la vie du *roumi* et moins encore de la maigre récompense qui lui reviendra pour s'être acquitté de son message. Au lieu de rejoindre la tribu où est le vieux Maure, sais-tu où il est allé?

— Non.

— Il est allé rôder aux environ du camp français. La jument qu'il monte est en feu. C'en est assez pour entraîner dix étalons après lui.

— Tu crois donc, reprit l'autre, qu'il osera désobéir au chef?

— Je ne le crois pas, j'en suis sûr.

— Comment?

— Il m'en a fait la confidence en partant.

Nicolas gardait une immobilité parfaite, mais il ne perdait pas un mot de la conversation des deux Arabes.

L'un d'eux reprit:

— Ali est le plus habile voleur de chevaux de toute la tribu. C'est lui qui a volé les deux chevaux du chef français, en les faisant descendre dans le torrent.

— Comment s'y prend-il?

— Il se glisse en rampant jusqu'aux premières palissades du camp. Si le camp est dans un pays couvert d'herbes et de broussailles, il se couvre d'un buisson et avance peu à peu. Si le sol est nu et sablonneux, il se dépouille de ses vêtements et rampe dans le sable. Avançant lentement, il s'arrête au moindre bruit, l'œil toujours fixé sur les sentinelles. Quand il est parvenu dans l'enceinte où les chevaux sont entravés, il fait son choix, car il y voit aussi bien la nuit que le jour.

Alors, avec son yatagan, il coupe les entraves d'un ou de plusieurs chevaux et se retire comme il est venu. Puis il rejoint sa jument qui est en feu et qu'il a attachée dans un bouquet d'arbres à un quart de lieue du camp, saute dessus et passe au galop tout près du camp.

Les sentinelles crient aux armes; mais les chevaux libres ont déjà franchi les palissades et courent après la jument qui s'enfonce dans le désert.

— Ah! pensait Nicolas en écoutant ce récit, si je ne suis pas mort demain et si je revois jamais le camp français, je me souviendrai d'Ali, le voleur de chevaux.

Les deux Arabes causèrent encore un moment, puis ils allumèrent leurs longues pipes et se mirent à fumer silencieusement.

Nicolas ouvrit un œil.

Il vit ses deux gardiens qui le contemplaient au milieu d'un nuage de fumée.

Nicolas était fumeur; l'odeur du tabac lui était familière; cependant il lui sembla qu'il s'élevait de la pipe des deux Arabes une fumée chargée d'émanations qui avaient un tout autre parfum.

Les Arabes fumaient fort tranquillement de l'opium, obéissant à la passion dominante des Orientaux. Bientôt, enveloppés dans un nuage, ils furent dans cette situation bizarre qu'on nomme l'extase.

Pourtant le chef avait ordonné de veiller sur le prisonnier.

Mais le prisonnier dormait, et puis il était si bien attaché.

De temps à autre Nicolas ouvrait les yeux, et s'apercevait que ses gardiens tombaient peu à peu dans l'abrutissement.

Alors Nicolas songeait à se délivrer.

Mais il était si solidement garrotté qu'il lui était impossible de remuer.

Enfin l'un des Arabes laissa tomber sa pipe et s'endormit.

L'autre l'imita quelques instant après.

Nicolas pensait :

— Si on pouvait seulement me délier les mains, je serais bientôt libre...

Les armes du chef étaient rangées sous la tente. Le prisonnier cherchait à dégager ses mains des nœuds qui les bouclaient l'une sur l'autre.

Son plan était fait. S'il parvenait à se délier, il se saisissait d'un fusil et d'un yatagan et cherchait à prendre la fuite, décidé à se faire tuer et même à se donner la mort, plutôt que de se laisser, le lendemain, dévorer par les chiens.

Comme il faisait de vains efforts et se meurtrissait inutilement les poignets, il se fit un bruit léger auprès de lui. On eût dit d'un reptile glissant sur le sable.

Il était couché sur le côté et ne pouvait se retourner.

Le bruit approcha, puis deux petites mains le touchèrent.

Le prisonnier tressaillit.

Le brasier s'éteignait peu à peu, mais il jetait encore autour de lui une faible clarté.

Les mains qui touchaient les mains de Nicolas, les délièrent avec une prestesse merveilleuse.

En même temps une voix harmonieuse et douce lui dit à l'oreille :

— Silence !

Quand il eut les mains déliées, Nicolas put se retourner.

Il vit alors son libérateur ou plutôt sa libératrice, car c'était une femme.

Et cette femme, on le devine, c'était celle du chef, la fille du Maure Ali-Baboum, celle qui avait demandé avec tant d'instances la vie du prisonnier.

— Je viens te délivrer, lui dit-elle.

Alors Nicolas fut pris d'un sentiment de terreur, non pour lui, mais pour elle...

Si le chef qui dormait à deux pas, étendu sur ses peaux de bêtes, venait à s'éveiller, n'était-ce pas la mort pour elle ?

Nicolas savait que la vie d'une femme est peu de chose pour l'Arabe.

La jeune femme devina sa pensée et lui dit tout bas :

— Ne crains rien !

XXV

Selon la loi arabe, la Mauresque était voilée ; mais ses grands yeux noirs et ses beaux bras nus chargés de gros bracelets disaient à Nicolas qu'elle était belle. Et puis sa voix était mélodieuse comme un chant, et plusieurs fois depuis deux minutes, le soldat avait frissonné en rencontrant son haleine parfumée.

— Ne crains rien, dit-elle, ni les hommes qui te gardaient, ni le chef ne s'éveilleront.

C'est moi qui prépare les pipes chaque soir, et j'ai coutume de mélanger au tabac un grain d'opium. Cette dose n'empêcherait point mon vieil époux de s'éveiller au moindre bruit.

Mais ce soir, je l'ai triplée, et la poudre viendrait à parler qu'il ne s'éveillerait pas.

Tu as sauvé mon père, tu m'as sauvée, moi et mes sœurs; je veux que tu me doives la vie à ton tour...

Il s'enivrait au son de cette voix, et son regard charmé cherchait à deviner le visage de sa libératrice au travers du voile.

— Mais, reprit-elle, qu'est-ce que la vie sans la liberté?

C'est le désert sans eau et sans oasis. Je veux te faire libre et te donner un cheval et des armes, afin que tu puisses rejoindre les tiens.

En parlant ainsi, elle avait dénoué ses derniers liens et Nicolas se trouva sur ses pieds, maître de tous ses mouvements.

Alors elle jeta un paquet devant lui et lui dit :

— Voilà des vêtements arabes. Quitte les tiens et mets-les. Sans cela tu ne pourrais sortir du camp.

Et elle disparut un moment et repassa dans le compartiment des femmes.

En quelques instants, Nicolas eut fait sa toilette et se fut transformé en Arabe.

Alors la Mauresque revint.

— Prends ce fusil et ce yatagan, lui dit-elle en lui montrant les armes du chef.

Nicolas obéit.

— Et maintenant, viens! ajouta-t-elle et ne crains rien!

Elle le fit sortir de la tente.

Les chiens qui eussent hurlé s'il eût été seul, les chiens se turent.

Aïcha guidait le faux Arabe à travers les tentes et le

conduisit jusqu'à l'endroit où les chevaux étaient entravés.

Les selles de la tribu étaient amoncelées les unes sur les autres, mais celle du chef était seule, à l'écart des autres, de même que son cheval favori.

C'était un bel alezan rubican qui passait dans la tribu et les tribus environnantes pour avoir la vitesse du vent.

Quelques Arabes qui dormaient au seuil de leur tente, avaient ouvert un œil et soulevé un moment la tête, tandis que la Mauresque et Nicolas passaient, mais aucun n'avait supçonné que ce haïck blanc et ce burnous blanc jeté par-dessus cachaient le prisonnier français.

Aïcha alla droit au cheval alezan et passa sa petite main sur la croupe lustrée de l'animal.

Le cheval la flaira, pointa les oreilles et devint doux comme un agneau.

Alors elle fit signe à Nicolas de prendre la selle du chef et de seller l'animal.

Nicolas ne se fit pas prier.

Quand ce fut fait, elle tira de son doigt un anneau et le lui donna :

— Tiens ! lui dit-elle, à tous ceux que tu rencontreras tu montreras cette bague et tu prononceras le nom d'Ali-Baboum, on te laissera passer.

Ensuite elle attacha elle-même un petit sac de dattes et une outre pleine d'eau aux palettes de la selle; après quoi elle lui dit :

— Va et que Dieu te guide !

Mais alors Nicolas se jeta à genoux devant elle et osa lui baiser la main.

— O gazelle du désert, lui dit-il, se servant à son tour de la langue imagée qu'il avait entendu parler durant sa captivité, ne me montreras-tu point ton visage et te quitterais-je pour toujours sans avoir ton image gravée dans mon cœur.

Elle hésita; mais il était à genoux et priait.

Alors, un moment, le haïk s'écarta et Nicolas jeta un cri d'admiration.

Il avait vu, aux rayons resplendissants de la lune, le plus radieux et le plus pur visage qu'il eût jamais osé rêver.

Il ne le vit qu'une seconde, mais il ne devait jamais l'oublier.

— Pars, lui dit-elle d'une voix tremblante. Je viens de jouer ma vie pour toi; si un seul homme de ma tribu avait été témoin de mon imprudence, mon époux me condamnerait demain à une mort infâme.

Nicolas sauta en selle et partit le cœur troublé et la tête en feu.

. . . .

Cependant l'alezan galope et sa course est si légère qu'à peine le sable du désert se soulève en poussière autour de lui.

Les étoiles brillent toujours au ciel, le jour est loin encore, et cependant le fugitif a mis un vaste espace entre le camp des Hadjoutes et lui, et, à cette heure, le vieux chef, enivré d'opium, rêve sans doute qu'il assiste au supplice du prisonnier chrétien.

L'alezan galope toujours.

Quand le jour vient, le vaillant animal a mis une si grande distance entre son vrai maître et son ravisseur, que le premier perdrait tout espoir de le rejoindre jamais.

D'ailleurs, quel est donc le cheval du désert qui a jamais gagné de vitesse l'alezan rubican du chef!

Nicolas galopa jusqu'à l'heure où le soleil devient trop ardent.

Il fit halte sous un palmier, mangea une poignée de dattes, but quelques gorgées d'eau et dormit comme un véritable Arabe, la face contre terre.

Le cheval broutait l'écorce du palmier.

Quand le vent du soir s'éleva, il se remit en route.

Le cheval était refait, l'homme aussi.

L'Atlas servait de boussole au fugitif; il galopait du sud au nord, bien sûr de rencontrer enfin la zône occupée par les lignes françaises.

Il voyagea ainsi cinq jours durant, ne s'arrêtant que pour laisser reposer le cheval et prendre quelques heures de sommeil.

Le désert fuyait derrière lui et la végétation commençait à grandir, la terre à se couvrir d'arbres.

Un matin, il aperçut un gourbi duquel s'échappait un filet de fumée.

Étaient-ce des Arabes amis ou ennemis?

Nicolas s'en préoccupa peu. Sa provision de dattes était épuisée et il n'avait plus d'eau dans son outre.

Il s'approcha du gourbi; les Arabes sortirent et vinrent à lui.

Nicolas savait déjà assez d'arabe pour échanger quelques mots, mais il craignit de se trahir par son accent, et il leur montra silencieusement son sac et son outre vides.

L'un d'eux le regardait avec défiance, tout en lui apportant à boire.

— Toi Français, dit-il enfin.

— Oui, répondit Nicolas.

— Bono Français! répéta l'Arabe, qui appartenait à une tribu soumise.

Et Nicolas entra dans le gourbi et fut accueilli comme un frère.

Les Arabes s'amusèrent beaucoup du récit de son aventure, et trouvèrent fort plaisant qu'il eût échappé au chef des Hadjoutes en lui volant son cheval et ses armes.

Nicolas s'orienta. Il n'était plus qu'à dix lieues de Blidah, et Blidah était à nous. Mais lui dirent les Arabes, il rencontrerait çà et là des Arabes voleurs où peut-être quelque tribu insoumise.

— Je ne crains que les voleurs, répondit-il en montrant l'anneau d'Aïcha et prononçant le nom d'Ali-Baboum.

Le nom d'Ali-Baboum avait sans doute une grande puissance, car, bien que soumis à la France, les Arabes du gourbi s'inclinèrent.

Nicolas continua sa route.

Comme il approchait d'un petit bois, dans lequel il était bien décidé à prendre quelques heures de repos, il entendit hennir un cheval, puis deux, puis trois ; il aperçut une troupe de six étalons entravés solidement, tandis qu'à quelque distance une belle jument noire se promenait en liberté. Un Arabe dormait enveloppé dans son burnous, couché sur le sol moussu, à peu près à égale distance des chevaux et de la jument.

Nicolas s'arrêta brusquement.

— Je gage, dit-il, que voilà mon voleur de chevaux, le même qui a failli me faire dévorer par les chiens de la tribu.

Et il se laissa glisser à bas de son cheval et s'approcha sans bruit de l'Arabe qui dormait profondément, son fusil et son yatagan à portée de sa main.

XXVI

Il y avait près de quinze jours que la déplorable expédition que nous avons racontée avait eu lieu.

Un seul homme paraissait avoir survécu sur les dix envoyés à Blidah.

C'était le sous-lieutenant de G....

Il était arrivé à Blidah demi-mort, couvert de blessures et son uniforme en lambeaux. On désespérait même de sa vie, et dans le 1ᵉʳ régiment de chasseurs d'Afrique on pleurait le brigadier Nicolas comme mort.

Celui qui se montrait le plus inconsolable, c'était le soldat Rossignol.

Rossignol disait tout haut que, si on l'avait laissé partir, son ami ni les autres ne seraient pas morts, et qu'il avait toujours porté bonheur à une expédition.

Aussi, pour noyer son chagrin, s'était-il rejeté de plus belle dans l'ivresse.

Et quand Rossignol était ivre, — il ne buvait que de l'absinthe, — il méconnaissait la discipline, et il fallait toute l'indulgence de ses chefs et le bon vouloir de ses camarades pour lui éviter de terribles punitions.

Or, un matin, comme on sonnait le boute-selle, Rossignol refusa de monter à cheval.

Sous quel prétexte?

Nul ne le sut au juste.

8

Il se borna à répondre qu'il était prêt à aller à la salle de police.

Il fut puni de quinze jours de consigne.

Mais une heure après, on vit accourir un cavalier dans le lointain.

Le cavalier, on le devine, c'était Nicolas.

Il n'était plus monté sur l'alezan rubican du chef hadjoute, mais sur la jument d'Ali le voleur de chevaux.

Ali avait subi la peine du talion.

Nicolas, que nous avons vu s'approcher de lui pendant son sommeil, l'avait subitement saisi, maintenu sous son genou et l'avait garrotté solidement.

L'Arabe, stupéfait, n'avait pas prononcé un mot.

Ensuite, Nicolas avait délié les entraves qui retenaient les chevaux captifs, puis il les avait attachés ensemble; et, montant la jument de l'Arabe, il avait jeté ce dernier en travers de sa selle.

On vit donc arriver au camp Nicolas et les huit chevaux dont six avaient été volés à l'escadron.

Ce fut un triomphe.

Nicolas raconta ses aventures, sa courte captivité; on apprit que jusqu'alors, le sous-lieutenant de G…. n'avait point succombé à ses blessures.

Le commandant de l'expédition porta le brigadier à l'ordre du jour, et lui laissa entendre que les galons de maréchal des logis ne tarderaient pas à arriver.

Mais Nicolas demanda des nouvelles de Rossignol, apprit qu'il était au cachot et sollicita sa grâce.

Pour la première fois le commandant fut inflexible.

Il fallait, disait-il, mettre un terme à l'insubordination de cet homme, qui n'était un bon soldat que sur le champ de bataille.

Mais Rossignol, qui se trouvait enfermé dans une sorte de baraque à l'extrémité du camp, avait entendu tout le bruit et les cris de joie qui avaient accueilli le retour de Nicolas.

Alors son ivresse devint furieuse. Il voulait voir son ami, et comme on refusait de lui ouvrir, il se mit à ébranler les chambres de la barraque.

Un sous-officier, accouru à tout ce vacarme, essaya de le calmer.

L'ivrogne répondit par des injures. Il fallut le mettre aux fers.

Le soir, son ivresse n'était point calmée, mais une sorte d'atonie avait succédé à sa fureur.

Le commandant lui fit retirer les fers et voulut l'admonester lui-même.

Rossignol parut l'écouter avec attention et se repentir de sa conduite.

Le lendemain, grâce aux sollicitations pressantes de Nicolas, sa punition fut levée.

Mais Rossignol était si heureux de revoir son ami, qu'il ne put resister au besoin de l'emmener chez le cantinier.

Malgré ses camarades, malgré Nicolas, Rossignol se grisa de nouveau.

Il en était arrivé à cette période terrible où l'ivrogne se soûle avec un verre d'eau rougie.

Alors, il se souvint qu'on l'avait mis aux fers, et toute sa colère se concentra sur le sous-officier qui avait essayé de le calmer.

Il y a de terribles hasards dans la vie du soldat. Le malheur voulut que ce sous-officier entrât dans la cantine au moment où Rossignol se répandait en injures contre lui.

Ce dernier se leva menaçant, avant que ses camarades n'eussent pu s'interposer.

Puis marchant droit au sous-officier :

— Si tu veux oublier tes galons, lui dit-il, nous allons nous flanquer un coup de sabre.

Le sous-officier répondit à cette provocation en infligeant à Rossignol quinze jours de consigne.

Rossignol, hors de lui, tira son sabre et le plongea jusqu'à la garde dans la poitrine du sous-officier qui tomba pour ne plus se relever. . . . .

. . . .

Le code militaire est inflexible.

Un mois après, le cavalier Rossignol fut traduit devant un conseil de guerre à Alger, et condamné à la peine de mort.

Depuis un mois, le pauvre Nicolas ne vivait plus. Il savait le sort qui attendait son ami et ne se faisait aucune illusion sur la clémence royale.

Il obtint la permission de voir son ami après sa condamnation.

Rossignol était calme et résigné à mourir.

Les deux soldats, frères d'armes depuis six ans, s'entretinrent longtemps ensemble.

Au moment des adieux, et comme Nicolas sanglotait, Rossignol lui dit :

— Camarade, tu ne me refuras pas un dernier service, n'est-ce pas ?

— Parle, répondit le brigadier d'une voix entrecoupée.

— Tu assisteras à mon exécution, n'est-ce pas ?

Et comme il faisait un geste de dénégation et de désespoir, Rossignol ajouta :

— Si tu es là je mourrai bien, je te le promets.

Nicolas inclina la tête et promit.

L'exécution eut lieu le lendemain.

On conduisit Rossignol sur la place du Gouvernement,

un détachement de tous les corps composant la garnison d'Alger formait la haie.

Rossignol marchait d'un pas ferme, la tête haute. Au premier rang des soldats, il aperçut un homme pâle et chancelant que deux hommes de son régiment soutenaient, car il ne pouvait se tenir debout : c'était Nicolas.

— Merci ! lui cria-t-il, et au revoir !

Il refusa qu'on lui bandât les yeux, et selon la coutume il voulut commander le feu lui-même.

Au moment où Rossignol tomba, Nicolas s'évanouit.

On l'emporta à l'hôpital où un accès de fièvre chaude le prit, et pendant quinze jours on désespéra de le sauver.

Mais la vie a de profondes racines chez un homme de vingt-sept ans, qui s'est trempé aux soleil et aux glorieuses fatigues de la terre d'Afrique.

Nicolas ne mourut pas, comme on va le voir, par cette lettre empreinte d'une mélancolie profonde que reçut un matin le brigadier de gendarmerie Michel Legrain :

« Mon cher protecteur,

Nous partons demain pour une expédition dans la Kabylie.

J'espère y mourir de la mort du soldat, car la vie est devenue pour moi un fardeau.

J'avais deux amis au régiment : mon sous-lieutenant et un pauvre camarade appelé Rossignol.

Mon sous-lieutenant est mort de ses blessures après une agonie de soixante-deux jours.

Mon pauvre et bon Rossignol a été fusillé il y a trois semaines sur la place du Gouvernement, à Alger.

Si je n'avais encore deux mois à attendre pour avoir fini mon congé, si j'étais libre, peut-être en pensant à

8.

vous, à la bonne madame Legrain, à notre pauvre pays de Sologne, aurais-je la force de vivre.

Mais cette terre d'Afrique où j'ai versé mon sang m'est devenue odieuse, et je crois qu'elle sera mon tombeau.

Je vous ai écrit ma courte captivité parmi les Arabes, le jour de mon retour au camp.

Je vous ai fait l'aveu de ce sentiment bizarre, inexplicable, que j'avais éprouvé en voyant cette femme que, sans doute, je ne reverrai jamais.

Eh bien, malgré ma douleur, ce sentiment étrange vit encore au fond de mon cœur.

J'aime sans espoir la femme maure, et c'est peut-être aussi pour cela que je veux mourir.

Pardonnez-moi donc et dites à madame Legrain, si jamais vous apprenez que je me suis fait tuer bravement à la tête de mon peloton, qu'elle sera bien bonne de ne pas m'oublier dans ses prières, la sainte femme qu'elle est.

Adieu encore !

Votre fils d'adoption,

Nicolas.

Le lendemain le jeune brigadier partait pour la première expédition de la Kabylie et il ne reçut pas cette réponse simple et laconique du vieux brigadier :

« Mon cher enfant,

Un soldat doit affronter la mort et ne jamais la chercher. Mourir pour son pays est un devoir, aller au-devant de la mort pour s'arracher à des douleurs personnelles est un crime. »

XXVII

Il y a vingt ans, le voyageur qui s'endormait le soir, en sortant d'Auxerre, sur la grand'route de Paris à Lyon, s'éveillait aux premiers rayons du soleil de l'autre côté de la petite ville d'Avallon, au pied d'une côte si roide que le conducteur ne manquait pas d'ouvrir la portière de chaque compartiment en disant :

— Messieurs les voyageurs seraient bien aimables de monter la côte à pied.

D'ordinaire on ne se faisait pas prier.

Il fallait une heure pour arriver au sommet de la montagne.

Mais, arrivé là, le voyageur s'arrêtait surpris et comme dominé par la sauvage splendeur du paysage qu'il avait sous les yeux.

Derrière lui, Avallon, vieille ville fortifiée, nid d'aigle arrondi sur un rocher, au bas duquel un torrent clapote sur des cailloux bleus.

A droite et à gauche de grands bois.

Devant lui, les premières collines, les vallons solitaires et les ruines féodales du pays morvandiau.

Le Morvan, ancienne province française, a été morcelé en quatre départements.

L'Yonne, la Côte-d'Or, Saône-et-Loire et la Nièvre en ont pris chacune un lambeau.

Mais en dépit des officiers d'état-major et de la carte de France, le Morvan est resté un, indivisible, et qu'il soit Bourgogne ou Nivernais, il est le Morvan.

C'est l'Écosse du centre de la France; il a ses montagnards, ses paysages abrupts, son sol couvert de forêts à demi vierges, et ses habitants aux mœurs primitives et presque sauvages.

Le Morvandiau est braconnier; la Morvandelle est une belle fille aux hanches larges, à l'œil noir et aux lèvres rouges, qui tient à sa réputation et à sa vertu autant que ces femmes du faubourg de Rome, appelé le Transtevère, et qu'on n'a jamais aimées sans recevoir un coup de couteau ou tout au moins le risquer.

A deux lieues d'Avallon, on est en plein Morvan. La route monte et descend, gravit des montagnes, s'enfonce dans des vallées, passe au pied d'un admirable château, qui remonte à la deuxième croisade et qui n'a jamais eu d'autres maîtres que les descendants du baron bardé de fer qui en a posé la première pierre, — *Chastellux*, — laisse à droite un couvent de moines mendiants, la *Pierre qui vire*, et pendant dix ou douze lieues dépayse si bien le voyageur étonné qu'il se croirait volontiers en quelque canton de l'Oberland bernois ou sur les derniers coteaux de la Forêt-Noire, avec la plaine du Rhin derrière lui.

Aujourd'hui le chemin de fer de Paris à Lyon laisse le Morvan sur sa droite, et cette pittoresque contrée est presque inconnue à la génération nouvelle.

Les grands bois du Morvan sont impénétrables; les repris de justice y trouvaient un abri.

Quand un homme de la haute ou de la basse Bourgogne avait commis quelque méfait, il se réfugiait en Morvan.

A part la passion du braconnage, le morvandiau est honnête; mais il avait alors si grande horreur des gendarmes, qu'il donnait l'hospitalité à quiconque était poursuivi par eux.

La nuit, des hommes à figure sinistre venaient rôder autour des fermes et faisaient entendre un coup de sifflet particulier.

Au bruit, les portes s'ouvraient et on venait au-devant d'eux.

On leur donnait du pain, une bouteille de vin, un morceau de lard, quelquefois de la poudre et du plomb.

Les uns étaient des déserteurs, d'autres des soldats réfractaires, d'autres des braconniers qui cherchaient à se soustraire à un emprisonnement.

Par-ci, par-là, il se trouvait un voleur, voire même un assassin venu de loin.

Mais le paysan morvandiau avait pitié de quiconque avait des démêlés avec la gendarmerie.

Or, un soir de l'année 1845, en novembre, et le lendemain du jour des Morts, la terre était couverte d'un linceul blanc.

L'hiver s'annonçait précoce et rigoureux, des bandes de grues avaient, tout le jour, traversé l'espace, rangées en triangle et faisant entendre leurs cris plaintifs.

Un homme cheminait à la lisière d'un bois au fond du plus sauvage vallon de la contrée.

Il marchait avec précaution, cherchant de préférence les endroits où la terre, protégée par le feuillage des arbres, n'était pas recouverte de neige, cherchant ainsi à faire disparaître le plus possible la trace de ses pas.

Il était vêtu d'une blouse déchirée, coiffé d'une casquette sans visière et chaussé de mauvais sabots, dans lesquels il avait ses pieds nus.

Un fusil et un carnier derrière lui, un chien de mauvaise mine, affreux produit d'une lice et d'un chien de vacher, disaient sa profession.

C'était un braconnier doublé d'une condamnation et qui ne sortait plus que la nuit.

La vallée qu'il suivait allait se rétrécissant et paraissait fermée par des roches de granit rougeâtre qui semblaient en faire un cul de sac.

Au-dessus des roches croissaient quelques châtaigniers rabougris.

Le châtaignier est une essence d'arbre commune au Morvan.

Quand il fut au pied des roches, le nocturne voyageur s'arrêta.

Il n'était pas tout à fait nuit, il n'était déjà plus jour.

Le ciel était gris et bas, le froid vif.

L'homme au chien s'arrêta donc, frappé par des empreintes qu'aux dernières lueurs du crépuscule il venait d'apercevoir sur la neige.

Ces empreintes étaient celles d'un pied d'homme assurément mal chaussé, car, tandis que le talon s'enfonçait nettement, la semelle semblait avoir une solution de continuité et laissait passer un orteil qui marquait profondément sur la neige.

C'était le pied gauche.

La chaussure du pied droit était intacte.

L'homme au chien ne put retenir une exclamation de colère :

— Allons ! dit-il, quel est donc ce gibier à gendarme qui vient fréquenter mon canton ? Je n'étais déjà pas si en sûreté tout seul... Vous verrez que quelque imbécile qu'on recherche pour une peccadille, me fera prendre par les gendarmes qui sont après lui. Et j'ai un rude compte à régler, moi !

Comme il murmurait tout bas ces paroles, l'homme au chien tressaillit.

Quelque chose venait de se mouvoir au-dessus des roches, et la silhouette d'un homme se dressa et se dessina nettement sur le ciel gris, entre deux troncs de châtaigniers.

Le chien fit entendre un sourd grognement et le braconnier porta vivement la main à la poignée de son fusil.

XXVIII

Après avoir pris ainsi ses précautions et s'être mis en défense, l'homme au chien attendit.

Alors celui qui venait de se dresser au milieu des roches, se mit en mouvement et de rocher en rocher descendit jusqu'à la plaine.

Puis il marcha droit à celui qui s'était arrêté.

Le chien qui était venu se placer devant son maître, hérissait son poil fauve et continuait à gronder sourdement.

— Halte! cria tout à coup le braconnier.

Et il porta son fusil à son épaule.

L'homme qui descendait des rochers s'arrêta.

Mais les malfaiteurs, de quelque pays qu'ils soient, se comprennent d'un mot et d'un geste, et n'ont pas toujours besoin de l'argot, cette langue des bagnes et des prisons, pour se donner sûrement la main.

Le nouveau venu cria à l'homme au chien :

— Me prends-tu donc pour un gendarme ?

Ces mots voulaient tout dire: Ils signifiaient à la fois que celui qui les prononçait était hors la loi, et que celui à qui il les adressait lui paraissait être dans la même situation.

L'homme au chien remit son fusil sur son épaule et cria :

— Avance alors, camarade.

Le nouveau venu fut près de lui en quatre enjambées.

Quant au chien, il cessa de gronder, comme s'il eût compris que son maître et l'inconnu allaient bientôt s'entendre.

L'homme au chien regarda ce dernier avec une curiosité défiante.

C'était un garçon de trente-quatre à trente-cinq ans, de taille moyenne et d'une complexion nerveuse et sèche.

Il *marquait* mal, comme eussent dit les gendarmes, et par conséquent il plut tout de suite à l'homme au chien.

Ses vêtements en lambeaux étaient ceux d'un ouvrier des villes.

Il avait pour toute arme apparente un gros bâton noueux et très-court.

L'homme au chien lui dit :

— Qui es tu, camarade ?

— Un pauvre diable qui n'a pas mangé depuis hier, répondit-il.

— D'où viens-tu ?

— De loin, fit l'inconnu avec défiance, et dans ce damné pays on trouve une maison de six lieues en six lieues.

— Tu n'es donc pas du pays ?

— Non.

L'homme au chien continua à regarder l'inconnu avec un sentiment de défiance.

— Ah ! c'est que, dit-il enfin, faut se méfier par le temps qui court. Ces brigands de gendarmes prennent souvent des déguisements.

— Tu évites donc les gendarmes, toi, camarade?
— Oui, certes.
— Et la chasse... est-elle bonne?
— Ça dépend du gibier qu'on trouve, répondit l'homme au chien.

Il avait toujours la main gauche sur la poignée de son fusil.

— Dis donc, camarade, reprit le nouveau venu, est-ce que tu ne serais pas Jean Lapin?

L'homme au chien fit brusquement un pas en arrière et son fusil passa de son épaule dans ses deux mains.

— Eh! tu sais mon nom, toi? fit-il, et comment le sais-tu, camarade?

Alors le nouveau venu se mit à rire.

— Je suis un compagnon, dit-il.

Le mot *compagnon* est pris de deux façons en France et par tous pays français.

L'ouvrier qui fait son *tour de France* est un compagnon. Mais le prisonnier et le forçat se donnent entre eux le même nom, et Jean-le-Lapin que, par abréviation on appelait le Lapin seulement, ne s'y trompa point.

— Ah! dit-il, vraiment... et tu reviens de là-bas?
— Oui.
— Mais comment peux-tu me connaître, moi, reprit Jean Lapin, je ne suis jamais allé là-bas?
— J'ai entendu parler de toi ce matin pour la première fois.
— Par qui?
— Par les gendarmes. Il paraît que si on te pince, ton compte sera bon.
— Tu sais donc l'affaire, toi?
— C'est les gendarmes qui l'ont racontée, et même qu'ils m'ont donné six sous et du tabac.

9

— Mes compliments, dit Jean Lapin; tu enfonces les gendarmes comme ça, toi?

— Oui, mais j'avais encore ma brouette.

A ces derniers mots, l'homme au chien regarda le forçat évadé avec étonnement.

Mais celui-ci reprit :

— J'ai faim et j'ai soif, compagnon. N'as-tu donc rien dans ton carnier?

— Pas une croûte; mais puisque tu es un ami, viens avec moi.

— Où donc ça? demanda le forçat.

— Dans une maison où je vais aux provisions depuis quinze jours. Oh! il n'y a pas de danger qu'on me *vende!*

— C'est-y sûr, ça?

— La femme en tient pour moi, comprends-tu?

— Est-ce loin? fit le forçat qui était affamé.

— Un quart d'heure de chemin.

L'homme au chien et le forçat se mirent à marcher côte à côte.

Seulement le premier se ravisa :

— Marche derrière moi, dit-il, et tâche de mettre la moitié de ton pied dans l'empreinte des miens. Si les gendarmes passent par ici, ils n'y verront goutte. Ça ne nous empêchera pas de jaser. Tu dis donc que tu as rencontré les gendarmes.

— Un peu, compagnon. Il y en a même un qui a pleuré quand je lui ai dit que j'étais ouvrier charpentier, que je m'étais donné un coup de bisaiguë en équarrissant une poutre, et que depuis trois mois je ne pouvais travailler, que je mourais de faim et que j'en étais réduit à porter du fumier que je ramassais sur les chemins et que je vendais pour une assiettée de soupe. Justement, quand je les ai rencontrés, j'avais ma brouette à demi-pleine et e suivais tranquillement la grand'route.

— Et où te l'es-tu donc procurée, cette brouette ?
— *Là-bas*.

Ce *là-bas* mystérieux, c'était le bagne, le bagne de Rochefort.

Alors le forçat raconta l'histoire de son évasion.

Il était sorti du bagne, affublé d'une blouse d'ouvrier libre, le soir, à la fermeture des portes de l'arsenal.

Les *amis* qui avaient préparé son évasion lui avaient procuré une brouette.

Il avait poussé la brouette devant lui, avait demandé du feu pour son brûle-gueule au portier consigne de la ville et était sorti de Rochefort aussi tranquillement que de l'arsenal ; puis il avait fait deux cents lieues ainsi, poussant sa brouette devant lui, suivant les grandes routes et saluant les gendarmes, voyageant la nuit, dormant le jour sur le revers des fossés, évitant les villes et les villages.

Jean Lapin l'écoutait avec une naïve admiration.

— Tu mériterais de t'appeler comme moi, lui dit-il ; tu es un fier lapin.

— Mais, reprit le forçat, tu as fait un joli coup, toi aussi, à ce que disent les gendarmes ?

— Ne m'en parle pas, dit l'homme au chien, j'ai fait un *faux* coup et non un *vrai*.

— Conte-moi donc la chose...

— Voilà : j'étais braconnier et je ne vivais guère de mon métier. Ce n'est pas que le gibier manque, au contraire, mais on le donne pour rien. J'avais toujours eu l'idée de travailler en grand.

Voilà qu'un jour, me trouvant dans une auberge d'Avallon, j'entends deux riches marchands de bois qui causaient.

L'un dit à l'autre :

— Après-demain, le courrier s'arrêtera à votre porte avec les fonds.

Ils jasaient sans se méfier de moi qui buvais une chopine de vin blanc dans un coin, et qui fus bientôt au courant.

Le marchand de bois devait envoyer à son confrère un group de quinze mille francs.

Le confrère avait une maison de campagne sur la route, de l'autre côté de Châtillon.

Il faut te dire, continua Jean Lapin, que le courrier qui porte les dépêches est un méchant cabriolet à un cheval, et il part d'Avallon à minuit.

A une heure du matin, j'étais en haut de la côte et j'attendais le courrier.

Quand il fut près de moi, je criai au conducteur d'arrêter et je lui dis :

— Me donneriez-vous bien une place jusqu'à Châtillon.

C'est leur bénéfice, aux courriers, de prendre un voyageur en route, à côté d'eux.

Il me demanda trente sous.

— Tope! lui dis-je.

Et je montai et m'assis à sa gauche.

La nuit était noire, la route déserte; il tombait un petit brouillard qui pénétrait jusqu'aux os.

— Je n'avais pas d'armes en apparence; mais dans ma poche un petit pistolet chargé de gros plomb. Le sac des dépêches était entre les jambes du courrier.

Comme nous arrivions dans un vallon où il n'y a ni ferme, ni maisons, un endroit quasiment sauvage comme celui-ci, si ce n'était que la route y passe, je feignis de m'endormir et je cessai de causer.

Mais, en même temps, je tirai le pistolet de ma poche et l'appliquant brusquement sur l'épaule du courrier, à cet endroit qu'on appelle la clavicule, je pressai la détente et le coup partit.

Le courrier mourut sur le coup. Je le sentis se renverser sur moi en poussant un soupir.

Alors je lui pris les guides des mains et j'arrêtai le cheval.

Puis je m'emparai du sac des dépêches et sautai hors de la voiture.

Il y avait un bois tout auprès ; je m'y enfonçai, laissant le cheval continuer tranquillement son chemin au petit trot.

Le sac était bien léger pour renfermer un group de quinze mille francs, mais je pensai que c'étaient peut-être des billets de banque et non point de l'or.

Et quand je fus sous bois, je pris mon couteau pour éventrer le sac, car il était en cuir et fermé par un cadenas.

XXIX

Le braconnier continua :

« J'éventrai donc le sac ; mais, à mon grand étonnement, j'eus beau fouiller les dépêches en tous sens, il n'y avait pas d'argent.

J'avais un couteau, je cherchai un sapin, et je me fis une torche avec une branche résineuse.

Le vent était mort, la pluie ne tombait plus et j'étais au plus profond du bois.

Je battis le briquet et j'allumais tranquillement ma torche pour voir clair.

J'avais toujours l'espérance que les quinze mille francs se trouvaient en billets de banque sous enveloppe.

J'ouvris toutes les lettres l'une après l'autre.

Pas plus de billets que d'or !

J'étais volé et j'avais commis un crime inutile.

Alors la peur me prit et je me sauvai laissant le sac et les dépêches dispersées sur le chemin du bois.

Personne ne m'avait vu monter dans le cabriolet du courrier ; l'endroit où j'avais tiré le coup de pistolet était désert ; d'ailleurs le bruit de la voiture qui roulait avait affaibli celui de la détonation.

Je songeai à tout cela et me dis que je n'avais rien à craindre ; je m'en retournai donc tranquillement à la maison et je me couchai comme si de rien n'était.

Mais, tout à coup, au petit jour, on frappa à ma porte.

— Qui est là ? criai-je.

— Le garde-champêtre ! répondit une voix au dehors.

La peur me reprit. Je me levai, hésitant à ouvrir, et je mis la tête à la fenêtre.

C'était bien le garde-champêtre de Laneuville, le clocher d'où dépend ma maison.

— Qu'est-ce que vous voulez, père Jacques ? lui dis-je.

— Je meurs de soif, me dit-il, et tu devrais bien me donner à boire.

Cette réponse me rassura. Je lui ouvris.

Il entra fort tranquillement ; mais au lieu de poser sa carabine dans un coin, il la garda entre ses genoux.

— Fais-moi du feu, Jean, me dit-il, j'ai bien froid. Nous boirons un coup et nous causerons un brin.

— Vous êtes matinal, lui dis-je. Est ce que vous êtes après les braconniers ?

Il me regarda de travers.

— Alors, dit-il, j'y aurais la main ici.

— Oh! répondis-je négligemment, vous savez bien que depuis que j'ai fait six mois de prison, je ne touche plus ni un fusil ni un collet.

— Tu fais une autre chasse... alors...

— Non, je gagne ma vie honnêtement. Je vais en journée de ci de là.

— Et tu assassines le courrier qui porte les dépêches, n'est-ce pas? me dit-il brusquement.

Je pâlis et jetai un cri.

Mais déjà le garde-champêtre me couchait en joue avec sa carabine et je regardais d'un œil stupide mon fusil qui était accroché au-dessus de la cheminée.

— Tu viens de te trahir, mon garçon, dit-il. Tout à l'heure je n'avais encore que des soupçons, mais à présent je suis sûr de mon fait.

J'étais tellement surpris que je ne pus que balbutier :

— Vous voulez plaisanter, père Jacques.

— Non, mon garçon. Je ne plaisante pas avec mon devoir, me dit-il. Et la preuve, c'est que j'ai de jolies menottes toutes neuves que m'ont données les gendarmes et que je vais te mettre.

Je suis solide, comme tu vois, poursuivit Jean Lapin, et père Jacques est vieux.

Mais il avait sa carabine, et il me dit :

— Le juge de paix m'a autorisé à m'emparer de toi par tous les moyens. Mort ou vivant, il faut t'avoir. Si tu ne te laisses pas mettre les menottes, je te brûle.

Il était le plus fort, je me laissai faire, tout en protestant de mon innocence.

— Voilà ce que tu auras du mal à prouver, me dit-il.

Puis il ajouta en ouvrant la porte.

— Allons! en route, maintenant, nous avons un joli bout de chemin à faire d'ici à Laneuville.

J'étais pris au piége comme une grive.

Le garde champêtre me fit marcher devant lui.

— C'est pourtant vrai, dit-il en cheminant, que les gendarmes n'osaient pas venir t'arrêter. Mais moi, je suis un vieux de la vieille, et je m'en suis chargé. Tu vois que j'en vaux bien un autre, hein?

— Je crois que vous avez bu un coup de trop, lui dis-je; car je ne sais pas ce que vous me voulez... Je suis un honnête homme, braconnier c'est vrai, mais je n'ai jamais assassiné personne.

— Eh bien, moi, dit le garde, je te vas prouver que c'est toi l'assassin, clair comme le jour.

Le cheval et le cabriolet sont entrés à Laneuville comme à l'ordinaire.

Suivant son habitude, le cheval s'est arrêté devant la porte. La directrice s'est levée et a appelé Morrel le conducteur.

Morrel n'a pas répondu; elle l'a secoué et s'est remplie de sang. Alors elle a appelé au secours. tout le pays s'est levé, et les gendarmes sont venus.

Nous avons vu alors que le sac des dépêches avait disparu.

Comme il a plu toute la nuit, la route est mouillée.

Nous avons pris une lanterne de voiture avec les gendarmes et le juge de paix et nous avons rebroussé chemin vers Avallon.

C'est dans la courbe de Maurienne que tu as fait le coup. Tu as des sabots qui marquent fort. Il y en a un qui a des clous. Nous avons retrouvé l'endroit où tu es descendu de voiture et où tu es entré dans le bois, nous avons trouvé les dépêches, et enfin comme le jour venait, j'ai bien reconnu ton pied. Tu as une manière de marcher à laquelle je ne me trompe pas, moi.

J'étais pincé. Il fallait tâcher de filer, et ce n'était pas commode

Jacques était homme à m'étendre roide d'un coup de carabine, si j'essayais de fuir.

Je n'avais plus qu'un espoir, c'était que mon chien me rejoindrait.

La brave bête est comme moi : elle voyage toute la nuit, mais elle rentre au soleil levé.

Je n'avais pas voulu l'emmener, crainte qu'elle me gênât.

Alors elle était allée en forêt pousser un lièvre ou un lapin.

Tout à coup, comme nous rentrions sous bois pour prendre un raccourci qui conduit à Laneuville, voici le chien qui apparaît.

Il arrive en bondissant, je lui fais un signe, et avant que le père Jacques ait eu le temps de se reconnaître, il lui saute à la gorge.

Alors je me mets à crier :

— Pille ! pille !

Pour se débarrasser du chien, le garde laisse tomber sa carabine.

Mais j'avais les menottes et je ne pouvais pas m'en servir.

Seulement, je mets le pied dessus, puis je me pousse sur le garde, je lève en l'air mes deux mains réunies et je l'assomme d'un grand coup.

Il est tombé sur les genoux ; alors j'ai frappé encore, et puis encore, et le chien l'a achevé.

— Tu penses bien, compagnon, que je me suis sauvé.

Un bûcheron m'a aidé à défaire mes menottes ; et voici quinze jours qu'on me cherche... Mais il n'y avait que le père Jacques qui connût bien les bois du pays... Je me moque des gendarmes.

Comme ils causaient ainsi, l'assassin et le forçat avaient contourné les roches, et tout à coup le dernier vit un filet de fumée qui s'élevait du milieu des arbres.

— Voici la soupe, dit Jean Lapin, en montrant la ferme dont on apercevait le pignon grisâtre et les murs en grisé.

Alors Jean Lapin siffla d'une façon particulière, puis il s'arrêta et attendit.

Au bout de quelques minutes, un coup de sifflet semblable au sien lui répondit.

— Nous pouvons marcher, dit Jean Lapin.

Et ils continuèrent leur route sur la ferme dont la porte s'ouvrit devant eux.

Une femme se montra sur le seuil :

— Est-ce toi, Jean? dit-elle.

— Oui, et j'amène un ami.

La femme jeta un regard soupçonneux sur le forçat évadé; mais l'examen lui plut.

— C'est un étranger, dit-elle.

— Il vient de loin, fit Jean Lapin.

— Ah!

— Et tous deux entrèrent dans la ferme.

Il y avait trois personnes à mine sinistre au coin du feu : deux hommes jeunes et un vieillard.

La femme leur dit :

— Je savais bien que Jean viendrait ce soir...

— Je n'ai plus ni pain, ni vin, dit le braconnier.

— As-tu de l'argent, au moins? fit le vieux.

— Taisez-vous donc, père, fit la femme avec humeur; Jean est ici chez lui, et il n'a pas besoin d'argent pour se procurer ce qu'il lui faut.

— Les temps sont durs! grommela le vieillard.

— C'est possible, dit la femme, mais ça me plaît comme ça, à moi.

Et elle jeta sur ces trois hommes un regard impérieux et dominateur.

Le forçat évadé la considérait avec étonnement.

C'était une femme d'environ trente-cinq ans, à la taille épaisse, aux bras nerveux, et dont le visage hâlé avait une beauté sauvage et fatale.

— Vous savez bien, dit-elle, que maintenant que Jean a sauté le pas, il ne s'arrêtera plus. De l'argent? il en aura un jour ou l'autre...

— S'il veut travailler, dit le vieillard, car je sais un joli coup à faire par ici.

Ces mots firent tressaillir le forçat évadé.

XXX

L'aspect des hommes, de la ferme et de la femme avait quelque chose d'étrange.

Le vieillard, dont la tête était toute blanche, avait un air farouche et craintif tout à la fois.

Farouche, quand il regardait les deux jeunes hommes qui paraissaient être ses fils.

Craintif, lorsqu'il sentait peser sur lui le regard de la femme.

Cette mégère, on le devinait, exerçait sur ces trois personnages un empire despotique.

Cheveux noirs, lèvres rouges, œil profondément enfoncé sous l'arcade sourcilière, dents pointues et blanches comme celles des carnassiers, cette femme avait quelque chose d'irrésistible et de fatal.

Ferme, hommes et femme, tout avait des noms bizarres.

La ferme s'appelait *la Fringale* depuis plus d'un siècle. Pourquoi?

Le mot *fringale* signifie faim canine. Si on examinait les quelques terres pierreuses qui en composaient tout le domaine, on comprendrait la dénomination.

Tous les fermiers qui l'avaient eue à bail avant la famille Leloup avaient été obligés d'y renoncer.

Le père Leloup, — c'était le vieillard, — était venu s'y établir il y avait environ vingt ans.

D'où venait-il? Nul ne le savait. Il était étranger au pays.

Sa femme était morte avant qu'il n'arrivât, et il avait avec lui ses deux fils encore en bas âge et une vieille servante qui passait pour avoir été autre chose qu'une domestique à gages.

Quand cette femme mourut, le père Leloup prit la *Fouine* à sa place. Elle avait alors quinze ans, était fille de l'hospice et jouissait dans le pays d'une réputation de malice et de méchanceté peu commune.

Cinq ans après, elle épousa Jacques Leloup, le fils aîné; et, dès lors, elle devint la maîtresse absolue.

Son beau-père, son mari et son beau-frère tremblaient devant elle.

Il lui prit fantaisie d'accueillir Jean Lapin le braconnier; les Leloup subirent cette humiliation sans mot dire.

Ce n'étaient pourtant pas des gens commodes, au dire de l'opinion publique.

Eux seuls avaient trouvé le moyen de vivre sur le domaine de la Fringale et de payer régulièrement leur fermage.

C'en était assez pour qu'on prétendît qu'ils avaient trouvé des ressources dans une autre industrie que l'agriculture.

Depuis bien longtemps des bruits sinistres couraient sur ces hommes, venus on ne savait d'où.

Le voyageur bien renseigné ne passait jamais le soir aux environs de la ferme.

On prétendait même, dans les villages environnants, que, si on retournait trop profondément la terre des champs de la Fringale, la charrue pourrait y mettre à nu des ossements blanchis.

On allait jusqu'à raconter l'histoire du toucheur de bœufs.

Qu'était-ce que cette histoire?

La voici :

Un toucheur ou conducteur de bœufs, pris par la nuit et le mauvais temps, avait frappé à la porte de la Fringale et demandé un gîte.

Il s'en revenait d'une foire du Nivernais où il avait conduit un troupeau considérable, et il portait sur lui une somme assez importante.

Qu'était-il devenu? Les Leloup prétendirent qu'il était parti de chez eux avant le jour; mais nul ne l'avait revu.

La justice émue fit des perquisitions et ne trouva rien.

La population honnête du Morvan ne voulait avoir aucun rapport avec les Leloup.

Ils s'en allaient vendre leurs denrées au loin.

Seuls, les braconniers, les gens poursuivis, ne dédaignaient pas d'entrer à la Fringale, et le vieux fermier avait toujours de la poudre et de l'eau-de-vie à leur vendre.

La Fouine seule avait l'audace de se montrer en plein jour au village de Laneuville, à Chastellux et à Avallon.

Elle avait bec et ongles et ne se laissait pas marcher dessus.

On la craignait au dehors presque autant qu'à la ferme.

Or donc c'était dans ce repaire que Jean Lapin, le meurtrier du malheureux courrier, avait conduit sa nouvelle connaissance, le forçat évadé.

Le vieux Leloup s'était dérangé en grognant de sa place habituelle pour laisser les nouveaux venus s'approcher du feu.

— Ici, dit Jean Lapin au forçat, on est tranquille, compagnon, et on peut souper à son aise.

— Je vais décrocher la marmite et mettre les assiettes sur la table, dit la Fouine. Jacques fera le guet dehors.

— Ce n'est pas inutile, murmura le vieux Leloup, les gendarmes n'arrêtent pas de fureter... et s'ils viennent ici, nous aurons encore des histoires, comme au temps du toucheur de bœufs.

— D'abord, dit la Fouine, ils ne viendront pas.

— A savoir, gronda le vieillard; ne sais-tu donc pas que la brigade de Laneuville est changée ?

— Depuis quand ? demanda vivement Jean Lapin.

— Depuis quinze jours.

— Ah ! et les nouveaux, les a-t-on vus ?

— Je les ai vus, moi, dit la fermière, on ne m'appelle pas la Fouine pour rien. Faut que je sache tout. Je suis allée au bourg tout exprès. Ils ont de mauvaises binettes; il y en a un surtout qui sort de faire un congé en Afrique. Il a l'air d'un rude homme.

Mais, ajouta la Fouine, faut pas que ça empêche notre pauvre Lapin de souper, ni monsieur non plus. Au besoin, nous avons la cuve dans la cave. C'est une bonne cachette. On rôderait dix ans autour qu'on ne trouverait rien.

Parlant ainsi, elle décrocha la marmite de fer qui bouillait sur le feu et se mit à emplir les assiettes.

Quant à Jacques Leloup, il prit son fusil, et docile aux volontés de sa femme, il sortit d'un air de mauvaise humeur, pour aller faire sentinelle aux environs de la ferme.

Jean Lapin prit alors la parole :

— Hé! père Leloup, dit-il, vous prétendiez donc tout à l'heure qu'il y avait une belle affaire par ici?

— Oui, dit le vieillard, mais faut du toupet pour ça et savoir si tu en auras assez; car moi, je suis trop vieux maintenant, et quant à mes fils, c'est des vrais poltrons. Un chien de vache leur fait peur.

— Bah! dit Jean Lapin, on ne peut pas me *raccourcir* deux fois après tout, il faut que je me rattrape.

— C'est bien parlé, ça, dit la Fouine.

— Contez donc la chose, papa, reprit Jean Lapin.

Le forçat mangeait avidement, mais il était tout oreilles.

— Je veux parler de M. Jalouzet, dit le fermier.

— Le vieux de la Combette?

— Oui.

— Eh bien? fit Jean Lapin d'un air interrogateur. Que lui voulez-vous?

— Il est vieux, le bonhomme, et il est riche.

— Oh! pour des terres, il en a... mais... des écus?

Le vieux Leloup haussa les épaules :

— Nous n'aurions pas assez de feuillettes dans la cave pour mettre tous ceux qu'il a dans son château, mon gars.

— Vous croyez?

— Ce serait un beau coup, si on pouvait le faire.

Jean Lapin parut réfléchir.

— Je sais bien, dit-il, que la *Combette,* — c'était le nom

de la propriété de celui dont on parlait, — est bien isolée et qu'il y a une bonne demi-lieue à travers bois avant de rencontrer une maison. Je sais bien encore que le vieux grigou n'a ni femme ni enfants; mais la ferme est tout auprès.

— Ça c'est vrai.

— Et puis il y a deux domestiques, l'homme et la femme.

— Peuh ! fit le vieillard.

— La femme est une robuste gaillarde. L'homme est garde-chasse. Il vous met à cent pas une balle dans un tronc d'arbre.

— Je ne dis pas non, fit le vieillard.

— Ensuite, continua Jean Lapin, il y a deux gros chiens qui sont quasiment féroces comme des loups et qu'on lâche la nuit.

— Si ce n'est que les chiens qui te gênent, dit la Fouine, je me chargerai bien de les empoisonner.

— Cette petite, fit le vieux qui était courtisan à ses heures, est pleine de bon sens.

— Enfin, dit Jean Lapin, les fermiers sont en nombre, et les portes de la Combette ne sont pas en bois pourri. Que voulez-vous que fasse un homme seul?

— D'abord, dit le forçat, nous serions deux.

— Bon ! reprit Jean Lapin, mais c'est les fermiers et le garde qui m'inquiètent. Tous chasseurs et des gars solides !

Le vieux Leloup haussa dédaigneusement les épaules :

— Quel jour sommes-nous? dit-il.

— C'est jeudi, dit la Fouine.

— Oui, mais combien du mois?

— Le vingt-deux.

— Et quel mois.

— Le mois de décembre, donc !

— Eh bien, reprit le fermier, dans deux jours, c'est veille de Noël ; on chante la messe à minuit au bourg de Laneuville.

C'est juste ! dit le braconnier.

— Et faut croire que les gens de la Combette iront.

— Oui... mais alors... le maître aussi ?...

— Oh ! non, dit le vieux, tu ne sais donc pas qu'il se vante d'être païen ? Il ne va à la messe que lorsqu'on chante un *Te Deum*.

— L'idée n'est pas mauvaise ! dit Jean Lapin. Faudra en jaser un brin.

Et il posa ses coudes sur la table et alluma sa pipe.

Le forçat écoutait avidement.

Le vieux Leloup ajouta en manière de péroraison :

— Tu as dit une chose vraie, tout à l'heure, Jean Lapin. On ne peut pas tuer deux fois le même homme. Tu as déjà ton compte avec le courrier, on peut essayer du maire. C'est tout profit, mon garçon.

— Vous avez raison, père, dit la Fouine avec un calme effrayant.

XXXI

M. Jalouzet, le vieux propriétaire dont avait parlé le père Leloup à Jean Lapin, était un homme de soixante-dix ans, grand, sec et vert, et quelque peu voltairien.

A part de petits travers, c'était un excellent homme,

ni avare ni prodigue, faisant élever à Paris ses deux neveux, qui étaient ses héritiers uniques, donnant aux pauvres, faisant beaucoup de bien, et généralement aimé de tous ses voisins.

Le curé lui-même se risquait à lui demander pour son église, et malgré ses principes, M. Jalouzet ne refusait jamais.

Il avait une grande fortune honnêtement acquise dans le commerce des bois, et il n'avait jamais voulu se marier.

Sa propriété, une manière de petit castel épargné par la Révolution et flanquée d'une grosse ferme, était isolée au fond d'un vallon assez sauvage.

Mais M. Jalouzet était chasseur, malgré son grand âge, et le site lui plaisait. Il vivait à la Combette depuis plus de vingt ans, et n'en sortait que pour aller à Laneuville pour quelques affaires d'intérêt.

Malgré la situation isolée de sa maison, il prétendait que les voleurs n'existaient pas, que les assassins étaient une fiction pure, et il ne voulait pas croire qu'on eût tué le courrier quinze jours auparavant. Ce jour-là, veille de Noël, M. Jalouzet, avait reçu la visite des gendarmes nouvellement installés, car ainsi que l'avait dit le vieux Leloup, on avait changé la brigade.

M. Jalouzet devait cette visite à sa position de membre du conseil municipal.

— Messieurs, leur avait-il dit en leur offrant un verre de vin blanc, on vous a dit sans doute beaucoup de mal du pays, mais n'en croyez rien ; à part quelques braconniers, il n'y a ici que de braves gens.

— Cependant, observa le nouveau brigadier, on a assassiné le courrier !

— C'est quelque malfaiteur de passage.

— On nous a pourtant, dit un autre gendarme qui

n'était autre que Nicolas Sautereau, parlé d'un certain Jean Lapin...

— Bah! bah! qu'est-ce qui le prouve? Je connais Jean Lapin, c'est un fainéant, un braconnier... mais c'est tout...

L'optimisme de M. Jalouzet n'avait point convaincu les gendarmes, et ils s'en étaient allés en se promettant de se mettre en campagne dès le lendemain pour donner la chasse au terrible Jean Lapin.

A dix heures du soir, M. Jalouzet, les pieds sur les chenets, lisait son journal, lorsque la Marianne entra.

La Marianne et son mari Maubert le garde-chasse composaient tout le domestique de M. Jalouzet.

— Eh bien, monsieur, dit la Marianne, venez-vous à la messe de minuit? c'est Noël...

Sur sa réponse négative, la Marianne lui dit avec un sourire : Vous ne venez pas à la messe, c'est convenu. Mais comme tous les gens de la ferme y vont, et qu'on ne peut pas vous laisser seul...

— Hein? plaît-il? exclama M. Jalouzet, et pourquoi ne peut-on pas me laisser seul? est-ce que j'ai peur de quelque chose, moi?

— Il y a pourtant assez de mauvais sujets dans le pays.

— Ta! ta! ta! voilà que tu parles comme le brigadier de gendarmerie, toi!

— Vous pouvez être malade...

— Je me porte comme un charme.

— Avoir besoin de quelque chose.

— Vieille sorcière! me laisseras-tu tranquille?

Et M. Jalouzet congédia la Marianne.

Mais celle-ci dit à son mari :

— Tu resteras, toi, faut le veiller.

Maubert était de l'école de son maître.

— Ça me dérange, dit-il.

— Et pourquoi donc ça ?

— Parce que je voulais aller passer la veillée à la ferme des Roussettes.

— Vieil ivrogne ! dit la Marianne, tu as cinquante ans sonnés ; si tu vas aux Rousettes, c'est pour boire toute la nuit, sans compter que tu regardes en dessous la Marinette, la fille de la ferme. Tu resteras ici, je le veux !

Maubert était en puissance de femme et ne passait pas dans le pays pour porter précisément les culottes dans son ménage, mais comme toutes les natures faibles, il avait ses réserves.

Il parut donc se résigner.

— Soit, dit-il, je resterai.

Et il s'établit au coin du feu de la cuisine.

La Marianne alla rejoindre les fermiers qui partaient en troupe pour Laneuville.

Maubert fit grand bruit en fermant les portes et les fenêtres.

La Marianne, en s'en allant, disait :

— Monsieur a beau dire que le pays est sain comme l'œil, moi j'ai idée qu'on n'a jamais de trop bons chiens de garde chez soi.

Les chiens de garde auxquels elle faisait allusion étaient deux énormes molosses, le chien et la chienne.

Quand Maubert eut calculé que sa femme et les fermiers étaient loin, il se dit :

— Monsieur va se coucher. Quand il sera au lit, je filerai.

Il n'attendit pas longtemps.

M. Jalouzet quitta le petit salon du rez-de-chaussée où il prenait ses repas et dans lequel il passait ses soirées.

Puis il prit son bougeoir, et traversant la cuisine, il aperçut Maubert qui fumait sa pipe au coin du feu.

— Tu ne vas donc pas à la messe, toi? lui dit-il avec ironie.

— Non, monsieur, répondit Maubert.

— Comprends-tu ta coquine de femme, reprit M. Jalouzet, qui veut absolument qu'il y ait des voleurs dans le pays!

— Peuh! fit Maubert, vous savez bien, monsieur, les femmes, c'est toujours peureux.

— Tu as raison, bonsoir.

Et M. Jalouzet s'alla coucher.

Alors Maubert remplaça ses souliers par des sabots, alluma une seconde pipe, prit son fusil et se dit :

— Allons goûter la nouvelle cuvée du fermier des *Roussettes*.

Il détacha les chiens et les lâcha dans la cour; puis il siffla *Barbouillot*.

Barbouillot était un gros basset qui ne quittait jamais Maubert, et lui faisait tuer plus de lièvres et de chevreuils à lui tout seul qu'une meute entière.

Mais Barbouillot ne répondit point au coup de sifflet.

— Je sais ce que c'est, murmura le garde-chasse, c'est Vénus qui l'empêche de venir... Mais gare! si tu n'es pas malin... Jupiter t'arrangera à une jolie sauce.

Vénus et Jupiter étaient les deux chiens de garde.

Et le garde-chasse sortit sans bruit et s'en alla sans son basset.

Au moment où il tirait sur lui la porte du jardin, une femme cheminait gaillardement, un panier au bras, dans le sentier qui menait par le raccourci à Laneuville.

Maubert la reconnut.

— Hé! la fermière? cria-t-il.

Elle s'arrêta.

— Tiens! c'est vous, Maubert?

— Oui, où vas-tu donc?

— A la messe, pardine!
— Et tes hommes?
— Ils sont au cabaret, donc! Et vous, où allez-vous?
— Aux Roussettes.
— Farceur! va... Elle a de beaux yeux la Madeline.
— Tais-toi, braillarde! dit le garde d'un air fat.

Maubert ne partageait pas les opinions de tout le pays à l'endroit de la Fouine.

Il la trouvait une *belle fille* et se risquait parfois à causer avec elle.

— Eh bien! voisine, lui dit-il en clignant de l'œil, te voilà désolée, hein?

— Pourquoi donc ça? fit-elle en riant.

— Mais dame! parce que, dit-on, Jean Lapin a fait un mauvais coup.

— C'est des calomnies, dit la Fouine.

— A-t-il filé au moins?

— Ne me dites donc pas des bêtises, Maubert. Vous feriez mieux de me donner à boire.

— Je veux bien, dit le galant Maubert.

Et il rouvrit la porte du potager.

— Seulement, dit-il, faut pas faire de bruit, de peur de réveiller le vieux.

— Il est donc couché?

— Oui.

Maubert introduisit la Fouine dans la maison.

Les chiens, comme elle traversait la cour, donnèrent un coup de voix; mais Maubert les fit taire. Il alla tirer du vin blanc et déterra quelques marrons qui cuisaient sous la cendre.

Tout à coup la Fouine se leva :

— Hé! dit-elle, vous voulez donc que je manque la messe, vieux farceur?

— Non, dit Maubert. Moi je vais aux Roussettes. Ils

quittèrent la cuisine et traversèrent de nouveau la cour.

Maubert marchait devant.

La Fouine ouvrit son panier et jeta dans la cour quelque chose qui ressemblait à un morceau de viande.

Les chiens se précipitèrent dessus.

Mais Maubert ne vit rien.

Une fois sur le chemin, tous deux se séparèrent.

La Fouine prit la route de Laneuville.

Maubert s'en alla vers les Roussettes à travers champs.

XXXII

Cependant la Marianne et les gens de la ferme de la Combette étaient allés à la messe de minuit.

La Marianne, qui daubait volontiers sur son vieux maître tout en lui étant fort dévouée, se plaignait de l'entêtement du vieillard et de son optimisme.

— Croyez-vous pas, Jérôme, disait-elle au fermier, que les gendarmes sont venus aujourd'hui?

— Je les ai vus, dit la fermière.

— Et monsieur leur a dit que le pays était sûr, qu'il ne s'y commettait jamais de crimes, et que c'était bien certainement un étranger qui avait tué le courrier.

— Comme si on ne savait pas que c'est Jean Lapin, dit Jérôme.

— Ah! le brigand! dit la Marianne. Si on le prend, celui-là, son compte sera bon.

— Oui, mais on ne le prendra pas. Voici quinze jours qu'on le cherche, et vous pensez bien que depuis quinze jours il a eu le temps de voir du pays.

— Moi, dit la Marianne, j'ai idée du contraire.

— Comment cela?

— Il a des amis dans le pays. Les Leloup l'auront caché.

— Oh! les brigands, exclama Jérôme, je me méfie encore plus d'eux que de Jean Lapin, moi; c'est des assassins et des voleurs.

— Parlez donc pas de ces gens-là, Jérôme, ça porte malheur.

Il y avait un petit pâtre qui était du voyage et cheminait silencieusement à côté de son maître le fermier.

On l'appelait Jean Blanc.

— Moi, dit-il timidement, j'en sais plus long que je n'en ai l'air.

— Et que sais-tu, toi, petiot? demanda la Marianne.

— Si à l'époque du toucheur de bœufs qu'ils ont assassiné, j'étais allé avec les gendarmes, j'aurais bien su trouver le cadavre.

— Ah! fit la Marianne.

Mais le fermier eut un geste d'effroi.

— Tais-toi, petiot, dit-il, faut pas nous mêler de ce qui ne nous regarde pas. Si les Leloup savaient que tu jases sur eux, ils te feraient un mauvais parti.

— Eh bien, moi, dit la Marianne, je trouve que vous avez tort, père Jérôme : si les honnêtes gens ont peur, les coquins iront leur train. Parle donc, petiot, que sais-tu?

— C'est bon, dit le pâtre que l'admonestation de Jérôme rendait prudent; quand il faudra parler, je parlerai. A présent, c'est pas la peine, et personne ne parle plus du toucheur de bœufs.

Comme on approchait du village, la Marianne dit encore :

— Moi, j'ai regret d'avoir laissé monsieur seul.

— Il n'est pas seul, puisque Maubert est resté, observa la fermière.

— Maubert? ah! bien oui, dit la Marianne avec aigreur, vous ne le connaissez pas... Il *sèche sur pied* d'aller aux Roussettes. C'est un coureur... nous n'aurons pas été partis qu'il se sera sauvé par la porte de derrière.

— Bah! dit le père Jérôme, monsieur dort bien tranquillement, lui. Et il n'y a pas besoin de Maubert pour le garder. Est-ce qu'il n'y a pas Jupiter et Vénus?

— Ce sont de bonnes bêtes, ça c'est vrai, dit la Marianne, mais c'est égal, je ne suis pas rassurée.

— Cette bêtise! dit le fermier. Voici cent ans que nous sommes fermiers de père en fils, à la Combette, jamais il n'est rien arrivé.

— J'ai idée d'un malheur, dit la Marianne.

Comme elle parlait ainsi, un bruit de sabots résonnant sur la terre durcie se fit entendre dans le lointain, derrière la petite caravane.

La Marianne se retourna.

— Tiens, dit-elle, il y a des gens encore plus en retard que nous pour la messe.

Mais la personne qui venait derrière elle marchait rapidement, et bientôt, au clair de lune, on put voir une femme qui approchait un panier au bras.

— Tu as bien fait de taire ta langue, dit le fermier au petit pâtre. Quand on parle du loup, on en voit la queue.

Et le fermier se mit à rire de son grossier jeu de mots.

Dans la femme qui marchait derrière eux et qui les eut bientôt rejoints, il avait reconnu la Fouine.

— Ah! dit tout bas la Marianne, cette femme me fait horreur.

10

— Je ne dis pas non, répondit Jérôme le fermier, mais en ce monde faut être politique et ce qu'on dit des Leloup ne nous regarde pas.

— Vieux trembleur! fit la Marianne.

La Fouine les rejoignit.

— Bonsoir, Madeleine, lui dit le fermier d'un ton patelin.

La Fouine répondit :

— Bonsoir, père Jérôme. Il fait froid ce soir, hein?

— Brrr! fit le fermier. Si les femmes ne tenaient pas tant à la messe de minuit, je me trouverais bien plus plaisamment dans mon lit.

— Moi, dit la Fouine, ce n'est pas à la messe que je vais.

Et où vas-tu donc, Madeleine?

— Je vais chercher mes hommes, qui font Noël dès la veille.

— Ils sont au cabaret?

— Justement, et ils se querellent bien sûr avec quelqu'un. C'est sottisier comme tout, ces gens-là, surtout le vieux.

Et la Fouine doubla le pas, et dépassa le fermier et sa bande.

Le père Jérôme arriva bientôt aux premières maisons de Laneuville.

L'église était tout au bout du village, mais le cabaret était à l'entrée, juste en face du bâtiment de la gendarmerie.

Le cabaret, unique dans le pays, car il y avait le café, tenu au relai de la poste, par Bridal, avait pour enseigne : *Au petit vin blanc d'Avallon.*

Les paysans seuls le fréquentaient; les demi-monsieur, les artisans, allaient au café de la Poste.

Le cabaret était le rendez-vous des fermiers, des marchands de porcs et de bœufs, des valets de ferme, qui cherchaient à changer de condition.

Il était tenu par une femme qui avait une mauvaise réputation, la Bilin, mais qui passait pour faire crédit; aussi, la pratique abondait.

En passant, le père Jérôme jeta un coup d'œil à travers les carreaux sales de la croisée qui donnait sur la rue. Le cabaret était plein de monde.

Au milieu, il y avait une table couverte d'un tapis graisseux, à laquelle étaient assis quatre personnes qui jouaient à l'impériale avec des cartes qui avaient dix années de service.

Le père Jérôme reconnut dans deux des joueurs le vieux Leloup et un de ses fils.

L'autre, le mari de la Fouine, était debout, sous le manteau de la cheminée, fumant sa pipe.

La Fouine était attablée dans un coin avec la Bilin, et buvait fort gaillardement la chopine de vin blanc.

Quelques paysans étaient groupés çà et là, derrière les joueurs, et le plus grand calme, chose rare, régnait dans le cabaret.

Mais le père Jérôme eut bientôt l'explication de ce bon ordre qui régnait dans l'établissement.

Un gendarme était assis au coin du feu et causait paisiblement avec un fermier.

Les gendarmes ne mettaient pourtant le pied dans le cabaret que pour intervenir dans quelque querelle.

— Voilà qui est drôle? pensa le fermier.

Et il continua son chemin vers l'église où les femmes et le petit pâtre étaient déjà entrés.

La messe fut longue; il était deux heures du matin quand on en sortit.

La Marianne disait :

— J'ai méfiance de ces brigands de loups; faut nous en retourner.

Jérôme répondit :

Les trois loups et la Fouine étaient au cabaret de la Bilin; ils doivent y être encore.

En effet, Jérôme ne se trompait pas.

Seulement, cette fois, au lieu de regarder à travers les vitres, il entra.

Le cabaret était toujours plein de monde; les Leloup jouaient aux cartes, la Fouine se laissait lutiner par tout le monde, et le gendarme avait été rejoint par son camarade.

— Eh bien! dit le père Jérôme, personne ne s'en vient donc avec nous?

Le vieux Leloup le regarda :

— Ma foi, voisin dit-il, le temps est dur dehors; c'est fête demain, autant vaut rester au chaud.

Jérôme but une goutte d'eau-de-vie, rejoignit les femmes et le pâtre, et la petite caravane continua son chemin vers la Combette.

XXXIII

— Je voudrais bien savoir ce que font les gendarme chez la Bilin, dit le petit pâtre.

— Je m'en doute, répondit Jérôme.

— Ah! fit Jean Blanc.

— Les gendarmes sont tout nouveaux, comme tu sais ; ils se mettent dans l'esprit le visage de chacun.

— Vous croyez que c'est ça, notre maître ?

— Ensuite, continua le fermier, ils savent aussi bien que nous que le vin délie la langue.

— Ça, c'est vrai.

— Et ils espèrent que quelqu'un lâchera un mot touchant Jean Lapin qu'ils cherchent.

— Fameusement raisonné, tout de même ! murmura le petit pâtre.

La Marianne marchait en tête de la troupe et paraissait avoir des ailes.

— Je ne serai tranquille, disait-elle, que lorsque j'aurai trouvé monsieur dormant paisiblement dans son lit.

Il y avait bien une heure de marche de Laneuville à la Combette. Aussi était-il plus de trois heures lorsque le fermier et ses gens arrivèrent à la porte de la basse-cour.

— Hé ? Maubert ? cria la Marianne.

Maubert ne répondit pas.

— Le vaurien ! dit-elle ; il aura pourtant fallu qu'il aille aux Roussettes.

Elle frappa deux fois et n'obtint pas de réponse.

— Passez par la ferme, Marianne, dit le père Jérôme.

La ferme communiquait par une porte avec la cour de la Combette.

— Ne faisons pas de bruit, dit encore la Marianne, il ne faut pas réveiller monsieur.

— Les chiens ne disent rien, observa Jean Blanc.

— Imbécile ! répondit Jérôme, ils nous auront reconnus.

Et il entra dans la basse-cour de la ferme où tout était dans le même ordre qu'à son départ.

La Marianne courut à la porte de communication.

— Hé ! Maubert ? gredin ! ivrogne ! répéta-t-elle.

Maubert ne pouvait répondre : il était à la ferme des Roussettes.

La Marianne entra dans la cour.

— Mais où donc sont les chiens? fit-elle.

Jérôme la suivait.

— Hé! Jupiter! ici, Vénus! appela-t-elle.

Puis elle se heurta à quelque chose de flasque et de résistant tout à la fois, qui la fit trébucher.

— Seigneur Dieu! exclama-t-elle, c'est la Vénus!... et elle est morte!

Au cri de la Marianne, le père Jérôme accourut.

Puis la fermière et aussi le petit pâtre Jean Blanc.

Il faisait clair de lune.

Marianne regardait d'un œil stupide le cadavre de la chienne.

Comment était-elle morte?

Le fermier la palpa en tous sens ; elle n'avait aucune blessure apparente et pas de sang autour d'elle ni sur elle.

— Seigneur Dieu! s'écria la servante, il est arrivé un malheur... Jupiter! où est Jupiter?

On entendit alors un gémissement plaintif dans un coin de la cour.

Le petit pâtre se dirigea vers l'endroit d'où il partait et vit, non point Jupiter, mais Barbouillot, le gros basset, qui se traînait péniblement sur le sol.

Le petit pâtre voulut le prendre dans ses bras et se trouva aussitôt inondé de sang.

— Ah! dit-il, on a voulu tuer le pauvre chien...

En effet, Barbouillot avait reçu à travers le corps un coup de fourche qui avait mis à nu ses entrailles.

Pendant ce temps, la Marianne retrouvait à dix pas de celui de la chienne le corps roidi de l'autre chien.

Il y eut alors parmi ces deux hommes et ces deux femmes un moment d'épouvante suprême.

Ils se regardèrent avec stupeur, évitant de se communiquer leur impression de mutuelle horreur.

— On a assassiné monsieur! s'écria enfin la Marianne, et peut-être avec lui mon pauvre Maubert.

Et elle courut vers la porte de la maison.

Mais Jérôme l'atteignit un peu avant et lui prit le bras.

— Êtes-vous folle? dit-il.

— Et pourquoi, donc serais-je folle? exclama-t-elle avec une explosion de douleur.

— Parce que, si vous dites vrai, les assassins sont encore dans la maison, et qu'ils nous feront un mauvais parti.

— Maubert! Maubert! criait la Marianne affolée.

Mais les gémissements du basset lui répondaient seuls.

— Maître, dit le petit pâtre, qui était courageux, je vas chercher les fusils.

La fermière s'était prudemment placée derrière son mari. Le père Jérôme n'osait ni avancer ni reculer.

Jean Blanc revint avec une lanterne et deux fusils.

Jérôme hésitait à prendre une de ces armes.

— Faut être prudent, répétait-il.

Mais la Marianne s'empara du fusil.

— Viens, dit-elle à Jean Blanc.

Et repoussant le fermier qui essayait de la retenir encore, elle mit bravement son passe-partout dans la porte d'entrée, car cette porte était fermée, et évidemment s'il était entré des malfaiteurs dans la maison, de deux choses l'une, ou ils avaient pénétré par une autre issue, ou ils s'étaient servis d'une fausse clef et avaient refermé la porte.

Le petit Jean Blanc, son fusil armé, tenait la lanterne de la main gauche.

Tout à coup et comme elle pénétrait dans le vestibule, la Marianne s'arrêta encore.

— Du sang ! dit-elle.

Il y avait en effet des traces de sang sur les murs qui étaient blanchis à la chaux.

Un silence de mort régnait dans la maison.

Soudain Jean Blanc, qui marchait le premier, jeta un cri d'horreur.

Il venait d'atteindre l'escalier qui du vestibule montait à l'étage supérieur.

Et sur la première marche de cet escalier était un cadavre, un cadavre à demi nu, horriblement défiguré, le visage couturé de blessures épouvantables et le crâne brisé d'un coup de hache.

Ce cadavre, c'était celui de l'infortuné propriétaire de la Combette, de M. Jalouzet.

Tout autour de lui, il y avait les traces d'une lutte qui avait dû être terrible.

Le vieillard tenait encore un fusil dans ses mains crispées.

Il le tenait par le canon, preuve qu'après avoir fait feu sur ses assassins, il s'en était servi comme d'une massue.

Au bout du vestibule était la porte du potager.

Celle-là était ouverte.

C'était par là que les assassins étaient entrés, par là sans doute qu'ils avaient pris la fuite.

— Maubert ! Maubert ! répétait la Marianne d'une voix éteinte, où es-tu ?

Elle s'était élancée vers la cuisine, avec l'affreux pressentiment qu'elle allait y trouver son mari égorgé.

Mais Maubert n'y était pas ; tout même y était en ordre et semblait témoigner que les assassins avaient dédaigné d'y pénétrer.

Le père Jérôme, revenu de sa terreur première, s'était hasardé à suivre la Marianne et Jean Blanc dans la maison.

La Marianne criait et pleurait; les dents du petit pâtre claquaient.

Le père Jérôme vit le cadavre de son maître et prit la fuite; mais quand il fut dans la cour, il se ravisa.

— Je vais chercher les gendarmes, cria-t-il.

Et il prit sa course vers Laneuville, criant plus fort encore que la Marianne.

A deux portées de fusil de la Combette, il rencontra des gens qui s'en revenaient de la messe; c'étaient les fermiers du val de Niolly, une ferme isolée au milieu des bois.

Ces gens-là étaient trois et tous armés de fusil, le fils et les deux beaux-frères.

Ils écoutèrent tout frémissants le récit du vieux Jérôme, et le plus jeune lui dit :

— J'ai bonnes jambes, j'arriverai avant vous à Laneuville.

Le père Jérôme rebroussa donc chemin avec les deux autres et revint à la Combette.

Alors, se sentant soutenu, et en attendant l'arrivée des gendarmes, le fermier proposa bravement de visiter la maison.

La Marianne avait le délire, et son énergie avait fait place à une sorte de prostration.

Le petit Jean Blanc, seul, conservait toute sa présence d'esprit.

Quant à la fermière, elle était allée s'enfermer dans le grenier à fourrage.

Les gens du val de Niolly étaient courageux.

Ils visitèrent bravement la maison.

Partout les traces de la lutte sans merci qu'avait soutenue le malheureux vieillard.

Meubles renversés, portes brisées, du sang partout.

Il s'était sans doute éveillé en sursaut et s'était levé pour aller au devant des voleurs.

Car c'étaient des voleurs, on n'en pouvait douter en voyant les tiroirs du secrétaire forcés.

M. Jalouzet avait touché quelques jours auparavant une somme considérable en or, prix d'une coupe de bois, quelque chose comme quarante mille francs.

La Marianne, hébétée, continuait à répéter :

— Maubert ? où est Maubert ?

Les gendarmes arrivèrent au grand galop, suivis du juge de paix.

Le jour commençait à poindre, et les fermiers du val de Niolly avaient constaté facilement que les assassins étaient sortis par le potager et avaient gagné le bois.

Le fusil du vieillard était déchargé des deux canons, preuve qu'il avait fait feu deux fois.

Dans le potager, il y avait un reste de neige, et sur cette neige des gouttes de sang.

L'un des meurtriers était donc blessé.

Au premier étage, il y avait un grand salon qu'il fallait traverser pour arriver à la chambre à coucher de M. Jalouzet.

En face des croisées était une glace, et cette glace avait été brisée d'un coup de hache.

Pourquoi ?

Le juge de paix, le brigadier, les fermiers eux-mêmes se posaient cette question sans la résoudre.

Les uns voulaient que la victime eût esquivé un premier coup qui serait allé frapper la glace.

Les autres disaient que sans doute les assassins avaient pris la glace pour une porte vitrée.

Alors le gendarme Nicolas Sautereau, notre ancienne connaissance, prit la parole à son tour.

— Ce n'est pas cela, dit-il.

— Qu'est-ce donc ? demanda le juge de paix un peu piqué.

— Nicolas montra l'une des fenêtres qui était encore ouverte.

— Cette nuit, dit-il, il faisait clair de lune.

— Oui.

— Il a dû venir un moment où les rayons de lune ont dû frapper directement la glace.

— Eh bien ?

— L'un des assassins, celui qui était armé de la hache, poursuivit Nicolas, sera entré ici, à ce moment-là. Il aura marché droit devant lui, se sera aperçu dans la glace sans se reconnaître, et, croyant avoir affaire à un ennemi, il aura déchargé un coup de hache sur le défenseur imaginaire du pauvre vieillard.

Ceci était tellement logique que tout le monde se rangea à l'avis de Nicolas.

On avait transporté le cadavre sur son lit, et dix à douze personnes, outre la justice, se trouvaient dans la chambre, car plusieurs habitants de Laneuville avaient, en apprenant la sinistre nouvelle, suivi les gendarmes.

Le nom de Jean Lapin circulait dans la foule.

Quelques-uns y mêlaient celui des Leloup.

Mais le père Jérôme dit :

— Ce ne peut pas être eux qui ont fait le coup. Ils sont à Laneuville depuis hier soir.

— C'est vrai ! répétèrent plusieurs personnes qui avaient vu la famille mal famée établie tout entière dans le cabaret de la Bilin.

Le juge de paix était un homme jeune et intelligent. Tout lui prouvait que les assassins étaient au moins deux ; il fit sur-le-champ ce raisonnement au brigadier de gendarmerie :

— Jean Lapin n'a d'autres accointances dans le pays

que les Leloup. Si les Leloup sont étrangers au crime, Jean Lapin n'est pas le coupable, il faut chercher ailleurs.

En ce moment Maubert arriva.

Le garde-chasse apprit avec stupeur ce qui s'était passé, et il vint se jeter tout en pleurs sur le corps de son maître, en s'accusant d'avoir causé sa mort.

La Marianne était comme folle.

Cependant il ne suffisait pas de constater le crime, il fallait rechercher les assassins.

Le brigadier parlait de faire une battue dans les bois environnants.

Mais Nicolas Sautereau le prit à part :

Mon brigadier, dit-il, je désirerais vous dire deux mots en particulier.

— Parlez, dit le brigadier à qui on avait recommandé Nicolas comme un homme intelligent et résolu.

— Au lieu de battre les bois, dit-il, si vous voulez me laisser faire, nous tiendrons les assassins avant demain.

Le brigadier le regarda avec étonnement.

— J'ai mon idée, ajouta Nicolas.

XXXIV

— Voyons, camarade, expliquez-vous, dit le brigadier.

Nicolas avait attiré son chef dans l'embrasure de la croisée, et il parlait assez bas pour que nul ne pût entendre ce qu'il allait lui dire.

— Écoutez, brigadier, dit-il, vous m'avez envoyé cette nuit chez la Bilin ?

— Oui

— Avec l'espoir que nous entendrions, mon camarade et moi, quelques mots sur Jean Lapin, l'assassin du courrier.

— Eh bien ?

— Les Leloup, que j'ai suivis constamment des yeux, sont venus avec affectation, dès dix heures du soir, et ils se sont mis à jouer. On m'avait dit qu'ils étaient querelleurs, mais ils se sont conduits fort paisiblement.

Leur femme, la Fouine, comme on l'appelle, est arrivée un peu avant minuit.

Elle avait un panier au bras.

Ce panier était vide.

Je l'ai surprise échangeant un regard d'intelligence avec ses hommes, et, dès lors, j'ai cru comprendre qu'ils n'étaient venus les uns et les autres que pour bien établir un alibi.

Vers une heure du matin, il y a une personne qui a dit : « Jamais je n'ai vu le temps si dur, et il fait bon être dans son lit. »

Un autre a répondu :

« Si Jean Lapin est dans les bois, il ne doit pas avoir chaud. »

La Fouine et le vieux se sont regardés, et il m'a semblé que le vieux souriait.

— Eh bien ! dit le brigadier, quelle conclusion tirez-vous de cela ?

— J'en conclus, répondit Nicolas, que très-certainement les Leloup avaient connaissance du crime qui allait avoir lieu.

— Vous croyez ?

11

— Et que s'ils ne sont pas matériellement complices, ils le sont moralement.

— Et vous soupçonnez Jean Lapin?

— Oui, dit Nicolas avec conviction.

— Mais il n'était pas seul. Qui donc l'a aidé?

— Voilà ce que nous saurons, si vous voulez vous fier à moi. J'ai vécu avec les Arabes, j'ai été prisonnier chez eux, et les Arabes sont merveilleux quand il s'agit de découvrir un voleur ou un assassin.

Tandis que le brigadier et Nicolas causaient ainsi, le juge de paix et son greffier continuaient leur enquête.

La situation venait de se compliquer singulièrement par l'arrivée de Maubert.

De l'aveu de Jérôme le fermier, et de la Marianne, Maubert avait été laissé dans la maison.

Maubert affirmait avoir passé la veillée à la ferme des Roussettes, et Maubert passait dans le pays pour un très-honnète homme, attaché à son maître.

Mais les apparences semblaient le rendre complice de l'assassinat, et le juge de paix lui dit :

— Maubert, je suis obligé de vous mettre en état d'arrestation. Je ne doute pas que vous ne parveniez à prouver très-clairement votre innocence, mais la justice doit prendre toutes ses précautions.

Maubert était tellement anéanti qu'il n'opposa aucune résistance.

Mais la Marianne jeta de grands cris, attestant l'honnêteté de son mari et son dévouement au malheureux M. Jalouzet.

Pendant ce temps, Nicolas disait tout bas au brigadier :

— Cet homme, j'en suis aussi convaincu que tout le monde, est innocent; mais le juge de paix a raison de le faire arrêter.

— Pourquoi? demanda le brigadier qui était loin d'avoir l'intelligence de Nicolas.

— Parce que l'arrestation de cet homme va donner une certaine sécurité aux véritables assassins, et nous permettra de les rechercher sans leur donner l'éveil.

— Vous avez raison, dit le brigadier.

Pendant ce temps, la Marianne se lamentait et disait :

— Il n'y a que les loups qui aient pu faire le coup.

— Taisez-vous, femme, répondit Nicolas, les gens que vous accusez n'ont pas quitté Laneuville.

Il dit deux mots au juge de paix qui donna l'ordre d'évacuer la chambre où l'on avait porté le cadavre.

Puis le brigadier et l'autre gendarme se chargèrent d'emmener Maubert à la prison.

Nicolas et le nouveau garde-champêtre demeurèrent à la Combette.

La Marianne, tout en larmes, se jeta au cou de son mari.

— N'aie donc pas peur, femme, lui dit Maubert, est-ce que les gens des Roussettes ne sont pas là pour dire que j'ai passé la nuit avec eux?

Le calme de Maubert était dû à un mot que Nicolas lui avait glissé à l'oreille :

— Laissez-vous arrêter, lui avait-il dit, c'est le seul moyen de pincer Jean Lapin et ses complices.

Mais la Marianne qui n'avait rien entendu eut une nouvelle explosion de douleurs, quand elle vit qu'on emmenait son mari.

— Il est innocent! criait-elle, c'est les loups qui ont fait le coup. Oh! les brigands!...

Le juge de paix se retira et donna l'ordre d'évacuer la ferme et la maison.

Il y avait bien une trentaine de personnes.

Les uns, car Nicolas et le garde champêtre fermèrent les portes, restèrent au dehors.

Les autres suivirent le juge de paix, son greffier et les deux gendarmes qui emmenèrent le prisonnier.

Le père Jérôme et le petit pâtre étaient demeurés dans la maison avec la Marianne.

La Marianne interpella tout à coup Jean Blanc :

— Ah! lui dit-elle, tu as pourtant dit que lorsqu'il faudrait parler tu parlerais.

— Ça c'est vrai, dit Jean Blanc.

Nicolas l'entendit :

— Hé! que peux-tu avoir à dire, lui demanda-t-il?

— Je n'ai pas peur, moi, reprit Jean Blanc, je dirai tout.

— Que diras-tu?

— Je sais où pourrissent les os du toucheur de bœufs.

— Ah!

— Les gendarmes les auraient trouvés, s'ils m'avaient emmené...

— Eh bien, je t'emmènerai, moi, lui dit Nicolas.

Le garde champêtre et Jérôme écoutèrent avidement; mais ils furent déçus dans leur attente.

Nicolas s'enferma avec Jean Blanc dans une pièce attenante à celle où était le cadavre, et il lui dit :

— Parle, maintenant, mon garçon.

— C'est toute une histoire, répondit le pâtre.

— Ça ne fait rien, dis toujours.

— Les Leloup ont une cachette à *la Fringale* et le bon Dieu lui-même ne la trouverait pas s'il se faisait gendarme.

— Comment l'as-tu donc trouvée, toi?

— C'est que j'ai couché une nuit à la Fringale, je m'étais perdu dans les bois et il neigeait fort; je rencontrai Jean Lapin qui venait de tuer un sanglier de près de trois cents.

— Petiot, me dit-il, si tu veux me donner un coup de main pour porter ce cadet-là jusqu'à la Fringale, je te donnerai une pièce de trente sous.

— Je veux bien, répondis-je, si on veut me donner une assiette de soupe et une botte de paille à la Fringale.

— Ça va, me dit-il.

Nous passâmes une corde aux quatre jambes du ragot que nous réunîmes ensemble ; puis le fusil de Jean sous les cordes. Il plaça le canon sur son épaule et la crosse sur la mienne, et nous portâmes ainsi le sanglier.

Les Loups étaient contents ; on me fit souper et coucher. Mais j'étais curieux, moi, comme bien vous pensez, et, en place de dormir sur ma botte de paille, dans un coin de la cuisine, je fis semblant de ronfler et j'écoutai tout ce qu'ils disaient.

— Faut se méfier ! disait la Fouine. Les gardes ont l'œil sur toi, Jean.

— Et la corde, pourquoi donc qu'elle est faite ?

— Ah ! c'est vrai, dit la Fouine.

Le vieux Loup se mit à rire.

— Après ça, dit-il, quand nous irons y chercher le sanglier, peut-être bien qu'il lui manquera un jambon. Le toucheur de bœufs a peut-être faim.

Je frissonnai à ces mots, qui arrivèrent distinctement à mon oreille.

— Taisez-vous, père, dit la Fouine. Vous oubliez ce gars qui dort là.

— Et il fait bien de dormir, dit Jean Lapin, car je l'aurais bientôt assommé s'il s'éveillait mal à propos. Vous pensez bien, acheva Jean Blanc, que je n'ai pas ouvert l'œil jusqu'au matin.

— Et c'est là tout ce que tu sais ?

— Oui.

— C'est bon, dit Nicolas, on en tirera profit. Ce soir, tu viendras avec moi.

— Où donc ça?

— A la Fringale.

Tout en soutenant qu'il était brave, Jean Blanc ne put se défendre d'un léger frisson.

Nicolas prit une feuille de papier et écrivit :

« Monsieur le juge de paix,

» Je crois être sur la trace des véritables assassins; mais il est nécessaire de laisser peser les soupçons sur le garde-chasse Maubert.

» Ce soir, à la nuit, je donne rendez-vous au brigadier et au gendarme Martin, dans le bois qui touche à la Combette.

» Ils feront bien de se déguiser.

» Vous ferez bien de mettre en état d'arrestation, jusqu'à ce soir, le jeune homme qui vous portera cette lettre, de façon qu'il ne communique avec personne.

» Ce soir, vous le confierez au brigadier.

» Votre serviteur,

» NICOLAS, *gendarme.* »

Cette lettre écrite, Nicolas la remit à Jean Blanc, qui se rendit à Laneuville sans se douter qu'il passerait la journée en prison.

XXXV

La journée s'était écoulée pour le bourg de Laneuville et les environs dans une agitation extrême.

L'assassinat du malheureux vieillard avait jeté l'épouvante et la stupeur dans tout le pays.

Le nom du braconnier Jean Lapin était dans toutes les bouches.

Mais il était avéré qu'il avait un complice.

Et ce complice, quel était-il?

On avait vu les Leloup à Laneuville durant toute la nuit.

Au petit jour ils s'y trouvaient encore, et le vieux avait donné le spectacle d'un homme en proie à la plus dégoûtante ivresse.

Les soupçons ne pouvaient donc s'arrêter un seul instant sur eux, malgré leur déplorable réputation.

Les hommes feignaient l'ivresse ou étaient réellement ivres.

La Fouine allait et venait par les groupes qui s'étaient formés dans le pays, et dans lesquels on s'entretenait de l'assassinat de M. Jalouzet.

Elle recueillait l'impression générale, et, quand on la voyait, des murmures se faisaient entendre, car personne n'ignorait ses relations coupables avec Jean Lapin.

Ce ne fut que vers le soir que les Loups, comme on les

appelait familièrement, s'en retournèrent à la Fringale, et, vers huit heures, on les eût retrouvés au coin du feu de la ferme, devisant fort tranquillement.

Deux hôtes étaient avec eux; ces hôtes, on le devine, n'étaient autres que Jean Lapin et son nouvel ami le forçat évadé.

La Fouine disait en riant :

— T'as rudement de la chance, mon pauvre Lapin, c'est le Maubert qu'on a arrêté.

— Oui, disait Jean Lapin, mais on dit partout, n'est-ce pas, que je suis un de ceux qui ont fait le coup?

— Ça, c'est vrai, on le dit, mais si tu es bien sage, on le dira pour des prunes. La cachette que tu sais est bonne.

— Je ne dis pas non, répondit Jean Lapin, mais faudra-t-il y rester longtemps?

— Au moins huit ou dix jours, mon Lapin.

— La Fouine a raison, reprit le vieux Loup. Les magistrats sont à Laneuville, ils font leur enquête; ils en ont pour trois ou quatre jours. On parlait ce matin de faire venir un bataillon de troupe.

— Pourquoi faire?

— Pour battre tous les bois des environs. Pour sûr, la justice viendra ici.

— On y est habitué, dit la Fouine, mais on s'en moque. Quand les gendarmes trouveront la cuve, ils auront le nez creux.

— On n'y est pas mal à l'étroit, par exemple, reprit Jean Lapin.

— C'est vrai, mais tu as un bon matelas, ricana le vieux Loup.

— Est-ce que vous voulez parler des os du toucheur de bœufs? ricana Jean Lapin.

— Non, des cinquante mille francs que vous avez emportés de la Combette.

— Avec ça, dit la Fouine en riant, on peut vivre honnête homme le reste de ses jours.

— C'est mon intention, répliqua Jean Lapin, si la justice veut faire une croix sur le reste.

— Avec tout ça, reprit le vieillard, faut faire vos comptes.

— Quels comptes? demanda la Fouine avec un rire.

— Faut que chacun ait sa part.

— C'a, c'est juste, dit le forçat.

— Oui, dit la Fouine, mais il faut que Jean et monsieur aient le gros lot.

— Pourquoi donc ça?

— Mais damè! ils ont fait le coup, eux.

— Oui, mais c'est moi qui l'ai indiqué.

— Je ne dis pas non, dit Jean Lapin, je dois même convenir que je n'y pensais pas. Mais si nous sommes pris, ce n'est pas vous qu'on guillotinera, père Loup.

— Si vous êtes pris, nous le serons aussi.

— Comment ça?

— C'est qu'on découvrira la cachette de la cuve et dedans les os du toucheur.

— Vous avez raison, père. Mais enfin, faut faire un accord, dit la Fouine. Quand monsieur et Jean s'en iront, ils nous laisseront dix mille francs.

— C'est bien peu, fit l'âpre vieillard. J'en voudrais quinze.

— Va pour quinze, dit Jean Lapin.

Le forçat fit pareillement un signe de tête affirmatif.

Pendant cette conversation, le mari de la Fouine était monté sur le toit de la Fringale, son fusil à la main, et assis auprès du tuyau de la cheminée.

De ce poste d'observation, il pouvait tout voir, à un demi-kilomètre à la ronde, et signaler toute visite suspecte, en se penchant sur le tuyau et en faisant entendre un coup de sifflet.

La Fouine avait préparé le souper, et Jean Lapin avait annoncé qu'il avait un fort appétit.

On se mit à table.

— Pour dire la vraie vérité, dit alors la Fouine, en taillant le pain dans les assiettes, je n'ai peur ni du brigadier, ni du gendarme Martin, ni du garde champêtre qui est un *simplet* (idiot), ni même de tous les gens de justice.

— Et de qui donc as-tu peur, petite? demanda le vieux Leloup.

— J'ai peur de l'autre.

— Quel autre?

— Le troisième gendarme, Nicolas, comme on l'appelle. Il a un physique qui ne me revient pas. Ce matin, il m'a dévisagée d'un regard que j'en ai eu froid dans le dos.

— Bah! fit le vieux, il n'est pas plus malin que les autres.

— C'est égal, dit la Fouine, il *marque* mal pour moi.

— Avec tout ça, reprit le vieux Loup qui voulait distraire la Fouine de ses pressentiments, vous ne nous avez pas dit comment la chose est arrivée.

— Ah! voilà, dit Jean, on ne pense jamais à tout. Fouinette a bien empoisonné les deux chiens de garde, mais elle a oublié le basset.

— Je ne l'ai pas vu, dit la Fouine; sans cela il aurait eu sa part de gâteau.

— Il a manqué tout perdre, le gredin. Nous sommes entrés par la cour, en escaladant le mur. Il faisait clair de lune.

— J'étais monté le premier; je vois la chienne qui était crevée; je dis au camarade : « Passe-moi la hache. » Il me la passe. Je saute dans la cour; le camarade me suit. Tout à coup le basset se met à hurler.

Je cours sur lui pour le faire taire ; mais il hurle plus fort.

Un moment, nous avons eu envie, le camarade et moi, de nous en retourner.

Mais le basset arriva sur nous, je lui assène un coup de hache et il roule tout sanglant sur le sol.

— Son compte est bon ! dis-je.

Et nous entrons dans la maison par la fenêtre du cellier qu'on laisse ouverte pour laisser prendre l'air aux fromages.

Mais le basset avait éveillé le vieux.

Comme nous montions l'escalier une balle siffla.

Le camarade se mit à crier ; il était blessé à l'épaule.

Je monte toujours ; le vieux qui était en haut de l'escalier tire sur nous son second coup.

Instinctivement j'ai baissé la tête. Sans cela j'étais mort.

Alors ça n'a pas été long, vous pensez bien, quoiqu'il se soit joliment défendu avec son fusil qu'il avait pris par le canon.

En dix minutes nous l'avons expédié à coups de hache. Alors il ne fallait pas perdre de temps, nous sommes montés dans la chambre et nous avons forcé le secrétaire.

Mais voilà que tandis que nous nous en revenions, nous traversons une grande salle ; tout à coup il me semble que je vois un homme qui vient sur moi ; je laisse tomber les sacs d'écus, je lève ma hache et je frappe...

J'avais brisé une glace dans laquelle je m'étais aperçu au clair de lune, sans me reconnaître.

Et voilà l'histoire ! acheva Jean Lapin en se versant un verre de vin avec une effrayante tranquillité.

— C'est un fier homme, mon Lapin ! dit la Fouine avec un sentiment d'orgueil.

— Oui, repondit le meurtrier, mais faut savoir comment ça finira.

— Quand on nous aura bien cherchés, dit le forçat, nous filerons. Bah! dit-il en souriant, je suis venu de Rochefort en poussant une brouette devant moi; nous aurons du malheur si nous ne gagnons pas du pays.

La Fouine se mit à pleurer.

— Ça fait, dit-elle, que je ne te verrai plus.

— A savoir, dit Jean Lapin : j'ai idée de gagner la Belgique ou le Luxembourg. Là on est tranquille avec de l'argent.

— Et j'irai te rejoindre, fit la Fouine avec joie.

— Vous viendrez tous, pardine, répondit Jean Lapin avec un sourire aimable à l'adresse du vieux. Mais, ajouta-t-il, je n'ai pas idée tout de même que ça se réalisera.

— Et pourquoi donc?

Jean Lapin eut un geste atroce, celui de se couper le cou.

— J'ai des pressentiments, dit-il.

— Moi pas, dit le vieux, tout ira bien.

— En attendant, reprit le forçat, fumons une pipe et puis nous irons nous coucher.

— Prenez garde, dit le hideux vieillard, de réveiller le toucheur de bœufs.

Mais comme il faisait cette cynique plaisanterie, un coup de sifflet se fit entendre dans le tuyau de la cheminée.

A ce bruit, le fils Leloup sauta sur son fusil.

— Allons! mes enfants, dit le vieux, faut descendre dans la cave.

— Venez vite! dit la Fouine.

Et elle souleva la trappe de la cave.

En même temps, au risque de s'asphyxier, le mari de la Fouine tomba au milieu du feu.

Il s'était laissé couler par le tuyau de la cheminée.

— Je crois bien que voilà les gendarmes, dit-il. Bien qu'ils n'aient pas d'uniforme, je les ai reconnus.

La Fouine et les deux assassins avaient déjà disparu.

XXXVI

Les gendarmes signalés par le mari de la Fouine étaient au complet et un homme les accompagnait.

C'était le petit pâtre.

Jean Blanc avait été fort étonné de se voir mettre en prison ; mais quand il y avait été, le brigadier était venu lui expliquer que son arrestation n'était qu'une mesure de prudence, ce qui l'avait grandement rassuré.

A l'heure indiquée, le brigadier et le gendarme Martin, accompagnés de Jean Blanc, s'étaient trouvés au rendez-vous donné par Nicolas.

La nuit était plus froide encore que la veille, et il n'y avait personne dans les champs.

La petite troupe s'était dirigée silencieusement à travers bois jusqu'à cette échancrure de terre au milieu de laquelle s'élevait la Fringale.

Cependant, avant de se montrer à la lisière du bois, les gendarmes avaient fait halte un moment.

L'œil perçant de Nicolas avait vu briller quelque chose sur le toit de la ferme.

C'était un rayon de la lune qui tombait d'aplomb sur le fusil du fils Leloup, placé en sentinelle sur le toit.

— Il y a donc une girouette sur la ferme ? fit le brigadier.

— Non, répondit Nicolas, il y a un homme qui fait le guet.

— Ah! ah! dit le brigadier, ce serait un joli coup de filet de pincer Jean Lapin.

— Vous ferez bien de glisser une balle dans vos carabines, dit encore Nicolas Sautereau. Si notre homme y est, comme je le suppose, il ne se rendra pas facilement.

— Vous ne le verrez toujours pas en entrant, dit le petit pâtre.

— Tu crois ?

— Oh! il sera dans la cuve.

— Je ne m'imagine pas, dit le brigadier naïvement, comment on peut cacher un homme dans une cuve sans qu'il s'y noie.

— A moins qu'il n'y ait pas de vin, dit l'autre gendarme.

— Marchons toujours, reprit Nicolas, nous verrons bien.

Ce fut en ce moment que les gendarmes se montrèrent et que le fils Leloup, les apercevant, fit entendre son coup de sifflet.

— A présent, commanda le brigadier, pas gymnastique! Il ne faut pas que le drôle ait le temps de filer.

Et on se mit en marche vers la Fringale.

Dix minutes après, Nicolas frappait à la porte.

Il entendit rire et causer à l'intérieur de la ferme. En même temps un chien aboya.

— Paix ! dit une voix.

Le chien se tut.

Puis on vint ouvrir.

Nicolas entra le premier.

La trappe de la cave avait été refermée, et les trois Leloup étaient à table, fort tranquillement.

La Fouine lavait la vaisselle.

— Bonsoir, la compagnie dit Nicolas.

— Tiens, fit le vieux, c'est des chasseurs.

— Hé, mon père, répondit la Fouine, vous avez donc la berlue que vous ne reconnaissez pas les gendarmes ?

— Excusez, dit le vieillard en saluant, mais d'habitude les gens de votre métier sont en uniforme.

Puis avisant Jean Blanc, qui avait les mains sous sa blouse :

— Tiens ! mais je connais ce particulier-là.

— Pardine ! reprit la Fouine, c'est le pâtre au fermier de la Combette, Jean Blanc, comme on l'appelle.

Jean Blanc avait sans doute sa leçon toute faite, car il se mit à geindre :

— Voilà-t-il pas, dit-il, que ces messieurs veulent que je sois coupable...

— Coupable de quoi ? demanda le vieux, qui offrait très-poliment des siéges aux gendarmes.

— De l'assassinat de M. Jalouzet...

— Ah ! fit le vieux.

Et il souleva la blouse de Jean Blanc à qui Nicolas avait mis les menottes et qui s'était laissé faire de fort bonne grâce.

Jean Blanc se mit à pleurer.

— Mais, dit la Fouine avec empressement et d'un ton mielleux, ces messieurs ne viennent certainement pas ici pour des prunes.

— Non, ma belle, dit le brigadier, galant à ses heures.

— Et je me doute bien pourquoi vous venez, moi, continua la Fouine.

— Ah ! vraiment ? fit Nicolas.

Et il prit la chaise que le vieux Loup s'obstinait à lui offrir; il s'assit dessus, mais tout près de la porte, de façon qu'il n'aurait eu qu'à se lever, si quelqu'un avait voulu sortir, pour lui barrer le passage.

— Si ces messieurs veulent causer, dit le vieux, toujours obséquieux, ils causeront bien mieux, en buvant un verre de vin.

— Ce n'est pas de refus, dit le brigadier.

— Hé, fillette, reprit le vieux Loup, descends donc à la cave et tire-nous du meilleur.

— Allez-y donc vous, père, répliqua la Fouine, vous savez mieux que moi où est la bonne cuvée.

— Comme tu voudras, dit le vieux.

Le brigadier et les deux gendarmes paraissaient en belle humeur. Jean Blanc pleurnichait.

— Oui, mes bons messieurs, dit la Fouine, je sais pourquoi vous venez, et je vais vous le dire en deux mots : on a assassiné le pauvre M. Jalouzet, c'est un grand malheur pour lui ; mais c'est fièrement heureux pour nous, vu les calomnies qu'on débite sur notre compte, que nous ayons passé la nuit à Laneuville. Sans ça, on nous mettait la chose sur le dos.

— Oh ! ma belle, dit le paterne brigadier, on ne vous accuse pas, soyez tranquilles.

— Je le sais bien, reprit la Fouine, mais on n'est pas sans savoir ce qui se dit.

— Voyez-vous ça !

— Et on accuse ce malheureux Jean Lapin, un pauvre diable de braconnier, à qui l'on a déjà mis sur la conscience l'histoire du courrier. C'est possible qu'il soit coupable, comme il est possible aussi qu'il ne le soit pas. Mais on dit tant de mal de nous dans le pays, parce que les hommes ne sont pas d'ici et que je suis, moi, une pauvre fille de l'hospice, qu'on a prétendu que Jean Lapin me courtisait, comme si vraiment je n'avais pas mon homme.

Et pour donner plus de poids à sa défense la Fouine embrassa son mari.

Puis elle poursuivit :

— Alors, la chose est toute simple, Jean Lapin est poursuivi. Tout le monde dit : « C'est les Leloup qui le cachent, » et on vient faire une perquisition à la Fringale. C'est-y vrai, ça, mes bons messieurs ?

— C'est vrai, dit le brigadier.

— Eh bien, dit la Fouine, faut pas vous gêner ; la maison est à vous depuis la cave jusqu'au grenier.

Et elle se mit à rire.

Le vieux remonta avec un broc de vin.

— Faut-il être malheureux tout de même, grognait la Fouine, d'être suspects comme ça dans un pays, sans avoir jamais fait de mal à personne ; nous travaillons du premier de l'an à la Saint-Silvestre, nous avons bien du mal à joindre les deux bouts et on dit que nous sommes des voleurs, des gens de sac et de corde, que sais-je ?

Le petit Jean Blanc, qui continuait à pleurnicher, dit :

— C'est rapport au toucheur de bœufs.

— O seigneur Dieu ! exclama la Fouine, je sais bien que c'est rapport à lui, le pauvre homme, mais que nous mourions tous à l'instant s'il n'est pas parti dès le petit jour, et avec son argent, même qu'il nous a donné quarante sous pour son lit et son souper !

Tout en parlant, elle remplissait les verres, et le brigadier buvait en disant d'un air paterne :

— Il faut bien que vous soyez innocents, puisque la justice vous a laissés tranquilles ; aussi n'est-ce point pour cela que nous sommes venus.

— Allez ! allez ! dit le vieux, vous pouvez chercher, vous ne trouverez pas plus le Lapin qu'on n'a trouvé le toucheur de bœufs.

— Il ne faut pas nous en vouloir, reprit le brigadier, mais il est nécessaire que nous fassions notre devoir.

— Allez ! allez ! dit à son tour la Fouine, faites ce que vous voudrez.

— Mon camarade et moi, continua le brigadier, nous allons visiter la maison.

— Comme vous voudrez.

— Et notre autre camarade restera ici ; il faut que personne ne sorte.

Nicolas restait près de la porte et ne quittait pas la Fouine des yeux.

Le brigadier semblait donner des ordres, mais il ne faisait en somme qu'exécuter le plan conçu par Nicolas.

Les trois hommes demeurèrent dans la cuisine de la ferme, sous la garde de Nicolas, qui avait posé une de ses mains sur l'épaule de Jean Blanc.

Le brigadier et le gendarme Martin se firent éclairer par la Fouine.

Ils montèrent à l'étage supérieur et parcoururent le grenier à foin et le grenier à blé. C'était une pauvre ferme que la Fringale, et elle n'avait qu'un seul corps de logis.

Les deux gendarmes fouillèrent les lits, les bottes de paille et jusqu'à un maigre tas de blé.

La Fouine riait sous cape de les voir mettre tant de conscience à leur besogne.

— Rien ! dit le brigadier en redescendant, je crois que nous ferons bien de nous en aller.

— Comme vous voudrez, dit Nicolas.

Puis, paraissant se raviser :

— Il y a encore la cave, dit-il. Allons donc y faire un tour.

La Fouine ouvrit complaisamment la trappe et s'arma d'une lanterne.

— Venez, brigadier, dit Nicolas. Le camarade restera ici, et quant à toi, petit drôle, viens avec nous.

— Pourquoi faire ? geignit le petit pâtre.

— Parce que tu es mon prisonnier et que je ne veux pas te perdre de vue.

La Fouine marchait devant.

Les deux gendarmes la suivirent par l'échelle de meunier qui servait d'escalier et la visite recommença.

Les futailles étaient vides pour la plupart.

— Rien encore! dit le brigadier.

— Bah! dit alors Nicolas! il y a la cuve.

— Nous sommes vendus! s'écria la Fouine.

Et elle jeta sa lanterne qui s'éteignit.

XXXVII

La minute qui suivit l'action bizarre de la Fouine est indescriptible.

Le brigadier et Nicolas se trouvèrent plongés dans les ténèbres, ainsi que le petit pâtre, que Nicolas n'avait fait descendre que pour qu'il indiquât le lieu de la cuve.

La Fouine avait crié : « Nous sommes vendus! »

Puis, après avoir jeté sa lanterne, elle s'était élancée vers l'échelle et, leste comme un chat, elle était remontée dans la cuisine de la ferme, poussant la trappe, qui se referma sur les deux gendarmes.

Au cri de la Fouine, le gendarme Martin, qui était resté en haut, s'était levé stupéfait.

Il n'avait pas entendu, lui, ce que disait la Fouine, mais le vieux et ses fils, toujours sur le qui-vive, avaient parfaitement compris.

En dix secondes, et avant qu'il eût eu le temps de tirer son sabre, le gendarme fut assailli et renversé par ces trois hommes, qui le terrassèrent, et le mirent hors d'état de se défendre.

La Fouine remontait.

— Bravo! les loups, dit-elle; cette fois ils y passeront tous.

Et tandis que les trois hommes maintenaient le gendarme sous leurs genoux, tandis que Nicolas et le brigadier, plongés dans les ténèbres, cherchaient l'échelle pour remonter, la Fouine, qui était une robuste créature, tira à elle la *mée* ou coffre à pétrir le pain et la plaça sur la trappe.

C'était un meuble assez lourd, tout en chêne, avec des pieds massifs, et qui devait opposer une résistance formidable, si les gendarmes, trouvant l'échelle, arrivaient à la trappe et tentaient de la soulever.

Puis elle prit une corde qui pendait sous le manteau de la cheminée et la jeta aux hommes :

— Voilà de quoi ficeler celui-ci, dit-elle.

En un tour de main, le malheureux gendarme fut lié pieds et poings et couché sur le dos.

Alors la Fouine se pencha sur la trappe et cria :

— A vous autres, Lapin !

Cela voulait dire :

— Sortez de votre cachette et tachez de démolir les gendarmes !

En même temps, elle sauta sur un fusil.

— Faut que j'en tue un moi-même, dit-elle.

Les loups comprenaient cette femme à demi-mots et lui obéissaient comme des esclaves.

Le vieux souleva la *mée* par un coin ; la Fouine introduisit le canon du fusil entre la trappe et le plancher et lâcha le coup.

Un cri monta des profondeurs de la cave.

— La petite a la main heureuse, dit le vieux, toujours flatteur.

Il y avait trois fusils dans la maison, autant de fusils que d'hommes.

Il en restait deux de chargés, et le gendarme Martin était dans l'impossibilité de faire un mouvement.

Le vieux poussa la *mée*, la Fouine souleva de nouveau la trappe et commanda le feu.

Quatre coups, car les fusils étaient doubles partirent à la fois.

— *A l'hasard!* dit la Fouine.

Un nouveau cri, un cri de douleur se fit entendre.

— Touché ! dit encore le vieux.

Puis on entendit un bruit semblable à un râle d'agonie, puis plus rien !...

— Je crois bien qu'ils sont tous morts, dit la Fouine.

— Allons voir !...

Et elle ouvrit la trappe toute grande.

Un silence funèbre régnait dans la cave.

Le vieux murmurait joyeusement :

— On voit bien que nous sommes des chasseurs de nuit, nous n'avons pas besoin d'y voir clair pour tirer juste.

La Fouine avait rallumé une lanterne et elle posait hardiment le pied sur la première marche de l'échelle.

— Et les autres qui ne sont pas sortis, dit-elle, sont-ils bêtes..

Un soupir monta des profondeurs de la cave.

— Tiens, dit un des fils Leloup, en voilà un qui achève de tourner de l'œil.

— Je crois que c'est le dernier, dit le mari de la Fouine.

— C'est égal, reprit le vieux, nous ferions bien de recharger les fusils.

— Vous avez toujours peur, vous, dit la Fouine, je me charge bien de les achever comme ça, moi.

Et elle s'arma d'un tranchet à couper le lard, arme formidable dans une main exercée.

. . . .

Maintenant que s'était-il passé dans la cave?

Sur le bâtiment en détresse, on a vu quelquefois le capitaine inexpérimenté céder le commandement à son second plus habile.

Au moment où la trappe était retombée, le brigadier s'écria :

— Nous sommes perdus !

— Silence ! dit Nicolas.

Et l'énergie avec laquelle il articula ce mot le fit aussitôt chef de subordonné qu'il était une seconde auparavant.

Nicolas avait deviné l'immensité du péril; mais heureusement, il en pouvait conjurer une partie.

Le petit Jean Blanc, auquel, en descendant, il avait prestement enlevé les menottes, lui avait, pendant le trajet du bois à la ferme, donné le secret de la cuve.

Ce secret était d'une formidable simplicité.

La cuve était en pierres; elle avait un double fond et deux robinets.

La partie supérieure était armée d'une soupape assez large pour laisser passer le corps d'un homme; la partie inférieure était une vaste cachette sans jour, mais qui prenait de l'air par le second robinet. On y pouvait vivre plusieurs heures de suite sans être asphyxié.

Quand on tournait le premier robinet, le vin coulait et la soupape ne jouait plus. Il était alors aussi impossible de sortir de la cachette que d'y entrer.

Le petit Jean Blanc, pendant la nuit qu'il avait passé à la Fringale, s'était traîné jusqu'à la trappe de la cave pendant qu'on faisait disparaitre le sanglier ; il avait compris le mécanisme d'autant mieux que le vieux, qui était bavard, s'était plu à en démontrer l'ingéniosité à ses fils et à Jean Lapin et s'était vanté d'en être l'inventeur.

Nicolas avait, lui aussi, parfaitement compris.

Aussi, à peine eut-il recommandé le silence au brigadier et à Jean Blanc, que tirant une allumette de sa poche il la frotta sur sa manche.

L'allumette brilla une seconde, mais ce fut assez ; elle permit à Nicolas de s'élancer vers la cuve et de tourner le robinet supérieur.

Soudain le vin coula à flots dans la partie supérieure et ferma la soupape.

Désormais, il était impossible à Jean Lapin et à son complice de sortir de leur ingénieuse retraite.

Au premier coup de fusil qui se fit entendre, Nicolas poussa le brigadier sous l'échelle et jeta un cri comme s'il avait été atteint.

Puis il y poussa Jean Blanc et s'y plaça lui-même, répétant tout bas :

— Silence !

Les quatre coups de fusil suivirent le premier.

Nicolas poussa un nouveau cri.

Puis il feignit de râler.

Et ce fut alors que n'entendant plus rien et persuadés que les gendarmes étaient morts, les fermiers et la Fouine s'étaient décidés à descendre.

Mais soudain l'échelle oscilla et se renversa avec sa grappe humaine.

C'était Nicolas qui, voyant la Fouine et les trois hommes dessus, l'avait renversée avec un vigoureux coup d'épaule.

La Fouine tomba la première et, comme tout à l'heure, la lampe s'éteignit.

En même temps, les deux fils Leloup furent saisis à la gorge et renversés.

La lutte fut terrible.

— A moi, père ! à moi ! criait la Fouine. Ah ! les bandits...

Nicolas était parvenu à la saisir, mais la furie le frappait avec son tranchet.

Le brigadier luttait avec les deux Leloup et le vieux.

Le petit Jean Blanc, qui sentait bien que si les gendarmes avaient le dessous c'en était fait de lui, accourait au secours de Nicolas.

Comme la trappe était restée ouverte, la clarté de la cuisine descendait faiblement dans la cave et l'obscurité n'était pas assez grande pour que les gendarmes et leurs agresseurs ne pussent se voir.

Nicolas avait reçu plusieurs coups de tranchet, mais il était parvenu à renverser la Fouine.

Quant aux Leloup, ils ne pouvaient plus se servir de leurs fusils déchargés que comme d'une massue.

Le brigadier avait fini par tirer son sabre ; mais ni lui, ni Nicolas n'avait jugé à propos de se servir de leurs carabines.

— Il nous les faut vivants, disait Nicolas.

Soudain un secours inespéré leur arriva.

Le gendarme Martin apparut à l'orifice de la trappe ; il avait brisé ses liens, il était libre.

Le brave soldat, pendant la bagarre, avait eu le stoïque courage de se traîner jusqu'au feu et d'y exposer ses mains liées à la flamme, sans pousser un cri, jusqu'à ce que les cordes calcinées se brisassent à la suite d'un violent effort.

Les mains libres, il avait dénoué les cordes qui lui attachaient les jambes.

Puis s'élançant vers la trappe :

— Me voilà, camarades ! s'écria-t-il.

— Des cordes, des cordes ! répondit Nicolas.

Martin lui jeta les siennes.

Puis il sauta dans la cave, et alors l'issue de la lutte ne fut plus douteuse.

Les gendarmes arrivèrent à se rendre maître des trois hommes et de cette furie qu'on appelait la Fouine.

Cette dernière avait fini par laisser échapper son terrible tranchet.

Le petit Jean Blanc avait fait très-bravement sa partie dans le combat.

Il était parvenu à terrasser le vieux et il le tenait encore sous son genou quand Martin sauta dans la cave. Mais comme on attachait la Fouine et que les gendarmes vainqueurs mettaient les menottes aux trois hommes, il leur arriva du secours, à eux aussi, et la bataille recommença.

XXXVIII.

Quel était ce secours qui arrivait aux fermiers de la Fringale et à la Fouine ?

Nous avons dit qu'une fois le vin lâché dans la partie supérieure de la cuve, la soupape qui permettait de pénétrer dans la cachette ne pouvait plus se soulever, du moins sans que celui qui tentait de la faire jouer ne fît de grands efforts et ne courût le risque de se noyer dans le vin.

La partie supérieure de la cuve était couverte par des planches que la Fouine avait soigneusement replacées après avoir fait cacher Jean Lapin et le forçat.

Ces derniers, fort à l'étroit dans leur retraite, se heurtant aux os du toucheur de bœufs, car depuis longtemps les chairs n'existaient plus, ces derniers, disons-nous, n'avaient d'abord entendu que des bruits confus.

— Les gendarmes jasent, disait Jean Lapin: Ne bougeons pas!

Quand la Fouine était, pour la première fois, descendue dans la cave et avait jeté un cri, Jean Lapin s'était pris à tressaillir.

L'air et la lumière lui arrivaient faiblement par le robinet, qui n'avait pas tout à fait la grosseur du bras; mais il pouvait, en collant son œil à l'intérieur, voir ce qui se passait dans la cave.

Au moment où la lumière s'était éteinte, Jean Lapin avait tout compris.

Mais il avait eu un moment d'hésitation, et Nicolas avait lâché le robinet.

— Bon! nous voilà pris, avait dit le braconnier; mais en même temps il avait entendu le coup de fusil de la Fouine, puis les quatre coups de feu des hommes et les cris de détresse poussés par Nicolas, et, comme la Fouine, comme les Leloup, il avait cru les gendarmes morts.

Le vin coulait toujours et remplissait peu à peu la partie supérieure de la cuve.

Mais lorsque la trappe se fut rouverte, lorsque l'échelle, secouée, eut jeté la Fouine et ses hommes dans la cave, quand, enfin, la lutte s'était engagée terrible et sans merci entre les gendarmes et les Loups, alors Jean Lapin n'avait plus conservé qu'un espoir, c'est que les fermiers seraient les plus forts.

Mais bientôt cet espoir s'évanouissant, il dit au forçat :

— Allons, camarade, il faut choisir : ou risquer de nous noyer, ou être pris tout vivants et sans pouvoir nous défendre.

Ce disant, il essaya de s'arc-bouter contre la soupape et de la soulever; mais le vin était lourd et la soupape résista.

Alors il prit cette hache avec laquelle il avait assassiné M. Jalouzet, et, dans les ténèbres, il se mit à briser le ressort de la soupape.

Soudain un flot de vin l'aveugla; mais il ne lâcha point la hache et parvint à monter dans la partie supérieure de la cuve.

Les cris de la Fouine et le tumulte qui s'était fait dans la cave avaient empêché les gendarmes d'entendre les coups de hache.

A demi asphyxiés, Jean Lapin, puis le forçat, arrivés l'un après l'autre dans la partie supérieure de la cuve, se trouvèrent n'avoir plus que du vin jusqu'aux aisselles.

Alors Jean Lapin fit voler les planches d'un coup d'épaule, et sauta dans la cave, sa terrible hache à la main.

Le forçat n'avait pas d'armes, mais il prit une planche et s'en fit une massue.

Les Loups étaient hors d'état de recommencer le combat, ils n'avaient plus les mains libres; mais la Fouine jeta un cri de triomphe :

— Frappe, Jean ! frappe, mon Lapin ! dit-elle.

Et, par un effort surhumain, elle parvint à délier ses mains et à se saisir de son redoutable tranchet.

Jean Lapin se jeta sur le brigadier et lui porta un coup de hache à lui fendre la tête.

Le brigadier esquiva le coup, et Jean Lapin, entraîné, fit un faux pas et tomba.

Mais alors un éclair brilla, et comme le braconnier se relevait, il fut atteint d'une balle en pleine poitrine.

C'était le gendarme Martin, qui avait enfin cru devoir faire usage de sa carabine.

— Ils ne m'auront pas vivante ! s'écriait la Fouine, qui s'était acculée entre deux futailles et faisait tournoyer son tranchet au-dessus de sa tête.

Soudain le forçat poussa un hurlement de bête fauve.

— Ah ! dit-il, c'est toi, Nicolas. Tu devais finir par être gendarme !

Et il se rua sur lui, avec sa pièce de bois, comme sur une muraille.

— Martinet ! exclama le gendarme.

Alors ces deux hommes se saisirent à bras le corps et luttèrent comme deux athlètes antiques.

— Il me faut ta vie ! disait Martinet.

Nicolas se défendait, mais il ne frappait pas.

Enfin, cette lutte fratricide eut un terme.

Le brigadier vint au secours de Nicolas et parvint à maîtriser le forcené.

En même temps, prenant sa carabine par le canon, le gendarme Martin abattait d'un coup de crosse le terrible tranchet de la Fouine, et le petit Jean Blanc se jetait sur elle.

Les trois Loups, réduits à l'impuissance, n'avaient cessé de vociférer ; mais force était restée à la loi.

Jean Lapin se tordait dans les dernières convulsions de l'agonie, et vomissait des blasphèmes, entremêlés de flots de sang.

— Je ne serai toujours pas guillotiné, moi, disait-il, j'ai mon compte! A bas les gendarmes!

Une fois le forçat et la Fouine solidement garrottés, les trois gendarmes et le petit Jean Blanc se regardèrent et se consultèrent sur le parti à prendre.

— Je vais courir à Laneuville, dit l'enfant; j'amènerai du renfort.

Les gendarmes étaient tous blessés, plus ou moins grièvement.

Nicolas avait reçu plusieurs entailles du terrible tranchet, et il était couvert de sang.

Mais il songeait bien à ses blessures, en vérité!

Le malheureux regardait le forçat, qui maintenant gardait un silence farouche, et il se disait que ce forçat était son frère, et que c'était lui qui allait être obligé de le livrer à la justice.

Une heure après le départ de Jean Blanc qui, pour aller plus vite, avait sauté sur l'unique cheval de la ferme, le juge de paix arriva renforcé du garde-champêtre et de plusieurs habitants du bourg, armés de fusils, lesquels s'étaient mis spontanément à sa disposition. Il était à peine trois heures du matin.

Après s'être assurés que la cave n'avait pas d'autre issue que la trappe, les gendarmes y avaient laissé leurs prisonniers, et, à l'aide de l'échelle qu'ils avaient eu soin de retirer ensuite, ils étaient remontés dans la cuisine de la ferme pour laver et panser leurs blessures.

Quand le juge de paix arriva, les prisonniers furent extraits l'un après l'autre.

Jean Lapin n'était pas mort; il continuait à blasphémer et se vantait de l'assassinat de la nuit précédente.

La Fouine et les fermiers hurlaient comme des bêtes féroces. Seul, le forçat ne disait mot.

On l'interrogea, il ne répondit pas.

12.

D'où venait cet homme? Nul ne le connaissait.

Nicolas détournait la tête et gardait un morne silence.

— Il faudra le mettre au secret, dit le juge de paix, qui était à cent lieues de supposer qu'il avait devant lui le frère de Nicolas.

Avant de quitter la ferme, on vida la cuve, la cachette fut mise à jour, l'argent volé à la Combette fut retrouvé, ainsi que les ossements du toucheur de bœufs.

Bien qu'il fût encore nuit lorsque les prisonniers et leur escorte arrivèrent à Laneuville, tout le pays était sur pied.

— Enfin ! disait-on avec soulagement, ils auront donc leur compte, les assassins de la Fringale.

Et les Leloup, ces gens qui, depuis vingt ans, faisaient trembler le pays, traversèrent le bourg au milieu des imprécations et des huées.

Il avait fallu mettre la Fouine, qui ne voulait pas marcher, sur le brancard de Jean Lapin.

Quant au forçat, il cheminait toujours, muet et farouche, à côté de Nicolas, qui, se reportant à quinze années de distance, songeait à sa pauvre mère et pleurait silencieusement.

XXXIX

Laneuville est chef-lieu de canton et n'a d'autre prison qu'une sorte de petit cachot dans la caserne de gendarmerie.

Cependant il ne fallait pas songer à transférer les prisonniers à Avallon, avant d'avoir averti le procureur du roi et la brigade d'Avallon.

Si les Leloup étaient exécrés à Laneuville, ils avaient cependant des amis dans cette population mal famée de charbonniers qui hantait les bois du Morvan, et on pouvait craindre que ces gens-là n'essayassent de délivrer les prisonniers à leur passage. D'ailleurs le brigadier et les deux gendarmes étaient blessés et hors d'état d'entreprendre le voyage de Laneuville à Avallon et d'escorter à eux seuls des gens aussi déterminés et aussi désespérés.

On les enferma donc dans une des salles de la caserne, après les avoir solidement garrottés et on avertit en hâte le parquet d'Avallon qui, vraisemblablement enverrait une brigade de gendarmerie, un piquet d'infanterie pour escorter les prisonniers.

On laissa les trois Leloup et Jean-Lapin ensemble, mais on isola d'eux la Fouine et le galérien.

La Fouine fut placée dans une pièce à part.

Elle continuait à blasphémer et à se lamenter tour à tour, car elle était convaincue que Jean Lapin devait mourir, et elle aimait ce misérable et s'en vantait hautement.

Cependant, le médecin communal, appelé à donner ses soins aux blessés, avait extrait la balle et déclaré que la blessure n'était pas mortelle.

Cette déclaration avait frappé Jean Lapin de stupeur, et il s'était mis à hurler :

— Je me laisserai mourir de faim, alors, car je ne veux pas de la guillotine.

Le galérien, dont rien ne pouvait vaincre le mutisme, était placé dans le cachot.

C'était une espèce de cabanon de six pieds carrés, prenant jour par une meurtrière et situé au deuxième étage.

La meurtrière était garnie de gros barreaux de fer et elle paraissait trop étroite pour laisser passer un homme.

La porte était en chêne massif, solidement ferrée et fermée par une serrure et trois verrous.

Jamais un prisonnier ne s'en était évadé.

Le galérien, qui refusait obstinément de dire son nom et de quel lieu il venait, reçut vers le soir la visite du juge de paix.

— Monsieur, dit-il à ce fonctionnaire, si vous voulez savoir qui je suis, envoyez-moi le gendarme Nicolas Sautereau, je le lui dirai.

Et comme le juge manifestait quelque étonnement, il ajouta :

— C'est à prendre ou à laisser.

Le juge quitta le cachot et transmit à Nicolas la demande du prisonnier.

Nicolas était pâle comme un mort, mais le juge de paix attribua cette pâleur à la fatigue et au sang qu'il avait perdu.

— Je vous obéirai, monsieur, dit tristement Nicolas.

Et il se rendit dans le cachot du galérien et s'y enferma avec lui.

Celui-ci était assis, les jambes liées et les mains attachées derrière le dos.

— Ah ! te voilà, frère, dit-il avec un sourire triste, mais sans ironie.

— Malheureux ! murmura Nicolas, est-ce ainsi que je devais te revoir ?

— Que veux-tu, répondit Martinet, quand on est sur la pente on ne s'arrête plus. Ça devait finir come ça.

— Ah ! frère, frère, dit le gendarme dont la voix trouvait des sanglots, notre race est donc maudite ?...

— Je crois bien que je monterai sur la guillotine, dit

Martinet avec calme ; aussi j'ai voulu te voir pour te dire adieu.

— Mais comment étais-tu dans la ferme? demanda Nicolas qui espérait encore que son frère était étranger à l'assassinat de la Combette.

— Il y a des fatalités, reprit le forçat. J'étais au bagne, je n'avais plus qu'un an à faire...

— Et tu t'es évadé!

— Oui, et à force de fuir le bagne et de marcher devant moi, brisé de fatigue, mourant de faim, je suis arrivé dans ce canton, évitant les chemins, longeant les bois; j'ai rencontré Jean Lapin un soir, je n'avais pas mangé depuis la veille, il m'a emmené à la Fringale où on m'a donné à souper.

Nicolas espérait encore.

— Et tu y es resté, n'est-ce pas?

— Oui.

— Caché dans la cuve?

— Oui, depuis l'affaire du vieux.

— Eh! malheureux, tu en étais donc?

— Oui, dit Martinet, mais ce n'est pas moi qui l'ai tué, ce pauvre vieux, c'est Jean Lapin.

— Qu'importe! dit Nicolas les yeux pleins de larmes, tu es complice de l'assassinat.

— Je le sais et je m'attends à mon sort.

Le forçat parlait d'une voix émue et des larmes brillaient dans ses yeux.

— Frère, dit-il encore, je t'ai demandé parce que je voulais que tu me pardonnes. Dis, le veux-tu?

Nicolas le prit dans ses bras, et l'y serra longtemps.

Le forçat continua.

— Je n'ai pas voulu dire mon nom, parce que ce nom est le tien; sois tranquille... on ne le saura pas.

— La justice le saura dit tristement Nicolas.

— Oui, mais tard..., et quand j'aurai été transféré de nouveau au bagne... Car c'est au bagne que j'appartiens, c'est lui qui me réclamera, et c'est là que je subirai la suprême expiation.

— Non, dit Nicolas, tu te trompes encore.

— Je me trompe, dis-tu?

— Oui; tu seras jugé par la cour d'assises de ce département avec Jean Lapin, avec tous les Leloup, et vous serez condamnés ensemble.

— Ah! mais c'est affreux! murmura le forçat en éclatant en sanglots. Tu seras déshonoré, mon pauvre Nicolas. La honte qui me couvre rejaillira sur toi.

Et le forçat pleurait de vraies larmes.

— Que la volonté de Dieu soit faite! murmura le pauvre gendarme.

Mais le forçat reprit :

— Frère, depuis ce matin je regarde avec ténacité ces barreaux de fer qui sont là-haut.

Nicolas tressaillit.

— Je les regarde toujours. J'ai beau détourner la tête, une sorte de fascination m'attire et mes yeux ne les peuvent quitter. Sais-tu pourquoi?

— Non, répondit Nicolas surpris.

— Quand serai-je transféré hors d'ici?

— Demain.

Le forçat soupira.

— En regardant ces barreaux, continua-t-il, je me dis que si mes mains étaient libres je pourrais prendre la corde qui les lie...

— Tais-toi, dit Nicolas qui devinait la pensée du forçat.

— L'attacher à l'un de ces barreraux.

— Tais-toi!

— Puis la passer à mon cou...

— Frère! frère! murmura le gendarme, ne me tente pas.

— Monter sur cette chaise, puis la repousser du pied;... et tu ne serais pas déshonoré par mon sang inondant l'échafaud.

Nicolas avait caché sa tête dans ses mains.

Le forçat poursuivit :

— Ni Jean Lapin, ni les autres ne savent mon nom. L'enquête que l'on fera après ma mort n'aboutira pas.

— Frère!...

— On m'enterrera dans un coin, sans avoir pu pénétrer le mystère qui m'environne, et tout sera dit.

— Mais, malheureux, dit Nicolas, ai-je le droit de favoriser ton suicide?

— Tu es mon frère...

— Mais avant d'être ton frère, ne suis-je pas le soldat de ce drapeau sacré qu'on nomme la loi?

— Tu ne te souviens donc plus de notre mère?

— Oh! dit Nicolas, tais-toi, frère, tais-toi...

— Et notre pauvre sœur... la Mariette...

Nicolas jeta un cri; et dès lors le forçat parla tout seul.

Martinet pleura, pria, parla éloquemment; il invoqua la mémoire de leur mère, il répéta plusieurs fois le nom de cette sœur adorée de Nicolas et dont le nom allait retentir sous les voûtes d'une cour d'assises...

Nicolas pleurait à chaudes larmes et se taisait.

Enfin Martinet, tout lié qu'il était, parvint à se mettre à genoux devant son frère.

Mais alors le soldat, incarnation vivante de la loi, ferma son cœur à la voix qui lui parlait au nom de l'honneur personnel, au nom sacré de la famille...

Et, se redressant, il dit à Martinet :

— Un gendarme ne transige pas avec son devoir!

Adieu, frère !

Et il sortit du cachot, le visage inondé de larmes, mais le front haut, comme il convient à un homme qui a la conscience d'avoir fait son devoir !

XL

La voix du sang s'éveille à de certaines heures avec une impérieuse éloquence.

Nicolas passa une nuit épouvantable.

Cet homme voué à une expiation suprême, n'était-ce pas son frère ?

Ils étaient nés de la même mère, ils avaient vécu sous le même toit pendant toute leur enfance et partagé le même pain.

Un pain amer, il est vrai, et qui manquait souvent dans la hutte du braconnier.

A cette heure il ne se souvenait plus des mauvais traitements que Martinet lui avait fait subir ; il avait oublié que ce frère dénaturé avait, autrefois, tiré sur lui comme sur une pièce de gibier ; il ne se souvenait pas davantage que la nuit précédente il s'était rué sur lui avec furie, lui disant :

— Nicolas, il me faut ta vie !

Nicolas ne se rappelait plus que ce frère repentant dont il avait vu couler les larmes.

Alors il songeait que ce frère appartenait à la justice et que la justice serait pour lui inexorable.

Et dans l'avenir, il voyait se dresser l'échafaud! Cette vision le clouait immobile au sol, et il n'osait quitter sa chambre.

La nuit s'écoula ainsi tout entière.

Au petit jour, en proie à une fièvre ardente, Nicolas se leva, sortit sur la pointe du pied et alla coller son oreille contre la porte du cachot.

Il n'entendit aucun bruit.

Alors il se risqua à appeler :

— Martinet! frère!...

Aucune voix ne lui répondit.

Il dort! pensa-t-il.

Et il se sauva tout en larmes...

A sept heures du matin, les habitants de Laneuville entendirent un roulement de tambour.

Puis ils virent arriver une brigade de gendarmes à cheval, commandée par un maréchal des logis et accompagnée par une demi-compagnie d'infanterie ayant un lieutenant à sa tête.

Avallon n'est pas une ville de garnison. Le parquet, sur l'avis du juge de paix de Laneuville, avait cru devoir demander de la troupe à Auxerre.

Derrière le détachement, il y avait un cabriolet qui renfermait le juge d'instruction et le procureur du roi.

L'arrivée de ces troupes fut accueillie par des bravos et des cris de joie.

Les gendarmes et les soldats firent halte devant la caserne de gendarmerie.

Le brigadier de Laneuville, dont les blessures étaient légères, vint pour recevoir le parquet.

Un médecin qui avait pansé le matin les deux gendarmes leur avait défendu de quitter leur lit.

Nicolas qui, la veille encore, était plein d'énergie, lui avait paru si souffrant et si abattu qu'il lui avait ordonné un repos absolu.

Nicolas s'était bien gardé d'enfreindre les ordres du docteur ; il tremblait de tous ses membres à la seule pensée qu'il pouvait se retrouver en présence de son frère.

Cependant les magistrats avant d'ordonner le transport des prisonniers jugèrent nécessaire de contrôler l'enquête du juge de paix et de faire subir aux inculpés un nouvel interrogatoire.

Jean Lapin, qui avait plusieurs fois, pendant la nuit, tenté de se suicider et qu'on avait été obligé de garder à vue, avoua tout, en proférant des blasphèmes.

La Fouine accueillit les magistrats avec des injures.

Quant aux trois Loup, ils nièrent énergiquement avoir pris part à l'assassinat du toucheur de bœufs et chargèrent de ce crime la Fouine et Jean Lapin.

Un prisonnier restait à interroger.

C'était cet homme dont on ne savait pas le nom, qui venait on ne savait d'où.

Jean Lapin avait bien dit qu'il se vantait d'être forçat évadé, mais il n'en avait pas la preuve.

Les magistrats se dirigèrent vers le cachot.

Ce fut le brigadier qui en ouvrit la porte ; mais soudain il poussa un cri d'étonnement et s'arrêta sur le seuil, muet et frappé de stupeur.

Le cachot était vide.

La chaise était placée au-dessous de la meurtrière, dont les deux barreaux avait été sciés.

Au fragment de l'un de ces barreaux était solidement attachée une corde qui pendait au dehors.

Sur le sol gisait un ressort de montre qui avait dû servir à scier les barreaux.

Le prisonnier s'était évadé.

Il avait dû ajouter à la corde de ses mains celle qui liait ses jambes, et ces deux cordes réunies avaient une vingtaine de pieds de longueur, mais étaient loin d'atteindre le pavé de la rue. Le hardi prisonnier, après avoir lâché l'extrémité de la corde avait dû faire un saut terrible, et on ne comprenait pas comment il ne s'était pas tué sur le coup.

Comment s'était-il détaché?

Mystère !

Mais il fallait que l'opération eût présenté de sérieuses difficultés pour qu'il eût essayé de fléchir Nicolas et de lui faire oublier son devoir.

Tout cela avait dû s'exécuter sans bruit, car on n'avait rien entendu dans la caserne, où, cependant, le brigadier et les hommes de bonne volonté qui s'étaient offerts à garder les prisonniers, avaient veillé toute la nuit.

Et tandis qu'on se regardait avec une sorte de stupeur, le juge de paix, qui accompagnait les magistrats se souvint que, la veille, le prisonnier avait manifesté le désir de voir Nicolas.

Ce fut un trait de lumière ; du moins, on le crut.

Nicolas était toujours dans son lit, et il avait pris le tumulte qui venait de se faire pour la conséquence naturelle de l'arrivée des magistrats.

Le procureur du roi se rendit auprès de lui.

— Gendarme Sautereau, lui dit-il sévèrement, vous vous êtes enfermé hier avec le prisonnier du cabanon?

— Oui, monsieur, répondit Nicolas.

— Dans quel but?

— Il voulait me voir.

— Vous le connaissez donc?

— Je l'ai connu jadis, répondit le gendarme d'un voix étouffée.

— Où?

— Je ne puis le dire.

— Prenez garde ! reprit le magistrat, de graves soupçons planent sur vous.

— Ah ! dit Nicolas qui crut comprendre que le malheureux s'était brisé la tête contre le mur de sa prison.

— Gendarme Sautereau, continua le magistrat, prenez bien garde à la portée de vos paroles.

Nicolas regarda le magistrat :

— Monsieur, lui dit-il, je suis soldat et ne saurais mentir.

— Le prisonnier s'est évadé, continua le procureur du roi.

Nicolas jeta un grand cri.

— Oui, répéta le magistrat, le prisonnier s'est évadé, et votre trouble me dit que vous le saviez !

— Monsieur, je vous jure !

— Au lieu de jurer, monsieur, poursuivit le procureur du roi, il faut me dire ce que vous êtes allé faire dans le cachot du prisonnier.

— C'est impossible ! dit Nicolas.

— Songez que votre silence confirme mes soupçons.

— J'ai la conscience d'avoir toujours fait mon devoir, répondit le gendarme.

— Et vous vous rendez passible d'un conseil de guerre, en persistant à garder le silence, acheva le procureur du roi.

Nicolas baissa la tête et ne répondit plus ; mais deux grosses larmes roulèrent lentement sur ses joues.

— Gendarme Sautereau, dit le magistrat, je suis obligé de vous mettre en état d'arrestation.

Nicolas couvrit son visage de ses deux mains, et dès lors, il garda un silence farouche.

. . . .

A midi, les prisonniers partirent sous bonne escorte.

Quant à Nicolas, ses blessures s'étaient rouvertes et il était hors d'état de quitter son lit.

Il fut confié à la garde du brigadier.

Ce dernier lui dit en pleurant :

— Ah ! mon pauvre camarade, qu'as-tu donc fait, mon Dieu?

— Dieu me jugera, répondit Nicolas.

— La nuit dernière tu t'es conduit à mériter la croix, et maintenant...

— Maintant, dit Nicolas, je vais passer devant un conseil de guerre, et je serai condamné à cinq ans de boulet.

— Mais quel était donc cet homme, dont tu ne veux pas dire le nom? s'écria le brigadier.

— Écoute, camarade, répondit Nicolas, veux-tu me donner ta parole de soldat que ce que je vais te confier mourra avec toi ?

— Je te la donne.

— Eh bien ! cet homme qui m'a fait appeler pour me dire adieu, c'était mon frère !

Le brigadier prit les deux mains de Nicolas dans les siennes et les pressa silencieusement.

— Je te comprends, dit-il, et je te souhaite de mourir dans ce lit des suites de tes blessures.

— Hélas ! murmura Nicolas, je ne mourrai pas. Je suis condamné par avance à traîner le boulet, ma race est maudite et tôt ou tard la fatalité qui a pesé sur ma naissance, et ma jeunesse devait se faire sentir.

. . . .

Quinze jours après, remis de ses blessnres, le gendarme Nicolas Sauterau fut transféré à la prison militaire d'Auxerre où il devait attendre sa mise en jugement.

XLI

C'était jour de marché à Auxerre, c'est-à-dire un samedi.

La grande rue de Paris, la rue du Pont, la place des Fontaines étaient encombrées d'une foule toujours grossissante.

Cependant il était midi, et les transactions commerciales étaient à peu près finies, autant sur les céréales que sur les vins.

Ils faisait un froid dur arrosé d'un petit brouillard humide, dernier souvenir d'un rude hiver, car on touchait à la fin du mois de janvier, époque où d'ordinaire la température s'adoucit.

Malgré le mauvais temps, les groupes étaient animés, et la foule des campagnards plus considérable encore que de coutume.

On remarquait surtout une affluence inusitée de gens en sabot, à blouse bleu foncé, à cravates rouges, aux larges chapeaux de feutre noir.

C'étaient les montagnards de la Bourgogne, c'est-à-dire les gens du Morvan.

Pourtant d'ordinaire le Morvandiau ne vient pas à Auxerre pour vendre ses denrées ou acheter des céréales.

Château-Chinon au sud-est et Avallon au nord sont ses deux comptoirs habituels.

Ces braves gens, du reste, n'avaient amené ni grains, ni bestiaux, ni volailles.

Beaucoup étaient venus à pied, en deux jours de marche; d'autres s'étaient entassés pêle-mêle dans des charrettes.

Tous manifestaient, de groupe en groupe, une anxiété extraordinaire.

C'est que ce n'était point le marché qui attirait tout ce monde à Auxerre, mais bien une circonstance tout exceptionnelle, un double événement qui ne manquait pas de surexciter pendant bien des mois l'indifférence publique.

Les assises venaient de s'ouvrir et l'on y jugeait la bande des assassins de Laneuville, c'est-à-dire les trois Leloup, la Fouine et Jean Lapin le braconnier et l'assassin, guéri de ses blessures.

En même temps siégeait le conseil de guerre.

Et le conseil de guerre allait avoir à se prononcer sur un crime peut-être sans précédents dans les annales militaires.

Un gendarme, au mépris de son devoir, était accusé d'avoir favorisé l'évasion d'un prisonnier.

Il est un proverbe d'une vérité éclatante : *Vox populi, vox Dei*.

Certes, c'était ce jours-là qu'on pouvait dire que la rumeur populaire était conforme à la justice, cette incarnation de la divinité.

Une clameur unique s'élevait aux portes de la Cour d'assises.

La foule demandait la tête de ces misérables souillés de sang.

Un murmure de commisération, un doute qui ressemblait à une ovation, se faisait entendre aux abords du conseil de guerre.

Et malgré les apparences que semblait confirmer le silence de l'accusé, la foule disait :

— Non, le gendarme n'est pas coupable !

Une belle fille de dix-huit à vingt ans allait à travers le flot populaire, disant de sa voix fraîche et sonore :

— Si le gendarme s'était entendu avec les assassins, il ne se serait pas battu avec eux comme un vrai lion, à preuve que lorsque nous l'avons vu rentrer à Laneuville il était couvert de sang.

Un jeune pâtre, que les gens de Laneuville reconnaissaient tous de suite pour le petit Jean Blanc, était monté sur une borne et racontait, témoin oculaire, la sanglante expédition de la *Fringale*.

Tous ces détails irritaient les angoisses et la curiosité publiques et ne faisaient que compliquer cette redoutable énigme que nul ne pouvait deviner.

Un homme qui venait d'entrer dans Auxerre par la porte Glainies, et dont les vêtements pour deux attestaient un long voyage, cherchait à s'ouvrir un passage au milieu de la foule toujours grossissante jusqu'à la porte du conseil de guerre. C'était un homme de cinquante-cinq ans au moins, à tournure militaire, décoré, à cheveux gris et moustache blanche.

— Place, mes enfants, place ! disait-il d'une voix à qui l'émotion n'enlevait pas toute son autorité.

Et comme il avait une larme au coin de l'œil et une autre dans la moustache, la foule respectueuse s'écartait devant lui et laissait passer une jeune femme qu'il avait au bras.

— Place ! répétait-il à mesure qu'il approchait de la porte. Si vous aimez le gendarme, laissez-moi passer.

Et à ces mots, la foule s'écartait plus encore et considérait avec une curiosité émue, la femme qui sanglotait et le vieillard qui avait tant de peine à contenir sa douleur.

Cette femme pouvait avoir trente ans. Elle était jolie, en dépit de son affliction et de ses vêtements noirs.

Son costume était celui d'une paysanne aisée, mais d'une paysanne des bords de la Loire, en tirant sur Orléans.

— C'est peut-être bien son père!... Et sa sœur aussi disait la foule.

Et le vieillard et la jeune femme, continuant leur route, arrivèrent à la porte, en franchirent le seuil et parvinrent dans la salle du conseil.

La séance était ouverte, on venait d'amener l'accusé.

Il était calme et digne, baissait modestement les yeux, et paraissait résigné par avance à la condamnation qui allait le frapper.

Parmi les témoins à décharge se trouvaient le brigadier de Laneuville et le gendarme Martin; puis une foule d'habitants de Laneuville qui, en quelques jours avaient pu apprécier le caractère loyal, la bravoure et le dévouement du malheureux Nicolas Sautereau.

Enfin, au premier rang, le petit Jean Blanc qui, après avoir plaidé la cause du gendarme sur la place publique, venait apporter à la justice son témoignage, certes le plus important de tous.

Au banc de la défense était un jeune avocat du barreau d'Auxerre, plein de talent et d'éloquence, et qui s'était passionné pour son client.

La justice militaire est expéditive.

Nicolas fut interrogé.

Il avoua franchement que le prisonnier l'ayant fait appeler, il s'était rendu dans la prison.

Quand on lui demanda pourquoi, il refusa de répondre.

Ce refus était sa condamnation.

Le commissaire du gouvernement prit alors la parole, Il hésitait à croire Nicolas coupable, mais il le conjurait de parler. Nicolas persistait à se taire.

Pendant la durée de l'acte d'accusation, il avait promené un regard distrait sur la foule amoncelée dans l'étroite enceinte du conseil.

Tout à coup il pâlit et couvrit son visage de ses deux mains.

Il venait d'apercevoir, assis au banc de la défense, à côté de son avocat, le vieillard et la jeune femme qui, tout à l'heure, fendaient la foule avec tant d'empressement.

La jeune femme pleurait toujours; le vieux soldat causait avec l'avocat.

Nicolas avait reconnu sa sœur, la Mariette, et son père adoptif, le brigadier Michel Legrain.

Quand le commissaire du gouvernement eut cessé de parler, le défenseur se leva.

— Messieurs, dit il, je suis entré dans cette enceinte avec l'espoir d'écarter une condamnation de la tête de cet honnête homme, de ce brave soldat, de ce vaillant et énergique soutien de l'ordre.

Mon espoir est devenu une certitude, et cependant je renonce à l'honneur de défendre le gendarme Nicolas Sautereau.

Une parole plus éloquente, plus autorisée que la mienne, va le couvrir d'une impénétrable égide.

Et, démasquant Michel Legrain qui se tenait derrière lui, le défenseur ajouta :

— Voyez cet homme rentré dans la vie privée depuis huit jours; il se nomme Michel Legrain, il était brigadier de gendarmerie ; il a élevé le jeune Nicolas Sautereau, il en a fait le courageux et loyal soldat que vous connaissez et lui seul peut vous dire qu'il n'est pas coupable !

Nicolas avait vu la Mariette pleurer ; donc la Mariette savait tout.

Maintenant Michel Legrain pouvait parler.

Les paroles du jeune avocat, la présence innattendue de Michel Legrain à l'audience avaient produit une sensation profonde.

Le président s'adressa à Michel Legrain.

— Brigadier, lui dit-il, le conseil vous écoute.

Michel Legrain se leva alors.

Il raconta l'enfance de Nicolas, les exemples déplorables qu'il avait eus sous les yeux, il fit un tableau saisissant de la maison du braconnier, où il y avait des martyrs et des bourreaux, des anges et des démons. Les bourreaux, les démons, c'étaient Martin-L'Anguille et ses trois fils ; les anges, les martyrs, c'étaient la pauvre mère aveugle qui devait mourir de douleur, cette courageuse et vertueuse fille qui était là, demandant avec des larmes l'absolution de son frère, de cet enfant héroïque qui avait osé donner des soins au gendarme assassiné par son père.

Il retraça la vie laborieuse de Nicolas laboureur, il lut une lettre que le jeune soldat d'Afrique lui avait écrite de Constantine.

Puis il lui fallut parler de ce drame sinistre qui avait clos la carrière ensanglantée du braconnier et ouvert les portes du bagne à l'infâme Martinet.

Et il le fit avec des larmes, et quand il eut, le soldat naïf, terminé son éloquent plaidoyer, les juges émus se levèrent pour délibérer.

La foule qui assistait aux débats était recueillie et silencieuse.

On n'osait pas encore battre des mains, mais on sentait que la cause de Nicolas était gagnée.

Enfin le conseil rentra en séance, et le président se couvrit.

— Nicolas Sautereau, dit-il, le conseil de guerre reconnait votre innocence à l'unanimité.

De bruyants applaudissements se firent entendre.

Le président réclama le silence et ajouta :

— Gendarme Nicolas Sautereau, retournez à votre poste, le pays et la loi comptent sur vous. Le conseil de guerre vous félicite pour votre belle conduite à la ferme de Laneuville.

Nicolas se jeta dans les bras de sa sœur et du vieux Michel Legrain.

La foule qui n'avait pu pénétrer dans la salle du conseil, hurlait et trépignait à la porte.

Nicolas fut porté en triomphe.

Mais la proclamation de l'innocence du brave gendarme ne suffit pas à calmer la surexcitation publique, et le flot populaire, abandonnant le conseil de guerre, se porta vers la Cour d'assises où l'on venait de terminer la lecture de l'acte d'accusation dressé contre Jean Lapin et ses complices.

LXII

Le palais de justice d'Auxerre n'a rien d'imposant; mais, en revanche, l'aspect d'une Cour d'assises en province, avec ses trois magistrats en robe rouge, à quelque chose de solennel qui impressionne vivement.

Ils étaient là tous les cinq, sur le banc des accusés, les fermiers de la Fringale et le braconnier Jean Lapin.

L'affaire du toucheur de bœufs, dont on avait autrefois abandonné l'instruction était maintenant terminée, grâce aux révélations spontanées de la Fouine.

Quand cette femme avait su que Jean Lapin était impliqué dans cette première affaire, elle avait eu l'imprudence de s'écrier :

— Ils ont tort, Jean n'y était pas ; je sais comment ça s'est passé.

Interrogée à son tour, pressée de questions, elle avait fini par faire des révélations.

Le jour des débats arrivé, la Fouine et les Leloup donnèrent le repoussant spectacle du complet désaccord en s'accusant réciproquement.

La Fouine répéta à l'audience ce qu'elle avait dit relativement au toucheur de bœufs, dont elle raconta succinctement la fin tragique.

Jean Lapin nia l'assassinat du courrier, celui du garde champêtre et rejeta sur le forçat évadé toute la responsabilité du crime commis à la Combette, rétractant ainsi sa première déposition faite à Laneuville.

Le verdict du jury fut terrible dans sa justice.

Le vieux Leloup et Jean Lapin furent condamnés à la peine de mort.

On admit des circonstances atténuantes pour la Fouine, qui fut condamnée à la réclusion perpétuelle.

Les fils Leloup furent condamnés aux travaux forcés.

. . . .

Sept ou huit mois s'étaient écoulés depuis les sinistres événements que nous venons de raconter.

Justice avait été faite. Le vieux Leloup et Jean Lapin

avaient payé leur dette à la société. La Fouine était dans la maison centrale de Melun.

Le canton de Laneuville était rentré dans le calme le plus absolu.

La popularité du gendarme Nicolas Sautereau était devenue grande.

Il n'était que simple gendarme, mais le brigadier n'eût jamais pris une détermination sans le consulter, et le juge de paix, quand il avait besoin de requérir la force, s'adressait de préférence à lui.

Ainsi ce qu'il avait paru redouter était loin de se réaliser; non-seulement on lui pardonnait d'avoir pour frère un misérable, tant le bon sens du peuple est juste, mais l'éloquent récit du vieux Michel Legrain était devenu une sorte de légende populaire qui courait tout le Morvan.

La bravoure et surtout la merveilleuse sagacité que Nicolas avait déployée pour l'arrestation des assassins de la Fringale, étaient citées d'un bout à l'autre de la petite Écosse et dans tout l'Auxerrois.

Pendant les sept mois qui venaient de s'écouler, véritable temps de paix, car il ne s'était commis ni crime, ni délit, on avait pu apprécier la bonne humeur et le caractère doux et obligeant de Nicolas.

Les paysans qu'une question d'intérêt mettait en désaccord le consultaient volontiers et il était rare qu'il ne tranchât pas le différend à leur commune satisfaction.

Le brigadier et le gendarme Martin étaient mariés, mais Nicolas était encore garçon.

Aussi les jeunes Morvandelles du canton le trouvaient-elles un joli homme, bien tourné dans sa taille ordinaire, et se disaient-elles tout bas que celle qui l'épouserait serait peut-être une femme très-heureuse; le gendarme, défenseur de la paix publique, est né pour la vie de famille et Nicolas commençait à s'apercevoir de son isolement et à regarder avec moins d'indifférence les jolies filles de Laneuville, lorsqu'il reçut son changement. Il est vrai que sa belle conduite à la ferme de la Fringale était enfin récompensée.

Avec son changement, Nicololas avait reçu sa nomination de brigadier.

XLII

Châteauneuf-sur-Loire est un chef-lieu de canton auquel ses habitants accordent volontiers le nom de petite ville.

Un pavillon qui se dresse au milieu d'un parc admirable est tout ce qui reste de l'ancien château des ducs de Penthièvre.

Dans l'église on voit le tombeau du dernier marquis de Châteauneuf.

Ses maisons blanches s'étalent coquettement à mi-côte.

La Loire est en bas, calme et bordée de prairies qu'ombragent de vieux peupliers.

Au delà s'étend cette contrée fertile de deux lieues de profondeur sur une quinzaine de longueur qu'on nomme le Val.

Au delà du Val, le plateau où commence la Sologne.

Entre le Val et le plateau, à mi-côte, un petit village charmant d'aspect, Sigloy.

Dans le Val, des fermes plantureuses que la Loire couvre parfois d'un limon bienfaisant.

Plus loin, l'âpre et pauvre contrée où croissent les maigres sapins et où la fièvre monte des marais comme un brouillard malfaisant.

Mais de ce côté de la Loire et tout autour de Châteauneuf, des vignes que le soleil féconde et qui poussent vigoureuses dans une terre friable et caillouteuse; et se dressant, çà et là, au milieu du vignoble, une maisonnette blanche qui semble abriter le bonheur et la paix.

Tel est Châteauneuf, vu des bords de la Loire.

Si vous remontez jusqu'à l'église, si, passant devant le château, vous traversez le champ de foire, la nature triste et mélancolique reprend le dessus pendant deux ou trois lieues.

De vastes plaines, des sapinières, des fermes isolées, tel est le paysage.

Il faut arriver jusque sur les bords du canal, auprès de la forêt d'Orléans, et sauter la route de Combreux, pour retrouver des prairies et des peupliers, des maisons riantes, et çà et là, un village ou un hameau.

Or, un matin du mois d'octobre 1854, deux passants, un jeune et un vieux, arrivèrent, chacun par un sentier différent, au même point, c'est-à-dire sur la route départementale qui réunit le bourg de Fay-aux-Loges à la petite ville de Châteauneuf, à un mètre au-dessous d'un étang, au bord duquel se mirent les toits ardoisés d'une ferme récemment construite, dans le style et le modèle des fermes de Beauce et de Brie.

Le vieux était sorti de cette ferme et avait gagné la route, en s'appuyant sur un bâton, car il marchait péniblement.

Le jeune venait d'apparaître à la lisière d'une sapinière rabougrie qui bordait le côté droit de la route.

Ces deux hommes, venus des deux points opposés, comme s'ils se fussent donné un rendez-vous, s'arrêtèrent à vingt pas l'un de l'autre.

Le vieux détourna la tête avec humeur, et le jeune enfonça son bonnet sur ses yeux.

Puis tous deux se mirent à cheminer chacun sur un côté de la route, l'un à gauche, l'autre à droite, se regardant de travers et ne se parlant pas.

Il était huit heures du matin, le temps était beau.

L'automne, en ces contrées, est d'une mansuétude extrême.

Le jeune homme marchait d'un bon pas.

Le vieux se piqua d'honneur; il se servit de son bâton et voulut aller aussi vite.

Tous deux étaient vêtus comme des paysans aisés : blouse bleue par-dessus la veste de laine brune, bons souliers ferrés, chapeau de feutre noir, et cravate en foulard commun et multicolore. Pendant l'espace d'un quart de lieue, ils cheminèrent ainsi parallèlement, laissant la chaussée libre et marchant sur le gazon qui borde les deux côtés de la route, et que, çà et là, mouchète un carré de pierres menues vulgairement appelées du *jard*.

Chacun d'eux marmottait à mi-voix des paroles malsonnantes :

Le vieux disait :

— C'est grand'pitié, vraiment, que les enfants aient maintenant si peu de respect pour leurs pères et mères ! Un garçon que j'ai élevé à la sueur de mon front, et qui m'assigne au juge de paix comme si j'étais un voleur !

Le jeune murmurait :

C'est-y Dieu permis qu'un père refuse à son fils sa légitime maternelle et qu'on soit obligé pour avoir son droit de s'adresser à la justice !

Et les deux plaideurs, tout en grommelant, hâtaient le pas, car c'était jour d'audience à Châteauneuf.

— Quand on pense, s'écria tout à coup le vieux, que tu traînes ton père devant les tribunaux.

— C'est pas ma faute. Mais vous ne voulez pas vous arranger, répondit le fils.

Le tribunal nous arrangera, tu verras... tu verras... ricana le vieux.

— Je ne réclame que mon droit, et il ne me le refusera pas.

— C'est ce que nous verrons.

— Oui, le tribunal ne peut pas me refuser mon droit après tout.

— Et qu'est-ce que tu lui réclames, au tribunal?

— Le bien de ma mère, donc... est-ce que vous pouvez me le retenir, puisque ma mère est morte et que vous vous êtes remarié?

— Je ne te retiendrais rien, si tu étais resté avec moi.

— Et si je ne veux pas, moi...

— Que c'est une abomination, continua le vieillard, de penser que me voilà tout seul sur une ferme comme la Tuilerie et qu'il faut que je m'adresse à des étrangers pour faire faire ma besogne, quand j'ai un fils qui pourrait si bien m'aider.

— Père, dit le jeune homme, voilà que j'ai vingt-deux ans.

— Qu'est-ce que ça prouve, donc?

— Je veux m'établir...

— Tu ferais mieux de travailler.

— Et je veux prendre une femme à mon compte.

Le vieillard haussa les épaules :

— Jour de Dieu! dit-il, aussi vrai que je m'appelle Jérôme Martineau, je te prédis que si tu épouses la Suzon Banel, tu feras une mauvaise affaire.

— C'est votre femme qui dit ça, père, répondit le fils Martineau, mais ce n'est point vrai. C'est jalousie pure de sa part, vu qu'elles sont quasiment du même âge et un peu cousines. Mais la Suzon est une bonne ouvrière et sage, que M. le curé de Fay en a fait l'éloge à son prône. Nous travaillerons et le bon Dieu est toujours avec ceux qui travaillent.

Le vieillard eut un rire amer :

— C'est peut-être bien le bon Dieu, dit-il, qui te conseille de me conduire au tribunal.

— Ah ! dame, répondit Jean Martineau, — c'était le nom du fils, — vous m'accorderez cette justice que j'ai tardé tant que j'ai pu. Voici bien trois ans que ma mère est défunte...

— Ta mère !... ta mère !... elle avait donc du bien, ta mère ?

— Vous le savez mieux que moi.

— Eh bien ! tu le conteras au juge. Bonsoir.

Et le vieux s'éloigna de son fils, comme ils entraient dans Châteauneuf.

Sur la route, à gauche, il y avait un grand bâtiment carré au dessus duquel flottait un drapeau et on lisait au-dessous du drapeau l'inscription suivante :

Gendarmerie impériale

Le fils rejoignit son père :

— Hé ! père, dit-il, j'ai une bonne idée, allez.

Qu'est-ce que tu veux encore !

— Si nous allions voir le brigadier, peut-être bien qu'il nous donnerait un bon avis.

— Tu sais bien que le brigadier est parti.

— Oui, mais il y en a un nouveau ; et on dit que c'est un homme de bon conseil.

— Eh bien ! dit le vieux, allons-y !

— S'il ne nous met pas d'accord, eh bien ! dit le fils, nous aurons toujours le temps d'aller à la justice.

Et il se dirigea le premier vers la gendarmerie, pour couper court à toute hésitation de la part de son père.

Un gendarme pansait son cheval à la porte.

— Est-ce que le brigadier est là ? lui demanda le fils Martineau.

— Oui, mon garçon.

Et le gendarme levant la tête :

— Hé ! brigadier, dit-il.

Un homme coiffé d'un bonnet de police et vêtu d'une veste d'écurie se montra à une fenêtre du premier étage.

— Qu'y a-t-il ?

— Excusez-nous, dit le fils Martineau, mais nous voudrions bien vous demander un conseil.

— Voilà, mes enfants.

Et le brigadier descendit.

C'était un homme d'un peu moins de quarante ans, bien que ses cheveux grisonnassent légèrement sur les tempes, et les gens du Morvan l'auraient reconnu tout de suite.

C'était Nicolas Sautereau, récemment passé brigadier à Châteauneuf-sur-Loire.

— Que voulez-vous, mes bonnes gens ? demanda-t-il aux deux paysans.

— Voici la chose, dit le fils, mon père que voici est veuf de ma mère, et il s'est remarié...

— Ah ! ah ! fit le brigadier en s'asseyant sur un banc de pierre qui était auprès de la porte, vous avez convolé en secondes noces...

— Je me suis remarié parce que cela me convenait, gommela le vieux.

— Un moment, mes enfants, dit Nicolas, quel est le plaignant de vous deux ?

— C'est moi, dit le fils.

— Alors, père, laissez-le parler ; vous vous expliquerez après.

Et, s'adressant au fils Martineau, il lui dit avec bonté :

— Va, mon garçon, continue, je suis tout oreilles.

XLIV

Le fils Martineau reprit :

— Quand ma mère est morte, j'avais seize ans, et nous étions deux frères, Armand et moi.

Armand est parti pour son sort l'année suivante, et mon père est resté seul avec moi.

La ferme de la Tuilerie est une bonne ferme quoiqu'elle ne soit pas conséquente. On y fait ses affaires. Pour lors me trouvant exempté par mon frère, j'ai dit à mon père :

— Voilà que j'ai dix-huit ans, si vous voulez je me marierai. Je prendrai une femme bien travailleuse qui nous aidera. Je ne réclamais pas, comme vous voyez, un sou de ma mère.

Mais en place de m'écouter, le père s'est remarié. Il a bien soixante ans, mais le fruit vert ne lui fait pas mal aux dents ; il a pris une fille de dix-neuf ans qui nous fait tous trembler.

Quand j'ai vu ça, je me suis en allé, et j'ai demandé à mon père un millier d'écus qui me reviennent de la part de ma mère, parce que je veux m'établir, et trouver à prendre une ferme de moitié.

Mon père dit qu'il ne me doit rien et que c'est bien assez de m'avoir nourri et logé. C'est-y juste ça?

— Eh bien, mon vieux, dit le brigadier au fermier, qu'avez-vous à répondre?

— Moi, dit le vieux Martineau, je ne dis pas que je ne doive pas quelque chose à mon garçon; mais je n'ai pas le moyen de le lui rendre.

— Il faudra pourtant bien que vous en arriviez là un jour ou l'autre.

— Vous croyez, ma fine? Quand je serai mort, je ne dis pas... mais à présent...

— Voyons, reprit Nicolas d'un ton affectueux, est-ce qu'il n'y aurait pas moyen d'arranger les choses? Ce garçon-là veut se marier.

— Dame, oui.

— Et vous ne voulez pas?

— Dame, non.

— Avez-vous quelque chose à dire sur la jeune fille qu'il veut épouser?

— Oh! pour ça, non. C'est jeune, c'est pauvre, mais c'est honnête.

— Alors, il faut lui donner votre consentement.

— Mais, qu'est-ce qu'ils feront quand ils seront mariés, puisqu'ils n'ont rien, ni l'un, ni l'autre, dit l'entêté paysan.

— Vous leur donnerez de quoi vivre, répondit le brigadier.

— Moi? mais comment ça? Je n'ai pas seulement pour moi, geignit le vieillard.

— Bah! dit le brigadier, quand il y en a pour deux, il

y en a pour quatre. Vous prendrez vos enfants avec vous.

Le fermier se gratta l'oreille :

— Alors, dit-il, je ne serai pas obligé de régler nos comptes ?

— Oh! si fait, dit Nicolas, mais votre fils vous donnera du temps; vous lui ferez une reconnaissance et vous vous libérerez par annuités.

— Mais c'est que, voyez-vous, dit le fils, la femme de mon père est mauvaise en diable.

— Je la verrai et je lui ferai entendre raison.

— Et puis, j'aurais bien voulu prendre une ferme à mon compte.

— Mon garçon, répondit le brigadier, la chose est difficile. Voyons, supposons que ton père te donne les mille écus qu'il te doit... que feras-tu ?

— J'achèterai deux chevaux pour faire ma charrue.

— Après ?

— Du grain pour les semailles.

— Et puis, il faudra que tu vives un an avant de récolter.

— Ça, c'est vrai.

— Sans compter, poursuivit le brigadier, que pour outiller une ferme, si petite qu'elle soit, il faut avoir non pas mile écus, mais une dizaine de mille francs. Où prendras-tu un troupeau ?

Et des volailles ?... Quand un fermier ne peut pas payer une partie de son fermage avec la plume de ses oies, c'est comme s'il était déjà ruiné.

Le vieux Martineau, qui trouvait ces idées-là éminemment pratiques, s'écria :

— Tu le vois, mon garçon, le brigadier est un homme de bon sens; il faut suivre ses idées.

Nicolas reprit :

— La ferme de ton père est la garantie de son petit

avoir. Son outillage, ses capitaux, garantissent tes mille écus, et bien au-delà. Seulement, si tu veux être payé, qu'arrivera-t-il? C'est que ton père sera obligé de vendre et que tu le ruineras.

— Mais pourquoi donc qu'il ne veut pas que j'épouse la Suzon? dit le fils Martineau qui tenait encore plus à la femme qu'à l'argent.

— Ah! par exemple! répliqua le brigadier, ton père n'est pas raisonnable à ce sujet-là. Si tu lui laisses ton argent entre les mains, c'est à la condition qu'il vous prendra sur la ferme toi et ta femme.

Le vieux se grattait l'oreille :

— Après ça, dit-il, ça ne serait encore rien qu'il épousât la petite, mais...

— Mais?

— C'est ma femme, à moi, la bourgeoise, comme nous disons... qui fera une vie de tous les diables. Les femmes se disputeront du matin au soir.

— Qui sait? fit le brigadier.

— D'abord, reprit le fils Martineau, je ne sais pas où le père avait la tête quand il s'est affolé de cette jeunesse...

— Ce qui est fait est fait, murmura le vieillard.

— Sans compter qu'elle lui fait la vie dure.

— Raison de plus pour que tu ne quittes pas ton père, mon garçon.

— Et puis, ajouta le brigadier, j'ai idée, moi, que si ton père te fait une bonne reconnaissance de tes trois mille francs et qu'il s'engage à te les payer le jour où tu quitteras la maison paternelle, ta belle-mère qui ne voudra pas voir l'argent s'en aller, deviendra souple comme un gant.

Ces dernières paroles du brigadier furent un trait de lumière pour le père et le fils.

— C'est pourtant vrai ce que vous dites-là, fit le vieux.

— Je le crois aussi, dit le fils.

— Eh bien! mes enfants, acheva le brigadier, puisque vous êtes d'accord sur un point, il faut tâcher de l'être sur tous les autres.

— Je ne demande pas mieux, dit le vieillard qui entrevoyait la possibilité de conserver la dot de sa première femme.

— Vous, père, il faut faire la reconnaissance. Toi, mon garçon, il faut rentrer à la ferme.

— Je ne demande pas mieux, après tout.

— Ensuite vous, papa, il faut donner votre consentement au marirge.

— Il est pourtant bien jeune.

Le brigadier se mit à rire :

— Et vous, dit-il, qui vous remariez à soixante ans avec une fille de dix-huit?

— Ah! moi, répondit le vieux, j'ai fait une sottise, c'est vrai...

Cette confession du vieillard désarma le fils.

La transaction fut faite séance tenante, devant le brigadier.

Puis le père et le fils s'en allèrent.

— Vous serez de la noce, n'est-ce pas, monsieur Sautereau? dit le fils en s'en allant.

— De grand cœur, mes enfants.

Comme les deux paysans s'en allaient bras dessus bras dessous, ravis d'avoir fait la paix et de s'être entendus, un domestique à cheval, qui avait traversé Châteauneuf en venant par la route de Paris, s'arrêta à la porte de la gendarmerie.

— Le brigadier, s'il vous plaît? dit-il.

— C'est moi, mon garçon.

14

Le domestique tendit une lettre.

— C'est de la part de madame la baronne, dit-il.

Le brigadier ouvrit la lettre et lut :

« Madame la baronne de Verne prie M. Nicolas Sautereau de venir le plus tôt possible au château de Beaurevoir; elle a une communication importante à lui faire. »

C'est bien, répondit Nicolas, j'irai.

XLV

Beaurevoir est un domaine situé au bord de la forêt d'Orléans, à trois lieues de Châteauneuf, à cent mètres de ce qu'on appelle encore aujourd'hui la route de Strasbourg, bien que cette voie ne soit plus depuis longtemps qu'une allée forestière.

C'est un joli castel tout en briques, avec tourelles et clochetons, fossés où dort une eau bourbeuse, et parc ombragé par de magnifiques châtaigniers deux ou trois fois centenaires.

Depuis quatre siècles, chose rare! Beaurevoir n'a pas changé de maîtres. La même famille s'est religieusement transmis le manoir de génération en génération.

Les Verne-Beaurevoir étaient de bons vieux gentilshommes, ni pauvres, ni riches, soldats ou magistrats, selon les temps, siégeant au banc de la province autrefois et s'étant modernisés sans efforts depuis.

L'avant-dernier était colonel sous l'Empire; le dernier,

mort un peu avant 1848, était un agronome distingué.

La veuve, la baronne de Verne, avait une vingtaine de mille livres de rente en terres et bois, et pour seule héritière une fille de seize ans, qu'on appelait mademoiselle Annette, et qui était si jolie qu'on disait dans le pays qu'un prince serait seul digne d'elle.

Madame de Verne, veuve à vingt-trois ans, en avait trente-deux à peine en 1854.

Elle était aussi fort belle, et quand on la voyait avec sa fille, on eût dit les deux sœurs.

Du vivant de M. de Verne, elle passait régulièrement les hivers à Paris, où ils avaient un pied-à-terre; mais depuis la mort de celui-ci, la baronne et sa fille ne quittaient plus Beaurevoir.

Madame de Verne était charitable autant que belle; les pauvres des environs la considéraient comme leur mère. On ne lui connaissait pas d'ennemis.

Beaurevoir est assz isolé, par sa situation à demi forestière, et cependant, bien que deux femmes y veillent seules avec un domestique peu nombreux, on n'avait jamais tenté la moindre déprédation soit sur les terres, soit dans le parc, et dans le château à plus forte raison. Pourtant le paysan de ces contrées est maraudeur, il grappille volontiers et ne se fait scrupule ni de voler une hottée de légumes, ni de couper un arbre la nuit, ou bien encore de pénétrer dans un poulailler de ferme et d'y faire main-basse sur des volailles.

Mais il était si bien avéré que la famille de Verne était la providence de la contrée, que les malheureux avaient coutume de dire :

— Nous aimerions mieux voler le bon Dieu que madame la baronne.

On fut donc assez étonné à Châteauneuf de voir un

domestique du château venir à la gendarmerie et s'adresser au brigadier.

D'ordinaire, on n'a recours aux gendarmes que pour leur dénoncer un vol ou un méfait quelconque.

Nicolas lui-même ne put s'empêcher de dire au domestique :

— Que s'est-il donc passé chez vous ?

— Mais rien, que je sache, répondit-il.

— Et vous ne vous doutez pas de ce que madame la baronne peut me vouloir ?

— Ma foi, non.

Puis le domestique, se ravisant, ajouta :

— Eh ! mais pardon... vous vous appelez M. Sautereau, n'est-ce pas ?

— Oui.

— Vous avez été aux chasseurs d'Afrique avant d'être gendarme.

— Oui, mon garçon ; il y a douze ou quinze ans déjà.

— Est-ce que vous n'aviez pas M. de G... pour officier ?

Nicolas tressaillit à ce nom et se souvint du jeune et vaillant lieutenant qui l'aimait comme un frère, à qui il avait cédé son cheval lors de cette fameuse rencontre avec les Arabes Hadjoutes, et qui était mort de ses blessures un mois après.

— Si je m'en souviens ! dit-il avec émotion. Mon pauvre lieutenant !...

— Eh bien, c'était le frère de madame. Madame la baronne est une demoiselle de G...

Nicolas crut comprendre. Il se dit que madame de Verne était désireuse sans doute d'apprendre quelque particularité sur la fin héroïque de son malheureux frère.

Et comme il avait échangé ces quelques mots avec le domestique, tandis qu'ils trottaient botte à botte sur la route de Beaurevoir, il donna un coup d'éperon à son cheval et le mit au galop de chasse.

En moins d'une heure, Nicolas arriva à la grille du parc de Beaurevoir.

— Tenez, dit le domestique en prenant le cheval du brigadier par la bride, vous trouverez madame la baronne là-bas dans le pavillon que vous voyez sous les arbres. Ne vous inquiétez pas de votre cheval, je vais le mettre à l'écurie.

Nicolas se dirigea vers le pavillon.

Au bruit de ses pas, madame de Verne se montra sur le seuil et le salua de la main.

— Entrez, monsieur, lui dit-elle.

Nicolas contemplait avec émotion cette sœur d'un homme pour qui il eût donné tout son sang.

— Monsieur, lui dit la baronne, il n'y a pas longtemps que vous êtes à Châteauneuf?

— Quelques semaines, madame.

— Et vous vous appelez bien Sautereau?

— Oui, je ne me trompe pas, c'est bien de vous que m'a souvent parlé mon malheureux frère dans ses lettres, surtout dans la dernière, hélas! que j'aie reçue de lui.

— Oui, madame répondit Nicolas, c'est bien moi... Et il attendit que la baronne lui reparlât de M. de G..., mais madame de Verne reprit :

— Mon frère vous tenait pour le meilleur et le plus honnête de ses soldats; il vous aimait comme un frère. Aussi je n'hésite pas à m'adresser à vous.

— Ah! madame, répondit Nicolas, serais-je donc assez heureux pour que vous ayez besoin de mes services?

— Oui, dit simplement madame de Verne.

— Parlez, madame. La sœur de mon lieutenant, c'est

14.

comme si c'était lui-même, dit Nicolas avec sa naïve franchise.

— Mon cher monsieur Nicolas, reprit la baronne, ce n'est pas au brigadier de gendarmerie que je me confie, mais à l'homme.

Nicolas s'inclina.

— J'ai trente-deux ans ; je suis encore assez belle pour qu'on songe que je puis me remarier quelque jour. Je n'y songe pas et n'y songerai sans doute jamais, mais je ne suis point femme à m'effrayer de quelque tentative amoureuse de la part de mes voisins.

J'ai une fille trop jeune encore pour que je songe à la marier...

Elle s'arrêta et regarda Nicolas avec une certaine émotion :

— Vous ne me comprenez pas ? dit-elle.

— C'est-à-dire, balbutia le brigadier, pas tout à fait...

— Eh bien, je vais m'expliquer plus clairement. Ma fille ou moi, je ne sais laquelle des deux, nous sommes en butte à d'étranges obsessions.

— De la part de qui ?

— D'un homme que je ne connais pas...

— Et... cet homme ?

— Venez avec moi, dit madame de Verne.

On fit sortir Nicolas du pavillon.

— Tenez, dit-elle, regardez...

Et elle lui montra sur le sol une légère empreinte, celle d'une botte éperonnée.

Puis elle ajouta :

— Un homme s'est introduit dans le parc la nuit dernière, en escaladant le mur ; il a osé venir ici, pénétrer dans le pavillon et écrire un billet sur la table.

Si le billet est pour moi, j'en rirai volontiers ; mais s'il est pour ma fille... comprenez-vous ?

— Oui, madame, répondit Nicolas qui continuait à envisager l'empreinte de la botte.

Madame de Verne ajouta :

— Aussi n'ai-je point hésité à m'adresser à vous; et elle le fit rentrer dans le pavillon.

XLVI

Madame de Verne, après avoir ramené Nicolas Sautereau dans le pavillon, lui dit :

— Écoutez-moi bien, et vous verrez ce que j'attends de vous.

— Parlez, madame.

— Ma fille et moi nous sortons quelquefois en voiture dans les environs, poursuivit madame de Verne. Quelquefois aussi nous montons à cheval.

Depuis le commencement de l'automne, nous avons rencontré vingt fois, toujours comme par hasard, mais, en réalité, on ne peut se tromper sur ses intentions, un de nos voisins éloignés qui semble affectionner cette partie de la forêt.

C'est un homme de trente-cinq ans qui porte un nom distingué, mais jouit d'une assez mauvaise réputation.

Il a souvent affecté de nous suivre, il nous a saluées avec des intentions marquées.

Est-ce à ma fille, est-ce à moi que s'adressent ses assiduités? Voilà ce qu'il est difficile de savoir.

Toujours est-il que je jurerais que cet homme et celui qui a pénétré ici la nuit dernière ne font qu'un.

— C'est assez probable, dit Nicolas; mais, madame la baronne, ne me disiez-vous pas qu'il avait écrit un billet?

— Puis une déclaration folle et mal tournée qui peut aussi bien s'adresser à moi qu'à ma fille. Je l'ai déchirée dans un premier mouvement de colère, et je m'en repens à présent, car ce papier aurait pu nous guider dans nos recherches.

— C'est vrai, dit Nicolas.

— Enfin, reprit madame de Verne, si ce monsieur a jeté ses vues sur moi, ce ne sera que demi-mal. Je suis d'âge à l'éconduire poliment, et ce n'est pas avec ma fortune qu'il réparera la sienne, qui est, paraît-il, dans une situation déplorable.

Mais je crains qu'il ne songe à épouser ma fille, et c'est là que mes angoisses commencent. Annette est une petite folle, très-enfant, très-exaltée, qui prendra pour de l'amour et de l'enthousiasme les caculs intéressés de ce monsieur.

— Madame, interrompit Nicolas, vous avez bien fait de me dire que vous vous adressiez à l'homme, car je ne sais vraiment pas ce que pourrait faire le gendarme.

Madame de Verne baissa encore la voix :

— Ma plus grande terreur, c'est que ma fille, qui m'a déjà questionnée plusieurs fois sur cet homme, apprenne son audacieuse tentative. Aucun de mes gens, pas même le jardinier, ne s'est aperçu de cette agression avec escalade qui, jusqu'à un certain point, tombe sous le coup de la loi.

— Oh ! certainement.

— Cet homme ne s'arrêtera pas en si beau chemin, et cependant je n'ai aucun prétexte à donner à ma fille pour l'éloigner d'ici et faire un voyage; il faut donc absolument que vous me débarrassiez des importunités de ce monsieur. Comment? je ne sais...

Mais quelque chose me dit que vous êtes le seul homme à qui j'aie eu raison de m'adresser.

— Madame, répondit le brigadier, je ferai de mon mieux. Maintenant, un mot encore. L'homme dont vous parlez n'est-il pas monsieur de Saint-Jullien?

— Oui, c'est bien lui.

— C'est bien. Je me charge de lui faire comprendre qu'on ne franchit pas les clôtures la nuit, comme un maraudeur.

Nicolas prit congé de madame de Verne et retourna à Châteauneuf.

Le valet de chambre du château avait jasé; on savait à Châteauneuf tout comme à Beaurevoir, que Nicolas avait servi sous les ordres de M. de G..., le malheureux frère de madame de Verne, et la chose était suffisante pour justifier la visite du brigadier à la baronne.

Nicolas rentra ostensiblement à la caserne, s'en alla souper chez un de ses gendarmes, car il était encore garçon et n'avait pas de ménage, et se montra un moment, le soir, au café du pays.

Il y avait là tous les habitants un peu aisés de la petite ville ce qu'on appelle la petite bourgeoisie.

On y jouait au billard et au piquet, à l'impériale et aux dames.

Des chasseurs faisaient sonner leurs exploits de la journée, et ce dernier sujet de conversation était même celui qui finissait, vers la fin de la soirée, par primer tous les autres.

La forêt n'est pas loin de Châteauneuf, et il est peu d'années où il ne soit question d'un grand *laisser courre* ou d'une homérique battue aux sangliers.

Au moment où le brigadier entra, un chasseur de plaine disait :

— Est-ce que monsieur de Saint-Jullien était de la dernière chasse à courre ?

— Non répondit le débitant de tabac, qui, en même temps, vend de la poudre.

— Monsieur de Saint-Jullien n'a plus d'action, dit un autre habitué, ça coûte trop cher... Il n'est pas riche maintenant, et quatre cents francs ne se trouvent pas sous le pied d'un cheval.

Un des malins de l'endroit cligna de l'œil.

— A savoir... dit-il.

C'est tout su, répondit le marchand de tabac. Au jour d'aujourd'hui, monsieur de Saint-Jullien n'a pas 5,000 fr. de rente.

— Il est dur à payer, dit un autre.

— Moi, fit un braconnier que son habileté à chasser la bécasse avait fait admettre dans la société, je me suis joliment laissé entortiller par lui, un jour...

— Comment ça !

— Il m'a emmené à la chasse au sanglier ; j'avais mes deux chiens de vache qui, vous le savez, vont droit à la bauge et vous font toujours tirer le sanglier en ferme. Nous entrons sous bois; voilà Ravageot qui donne un coup de voix. Ça y est! dis-je, et nous voilà partis au fourré. Nous arrivons ; Ravageot coiffait un superbe ragot de cent-cinquante, et Ravaude, ma chienne, lui mordait les cuisses.

M. de Saint-Jullien tire et attrape mon chien dans le cou. Le sanglier charge, mais je l'arrête d'une balle dans l'épaule. Mon chien n'est pas mort, mais il a été malade six mois. Quant au sanglier, nous l'avons traîné dans une voiture à une ferme voisine. M. de Saint-Jullien l'a emmené tranquillement et ne m'a seulement pas remercié pour le service. Si jamais il a besoin de moi, je l'engage à s'adresser autre part.

— C'est un joli cuistre tout de même! dit-on à la ronde.

— Ah! dame, c'est fier, reprit le braconnier, mais ça ne paye pas.

— Eh bien, moi, reprit celui qui avait cligné de l'œil avec un malin sourire, j'ai mon idée.

— Rapport à quoi?

— Vous disiez qu'on ne trouve pas quatre cents francs sous les pieds d'un cheval?

— Ca ne s'est pas encore vu, du moins, fit Nicolas en riant.

— Ca se verra cette fois.

— Plaît-il? fit-on à la ronde.

— M. de Saint-Jullien a idée de se marier.

— A cheval? demanda Nicolas qui se prit à écouter attentivement.

— Pas précisément. Mais son cheval l'aidera joliment. Il y a une jolie trotte de Saint-Jullien à Beaurevoir, et cela n'empêche pas que depuis quelque temps son cheval fait les deux chemins tous les jours.

— Mon garçon, dit le marchand de tabac d'un ton sentencieux, les dames du château de Beaurevoir ne sont pas pour son nez.

— Bah! bah! mademoiselle Annette aura bien deux cent mille francs de dot. Ca tire un peu l'œil de M. de Saint-Jullien.

— Oui, mais madame la baronne n'est pas femme à se laisser entortiller par lui.

— D'autant mieux, reprit le braconnier qu'un chacun sait, par ici, et madame la baronne comme tout le monde que la Marceline fait à Saint-Jullien la pluie et le beau temps. C'est une belle fille la Marceline, et méchante à proportion. Si jamais une femme entrait au château, on en verrait de belles.

— Eh bien! vous verrez... je sais ce que je sais...

— Ah! vraiment!

Nicolas alluma sa pipe et dit au beau parleur :

— Puisque vous en savez si long, régalez-nous en donc d'abord, et puis je vous ferai un cent de piquet.

— Connaissez-vous la maison d'Ulysse le chambrion, sous bois?

— Pardine.

— Un joli cadet, celui-là. Il a bien manqué passer, l'hiver à Orléans, dit le marchand de tabac, et aller ensuite au printemps se promener sur la mer jolie.

— Qu'avait-il donc fait? demanda le brigadier.

— Il avait mis le feu à une meule, histoire de se venger d'un fermier.

— Oui, mais comme il n'y avait pas de preuve on l'a laissé tranquille. Mais c'est égal, on est fixé sur le particulier dans Châteauneuf.

— Après? fit le brigadier.

Le malin continua.

— C'est l'ami de M. Victor. Vous savez, c'est son petit nom, à M. de Saint-Jullien.

— Bon!

— Et M. Victor va chez lui tous les soirs, et lui laisse son cheval, et il s'en va rôder aux alentours de Beaurevoir.

— Pourquoi donc faire?

— Je crois qu'il a dans l'idée d'enlever mademoiselle Annette.

— Peuh! répondit le marchand de tabac, ça ne lui est pas encore arrivé, et ça ne lui arrivera pas encore de sitôt.

— Il sait bien que s'il la demande on la lui refusera.

— Oh! pour ça oui, dit le braconnier.

— Et il a pourtant bien envie des deux cents mille francs.

— Ils lui passeront sous le nez, soyez tranquille.

— Oui, mais mademoiselle Annette est une tête un peu folle.

— La mère a de la raison pour deux.

— Eh bien! si j'étais à sa place...

— Que feriez-vous? demanda le brigadier d'un air indifférent.

— Je me méfierais.

— Mais de qui?

— De Marton la bossue..

— La femme de chambre?

— Oui.

— Et pourquoi donc ça?

— C'est la cousine à Ulysse le chambrion. On dit même qu'ils sont mieux que ça.

— Peuh! on dit tant de choses.

— Et je m'en irais passer l'hiver à Paris. C'est un entêté, un butor. Il est bien homme à faire jaser sur le compte de mademoiselle Annette.

— S'il faisait cela, dit le marchand de tabac avec indignation, il n'y aurait pas sur le finage de Châteauneuf assez de pierres à lui jeter.

— Enfin, suffit, dit le malin, ça ne me regarde pas.

— Faisons notre piquet, ajouta le brigadier. Duriveau, des cartes?

Duriveau était le nom du cafetier.

Comme ce dernier plaçait un petit tapis et des cartes graisseuses devant le brigadier, on entendit au dehors le pas d'un cheval qui s'arrêta à la porte.

— Tiens, fit Nicolas, serait-ce mon confrère de Jargeau?

15

Le malin s'était approché de la croisée.

— Quand on parle du loup, dit-il, on en voit la queue.

En ce moment la porte s'ouvrit, et un homme chaussé de grandes bottes à l'écuyère entra en faisant grand bruit :

— Eh! Duriveau, mille tonnerres! un coup de *vieille*, j'ai le gosier sec comme un moulin, aussi vrai que je m'appelle Victor de Saint-Jullien.

Et il jeta sa cravache sur la table, ajoutant :

— Bonjour, vous autres et toute la compagnie!

XLVII

Toute l'attention du brigadier se concentra alors sur le nouveau venu.

M. Victor, comme on l'appelait dans le pays, était un homme de taille moyenne, aux épaules carrées, au cou musculeux, au teint rougeaud.

En dépit de son origine aristocratique, il avait des pieds et des mains énormes, et on devinait, à première vue, qu'il était doué d'une force herculéenne.

Il avait un collier de barbe rouge.

Sa mise rappelait celle de certains bonshommes que Paris ne voit qu'à l'époque des expositions canines.

Toujours botté ou guêtré, habillé de velours des pieds à la tête, le fouet ou la cravache en main, il était grand amateur de foires et de fêtes villageoises.

Bien qu'il fût un pauvre agriculteur, il se montrait aux comices agricoles, faisait valoir son maigre domaine, entretenait une demi-douzaine de briquets attaqués du *rouge* [1], et depuis qu'il avait renoncé à faire partie des actionnaires de la forêt, il *chassaillait* un peu partout et braconnait au besoin.

— Ce pauvre Saint-Jullien, disait-on, il faut l'inviter.

Une douairière du Val avait prédit, du reste, qu'on lui trouverait une héritière qui rebadigeonnerait le manoir.

Les Saint-Jullien, du reste, étaient de bonne maison, et si le père de M. Victor n'avait pas croqué les trois quarts de sa fortune, ce dernier, en dépit de son manque d'éducation, eût trouvé quelque bon parti dans le voisinage.

Mais les gens qui se ruinent après avoir eu jadis une opulence relative, deviennent experts en affaires. De gentilhomme guerrier à gentilhomme fermier il n'y a souvent qu'un pas, et le fermier finit toujours par dominer.

L'homme qui discute le prix des avoines, traite avec les métayers, achète et vend des bestiaux, finit par avoir cet esprit madré du paysan qu'il fréquente.

Les tours de Saint-Jullien qui se miraient dans les eaux d'un étang saumâtre étaient peut-être bien aussi vieilles que celles de Beaurevoir.

Mais là s'arrêtait la comparaison.

La baronne de Verne était aimée, respectée, vénérée même.

M. Victor n'inspirait ni amour ni confiance à personne.

Les gens de la campagne qui avaient affaire à lui s'avertissaient continuellement :

— Tiens-toi bien ! se disaient-ils. C'est plus malin qu'un charbonneux, M. Victor; et si on le laissait faire, il vous mettrait sur la paille.

1. Chien galeux.

Et puis, comme on venait de le dire tout à l'heure dans le petit café de Châteauneuf, il y avait à Saint-Jullien une maritorne appelée la Marceline, qui était la forte tête du château, le despote humble devant qui tout pliait. Si on voulait rester chez M. Victor et qu'on fût assez malheureux pour avoir besoin de manger son pain, c'était d'abord à la Marceline qu'il fallait plaire.

C'était une gaillarde fille de trente ans, d'une beauté rageuse et hardie, d'un tempérament violent, et qui était parvenue à dominer cet homme que personne ne dominait et qui avait en toute chose un entêtement qu'on eût pris pour une volonté de fer.

Du reste, ambitieuse à la sourdine, rêvant de se faire épouser tôt ou tard, mais économe, habile dans la direction d'une maison où l'on fait valoir, et ayant à cœur d'arrêter la ruine qui menaçait M. Victor.

M. Victor entra donc dans le cabaret, en demandant à Duriveau un verre de vieille eau-de-vie.

— Bonjour, mes enfants, dit l'hercule en s'asseyant sans façon devant la table qui était auprès du feu; qui veut trinquer avec moi?

Le malin s'approcha:

— Moi, si vous le voulez bien, monsieur Victor, dit-il en ôtant sa casquette.

M. Victor lui versa un grand verre d'eau-de-vie.

— A votre santé, sauf vot'respect! monsieur Victor, dit le malin.

M. de Saint-Jullien avisa Nicolas Sautereau.

— Ah! dit-il, c'est vous qui êtes notre nouveau brigadier?

— Oui, monsieur.

— Vous n'aurez pas grand'chose à faire ici, le pays est bon.

Puis voyant le braconnier qui tout à l'heure s'était plaint durement de sa ladrerie :

— Ah! te voilà, Bigorneau?

— Oui, monsieur.

— Et ton chien?

— Il est guéri, monsieur.

— Il faudra que je t'emmène un de ces jours, mon garçon; j'ai une horde de bêtes rousses dans mes bois derrière Saint-Jullien.

Le braconnier fut plus courageux que les autres bourgeois de Châteauneuf.

— Merci bien, monsieur, dit-il, mais le jeu n'en vaut pas la chandelle.

— Qu'est-ce à dire, drôle? fit M. de Saint-Jullien avec hauteur.

— Ma foi! monsieur, dit le braconnier sans s'émouvoir, vous m'avez emmené une fois, je vous ai tué un sanglier que la Marceline vous a mis au saloir, et j'ai eu pour tout bénéfice mon chien décousu. C'est vraiment trop cher, ou pas assez.

— Veux-tu que je te paye ton sanglier? fit M. Victor, dont le visage s'empourpra, tandis que ses lèvres blémissaient de fureur.

— Je veux bien, dit le braconnier.

— Eh bien, viens-t'en demain à Saint-Jullien.

— Si vous me dites ça, reprit le courageux paysan, c'est que demain vous serez autre part qu'à votre château.

M. de Saint-Jullien n'était pas patient; il se leva et brandit sa cravache.

— Mais Nicolas lui arrêta le bras.

— Hé! monsieur, dit-il, que craignez-vous donc? Tout le monde vous connaît ici, et on sait bien que vous n'êtes pas homme à manquer de parole à un pauvre diable.

En même temps le brigadier adressait un énergique regard au braconnier, qui se tut.

Mais M. Victor était *parti*, comme on dit :

— Ah! drôle, dit-il, si jamais je te retrouve sur les terres de Saint-Jullien, je te traiterai d'importance.

— Faudra que je marche bien lentement pour y rester longtemps, dit le braconnier, car vous n'en avez pas large, des terres.

Et, sur cette dernière insolence, il sortit.

M. de Saint-Jullien avala coup sur coup deux verres d'eau-de-vie et grommela :

— Je pourrais bien en avoir bientôt plus large qu'on ne croit.

C'était une jolie occasion pour ce bourgeois lettré, qui était le malin de la campagne et que le grossier gentilhomme avait invité à sa table, de sonder le terrain.

— Il est certain, monsieur Victor, dit-il, que quand vous le voudrez, les terres de Saint-Jullien s'agrandiront comme si elles étaient en caoutchouc.

— Ah! tu crois? fit M. Victor qui se rengorgea et prit un petit air fat.

— Un homme de votre rang, voyez-vous, ça trouve une riche héritière quand ça veut, reprit le malin.

— Hé! hé! ricana M. Victor, on ne sait pas...

— Oh! c'est tout su...

— Et qui donc t'a dit ça?

— Suffit! on est fixé...

Et le malin cligna de l'œil et eut un sourire aimable.

Alors M. Victor se leva et jeta une pièce de dix sous sur la table :

— Voilà pour ton eau-de-vie, Duriveau, dit-il.

Duriveau salua, mais il regarda le marchand de tabac d'un air qui voulait dire :

— Le commerce n'enrichit pas avec de semblables pratiques; il me paye dix sous d'eau-de-vie, et il en a bu pour trente.

Le marchand de tabac se risqua d'adresser la parole à M. Victor.

— Vous êtes bien attardé à Châteauneuf, monsieur?

— C'est vrai. Je suis venu voir le marchand de grains pour du blé de semailles, répondit M. de Saint-Jullien. Mais ça me convenait de voyager la nuit.

Et, à son tour, il cligna de l'œil d'un air mystérieux.

— Il y a deux bonnes lieues d'ici Saint-Jullien, dit Duriveau.

— Et des lieues de pays encore!...

— Monsieur de Saint-Jullien, dit un autre, n'est pas sans connaître le chemin de la forêt.

— Oui certes, je le connais.

— On passe par Beaurevoir... sous les murs du parc.

— C'est toujours par là que je prends.

Et cette fois, M. Victor qui s'était adossé à la cheminée pour chauffer ses larges mollets, se décida tout à fait à la retraite.

— Allons! en route! dit-il. Bonsoir, tout le monde.

Et comme il restait une goutte d'eau-de-vie dans le carafon, il la but à même.

Duriveau fit la grimace, mais il ne dit rien.

— Hé! monsieur, dit le marchand de tabac d'un ton goguenard, pendant que vous vous réchauffez l'estomac, votre cheval gèle à la porte.

— C'est un rossard, dit le gentilhomme, qui en a vu bien d'autres. J'ai chassé des quinze heures avec lui sans qu'il croquât un grain d'avoine.

Et sur ces mots, il sortit.

Les habitués du café le virent à travers les vitres sauter en selle et partir au galop.

— Il est pressé, dit l'un d'eux.

— Pas tant qu'on le croit, dit le malin. Qu'elle heure est-il?

— Neuf heures.

— Quand il sera hors de Châteauneuf, il s'en ira jusque chez Ulysse le chambrion. On se couche tard au château de Beaurevoir.

— Eh bien?

— Suffit, je m'entends.

— Messieurs, dit le brigadier Nicolas Sautereau, je vous souhaite le bonsoir. Je vais me coucher.

Et il sortit à son tour.

XLVIII

Le brigadier retourna à la caserne, dont la principale façade donne sur la Grande-Rue, tandis que le derrière, qui est pourvu d'un assez vaste potager, touche aux champs du côté du nord.

Un de ses gendarmes l'attendait.

— Mon cheval est-il sellé? demanda Nicolas.

— Oui, brigadier, comme vous me l'avez dit; vous le trouverez attaché à un arbre au bout du jardin.

En quelques secondes, Nicolas se fut dépouillé de son uniforme, qu'il remplaça par une bonne blouse de fermier, et au lieu de son tricorne, il mit sur sa tête un de ces larges chapeaux de meunier de feutre grisâtre, qui sont le signe distinctif de la profession.

Puis il passa à son poignet un gros bâton de houx retenu par un solide cordon de cuir, et il se dirigea vers l'extrémité du potager où le cheval attendait.

Le cheval avait, lui aussi, subi une métamorphose.

On lui avait retroussé et tressé la queue, comme à une monture de paysan.

La bride et la selle d'ordonnance avaient fait place à un bridon pomponné de rouge avec de grosses œillères, et à une bonne bride plate à étriers en coquille.

Sur le devant de la bride était attaché un portemanteau.

Mais dans le portemanteau, le gendarme, sur les ordres de son brigadier, avait glissé deux pistolets.

Ainsi vêtu, ainsi monté, le brigadier Nicolas Sautereau ressemblait à un meunier des environs se rendant à quelque foire éloignée.

Il sortit par la porte du potager et alla, par les champs, gagner la route de la forêt.

Il y avait trop peu de temps, du reste, que Nicolas était à Châteauneuf, pour que les gens des environs, ceux qui ne viennent que rarement en ville, pussent le reconnaître, surtout la nuit. Mais le gendarme est doué d'une merveilleuse faculté; il sait, en quelques heures, la topographie d'un pays; un mot lui ouvre tout un horizon, et sa perspicacité devient merveilleuse.

En sortant de Beaurevoir, Nicolas avait étudié la forêt; il avait aperçu, de l'autre côté du parc, sous bois, une maisonnette qui, à n'en pas douter, était la demeure d'un chambrion.

Cette remarque et les quelques mots entendus au café l'avaient fixé.

La maisonnette entrevue était celle d'Ulysse le chambrion.

Or, il avait deviné aux quelques mots échappés à

M. Victor de Saint-Jullien et à son attitude narquoise, qu'il s'arrêterait à cette maison.

En outre, et comme l'avait dit le malin convive du gentilhomme, comme il n'était que neuf heures, il était peu probable que M. Victor s'en allât grand train.

Il était même à peu près certain qu'il s'en irait tranquillement au pas jusqu'à la lisière de la forêt.

Les gendarmes sont montés d'ordinaire sur des chevaux normands dont le trot s'entend de loin.

Nicolas mit donc son cheval au trot et, moins de vingt minutes après, il aperçut quelque chose de noir qui marchait devant lui.

C'était M. Victor qui sommeillait à demi sur sa selle.

Quand le faux meunier fut près de lui, le cheval du gentilhomme surpris prit le trot, puis, retenu par son cavalier, se cabra et hennit.

C'était un cheval entier.

— Hé! vieux rossard! grommela M. Victor, vas-tu pas te tenir tranquille?

— Hé! monsieur le bourgeois, cria Nicolas en arrivant sur lui et grossissant un peu sa voix, à laquelle il donna l'accent bien sonore.

— Qu'est-ce qu'il y a pour votre service, l'ami? fit M. Victor qui se tourna sur sa selle.

— C'est-y pas la route de Combreux, ça?

— Pas tout à fait, répondit M. Victor.

— Me serais-je donc trompé? murmura le faux meunier.

— Pas de beaucoup, répondit M. de Saint-Jullien, mais enfin vous vous êtes trompé.

— Ah! quel malheur! geignit le faux meunier.

— Est-ce que vous allez à la foire de Combreux?

— Oui, monsieur. Et par où donc qu'il faut passer?

— Si vous n'êtes pas trop pressé, je vous mettrai dans votre chemin, mon brave homme.

— Vous serez bien honnête, monsieur.

— Car, reprit M. Victor, mon cheval est un peu las ; tandis qu'il me semble que le vôtre...

— C'est un rude percheron, pour ça, bien sûr ! dit Nicolas ; le chemin ne lui fait pas peur.

— Eh bien ! mettez-le au pas, et d'ici une demi-heure je vous ferai voir la route de Combreux, que vous tomberez tout droit dedans sans pouvoir vous tromper. D'ailleurs il n'y a qu'un pont sur le canal.

Nicolas rangea son cheval auprès de celui de M. Victor. Puis il releva le collet de sa limousine en disant :

— Brr ! il fait froid ce soir.

— Oui, le temps est dur ; est-ce que vous venez de loin ?

— Du fond de la Sologne, où j'ai fait une affaire avec le fermier du marquis de R..., je lui ai vendu du blé de semailles.

— Ah ! ça, qu'est-ce qu'il vaut le blé de semailles, cette année ?

— Environ dans les vingt-sept ou vingt-huit francs.

— Il n'est pas cher.

Tout en causant, Nicolas et M. Victor étaient entrés dans la forêt, et ils passaient au pas sous les murs du château de Beaurevoir.

Le faux meunier remarqua que M. de Saint-Jullien jetait un regard furtif sur les fenêtres du château, dont quelques-unes étaient éclairées encore.

Dix minutes après, ils arrivèrent à un de ces poteaux peints en gris qui servent d'indicateurs dans la forêt, et qui se dressent ordinairement à la rencontre de plusieurs routes.

— Tenez, dit M. Victor, voilà votre chemin, c'est la

route du Ruet; elle mène tout droit à l'étang, et de l'étang à Combreux.

— Merci bien, mon bourgeois, dit le meunier.

— A votre service, dit Victor, qui prit, lui aussi, la route du Ruet.

— Mais, dit le faux meunier, c'est votre chemin aussi?

— Oh! pas pour longtemps.

En effet, à cent mètres du poteau, M. de Saint-Jullien fit sauter le fossé à son cheval, et entra sous bois, dans un faux chemin.

L'œil perçant de Nicolas avait vu blanchir à travers les arbres la maison du chambrion.

Cette maison, comme il l'avait deviné, était le but du voyage nocturne de M. de Saint-Jullien.

Le faux meunier continua son chemin au pas; mais quand il fut à cent mètres plus loin, et bien sûr que M. Victor était entré chez le chambrion, il fit également franchir le fossé à son cheval et se jeta sous bois.

Une fois là, il chercha un fourré, y attacha son cheval, qui se mit tranquillement à lécher l'écorce d'un chêne et à tordre un peu d'herbe folle autour de lui.

Puis, à pas de loup, il se dirigea vers la maison d'Ulysse. C'était le nom qu'on donnait au solitaire de la forêt d'Orléans.

Cette maisonnette, bâtie en torchis et qui ressemblait assez à une habitation de garde, se dressait au milieu d'une petite clairière, à deux pas d'une mare qui se trouvait à sec en été.

Il y avait un bout de jardin que le chambrion cultivait dans ses moments de loisir, car il était bûcheron et charbonnier de son état.

Nicolas, qui s'était avancé avec la plus grande circonspection à travers les arbres, aperçut le cheval attaché à la porte.

Un filet de lumière passait à travers le carreau de papier huilé qui remplaçait les vitres.

Un bruit de voix s'échappait de la maison.

Nicolas avait l'oreille fine. Il écouta et entendit ces mots :

— Elle va venir !

Il tressaillit et s'approcha plus près encore de la maison.

Il y avait auprès de la fenêtre qui était, du reste, percée sur la façade opposée à celle de la porte, un tas de bourrées sur lesquelles Nicolas monta.

Le châssis de la fenêtre était disjoint. On pouvait voir au travers.

Nicolas regarda.

M. Victor de Saint-Jullien était assis devant un maigre feu de tourbe, vis-à-vis de son hôte.

Celui-ci était un homme entre deux âges, petit et bossu, au visage cauteleux, à l'œil clignotant.

— Es-tu sûr que Marton viendra? demandait M. de Saint-Jullien.

— Aussi sûr que vous voilà là.

— Mais quand?

— Ah! dame! quand on sera couché au château; ça ne peut tarder.

— Je voudrais bien savoir l'effet de ma lettre.

— Si la demoiselle l'a lue, elle lui aura fait de l'effet, ricana le chambrion. C'est jeune et c'est fou en diable, la petite.

— Comment veux-tu qu'elle ne l'ait pas lue?

— Ah! dame! répondit Ulysse, madame la baronne entre souvent la première dans le pavillon.

— Diable !

— Et la maman ne plaisante pas !...

M. de Saint-Jullien parut rassembler ses souvenirs.

— Après ça, dit-il, le billet pouvait s'adresser à la mère aussi bien qu'à la fille.

— Bon! mais le but n'est pas le même.

— Hé! hé! fit M. de Saint-Jullien, elle est belle, la baronne : c'est un fruit mûr, mais il est bon. Si j'épousais la mère.

— Monsieur Victor, dit le chambrion, ne vous lancez pas dans cette besogne, vous ne réussirez pas.

— Tu crois?

— Ah! dame! j'en suis sûr...

— Chut! fit le gentillâtre, il me semble que j'entends marcher sous bois.

— C'est peut-être la cousine Marton.

Et Ulysse le chambrion alla entrebâiller la porte.

XLIX

Ulysse le chambrion ayant ouvert la porte, se fit une longue-vue de sa main fermée et arrondie.

La nuit était claire, les arbres dépouillés tamisaient sur la brume du bois un rayon de lune.

Un être vivant apparut à l'extrémité de cette petite clairière dont la maisonnette était le centre.

C'était Marton la bossue.

Ulysse s'en alla à sa rencontre, laissant M. Victor de Saint-Jullien assis au coin du feu.

La bossue et le chambrion qui, dit-on, ne s'en tenaient pas entre eux seulement aux liens de leur parenté, étaient bien faits pour s'entendre à première vue : même taille, même gibbossité, même regard défiant et cauteleux.

La Marton était pourtant un vieux serviteur du château de Beaurevoir.

Elle était la sœur nourricière de feu M. de Verne, et, grâce à cette circonstance, elle était née au château.

Aussi en dessous, pateline, elle avait su gagner la confiance de la baronne, et elle était devenue la femme de chambre de mademoiselle Annette.

Elle avait un grand empire sur la jeune fille, de même que son cousin Ulysse en avait un très-grand sur elle.

Jusqu'alors les mauvaises qualités de Marton n'avaient nui qu'à elle-même.

Petite, grêlée, bossue, laide à faire peur, en un mot elle avait depuis longtemps coiffé sainte Catherine, lorsque le chambrion Ulysse s'avisa de lui faire des promesses de mariage et de lui rappeler leur parenté.

La Marton avait trente-six ans, et elle mourait d'envie de se marier ; c'était par ce côté faible que l'ennemi s'était introduit dans la place, c'est-à-dire que l'homme qui servait M. de Saint-Jullien avait triomphé des scrupules de Marton.

Or, ainsi qu'on va le voir, Marton avait encore ses scrupules.

— Ah! cousin, dit-elle tout bas quand Ulysse l'aborda, c'est bien mal ce que nous faisons là.

— Quoi donc? cousine...

— Faire la main à ce vaurien de M. Victor, pour qu'il épouse mademoiselle.

— Avec ça que ce n'est pas un joli garçon, M. Victor !

— Oui, mais il déplaît bien à madame.

— Pourvu qu'il plaise à mademoiselle Annette, c'est l'essentiel.

— Oh! ça, oui, elle en a déjà la tête montée.

— Alors tout va bien.

— C'est égal, soupira Marton, c'est mal, et je ne devrais pas me mêler de ça.

— Songez, cousine, que nous aurons quatre beaux mille francs pour le prix de nos peines, si le mariage se fait.

— Oui, j'y pense bien.

— Et, avec ça, on entre joliment bien en ménage, n'est-ce pas, cousine?

— Oui, dit la Marton toute palpitante d'émotion, mais il faut prendre ses précautions.

— Avec qui?

— Avec M. Victor, donc! ça ne vaut pas cher, entre nous, ce particulier-là.

— Chut! dit Ulysse.

— Faut vous faire faire un papier, cousin.

Ulysse cligna de l'œil.

— C'est fait, dit-il, n'ayez pas peur, cousine. Je sais graisser mes bottes avant de partir en voyage.

La Marton et lui entrèrent alors dans la maisonnette où M. Victor continuait à se chauffer.

Seulement comme le gentilhomme était prodigue du bien des autres, tandis que son hôte allait au-devant de la bossue, il avait jeté une bourrée de plus dans le feu, ce qui produisait une belle flamme qui permettait au faux meunier, c'est-à-dire à Nicolas, de voir à travers la fenêtre, dans l'unique pièce de la maisonnette, comme si on eût été en plein jour.

La croisée, nous l'avons dit, était opposée à la porte, de telle façon que lorsque le bûcheron était sorti, Nicolas n'avait pas eu besoin de se déranger du tas de fagots sur lequel il avait établi son observatoire.

— Eh bien! petite? fit M. Victor en regardant la bossue.

— Monsieur, répondit Marton, mademoiselle Annette parle de vous tout le long du jour.

— Ah! ah! vraiment? fit le rustre, tout radieux et caressant sa barbe rouge d'un air conquérant.

— Vous pensez bien, reprit Marton, que je lui ai bien recommandé de ne pas prononcer votre nom devant madame la baronne.

— Et quelle raison lui as-tu donnée?

— Que monsieur votre père avait eu des raisons autrefois, par rapport à la chasse, avec feu M. le baron, et que madame la baronne, qui ne savait pas bien l'histoire au juste, avait besoin d'être préparée à ses idées de mariage.

— Ah! ah! mais c'est très-ingénieux cela, et tu es une fille d'esprit.

— Merci bien! dit Marton flattée.

— Et ma lettre? dit M. Victor.

— Quelle lettre? demanda Marton.

— Eh bien! la lettre que je lui ai écrite la nuit dernière, donc!

— Vous avez écrit à mademoiselle Annette? dit Marton étonnée.

— Mais oui.

— A qui avez-vous donc remis la lettre?

— Ah! dit M. Victor, je ne l'ai remise à personne, j'ai fait mieux.

— Qu'avez-vous fait? dit Marton inquiète.

— Ne m'as-tu pas dit que mademoiselle Annette va tous les jours travailler dans le pavillon du parc?

— Oui.

— Eh bien, la nuit dernière, j'ai sauté par-dessus le mur du parc.

— Ah! mon Dieu!

— Je suis entré dans le pavillon et j'ai mis un joli poulet bien tourné sur la table.

— Nous sommes perdus! dit Marton avec une expression de terreur.

— Pourquoi donc ça? dit M. Victor.

— Mais, dit la bossue, parce que je suis sûre que mademoiselle Annette n'a pas eu votre lettre.

— Elle n'est donc pas entrée dans le pavillon ce matin? dit M. Victor.

— Non, c'est madame, et madame l'aura trouvée.

— Heureusement, dit M. Victor, que je ne l'ai pas signée et que je n'ai pas davantage écrit le nom de mademoiselle Annette.

— Ah! fit la bossue.

— Ce qui fait que la baronne aura pu prendre le poulet pour elle.

— C'est égal, monsieur Victor, dit Ulysse, s'il en est ainsi, je crois que nous ferons bien de nous dépêcher.

— C'est aussi mon avis.

— Car si madame la baronne a l'éveil...

— Elle me chassera! gémit la bossue.

— Et M. Victor n'épousera pas mademoiselle Annette.

— Tonnerre! jura M. Victor, je l'ai pourtant mis dans ma tête.

— Écoutez, dit la bossue qui retrouva bientôt toute son énergie et sut se mettre à la hauteur des événements, il me vient une bonne idée, monsieur Victor.

— Voyons?

— Est-ce que vous ne pourriez pas refaire votre lettre?

— Oui, s'il y a ici de quoi écrire.

— Certainement, dit Ulysse. Un chambrion, ça a de tout chez lui.

Et il posa une table boiteuse devant M. Victor, et sur cette table du papier, de l'encre et une plume.

— Faites-moi une belle déclaration, continua la bossue.

— J'en ai une toute faite dans ma tête, répondit le gentilhomme.

— Et demandez-lui un rendez-vous pour demain soir.

— Où donc ça ?

— Au bout du parc, de l'autre côté du Saut-du-Loup.

— Mais viendra-t-elle ?

— Je vous en réponds, dit la bossue.

— Seule ?

— Mais non... avec moi... ce qui est absolument la même chose.

— Quel esprit elle a, ma cousine ? exclama Ulysse avec admiration.

— Hé ! dit M. de Saint-Jullien, mais si la baronne a vu le poulet, elle sera peut-être sur ses gardes.

— J'ai idée qu'elle aura cru que c'était pour elle.

— C'est bien possible.

— Par conséquent elle ne songera pas à mademoiselle Annette, acheva la bossue.

M. de Saint-Jullien avait un style qui justifierait le mot de M. de Buffon : « le style c'est l'homme. » Sa lettre, qu'il lut tout haut à ses deux acolytes, était aussi grotesque, aussi ampoulée, aussi prétentieuse que sa sotte personne.

Les deux paysans applaudirent à cette forme ampoulée.

— Avec trois billets comme ça, dit la bossue, mademoiselle Annette se laissera enlever, que ça ira tout seul.

Et elle serra la lettre dans la poche de son tablier, en disant :

— Maintenant, il faut que je rentre. A demain soir, monsieur Victor.

— Tu y seras pour sûr?

— Oh! pour sûr! dit la bossue.

Et elle ouvrit la porte pour s'en aller.

L

Marton s'en alla; mais le cousin Ulysse la reconduisit un brin, laissant M. Victor de Saint-Jullien savourant son bonheur par avance, les jambes croisées devant le feu.

Un nuage venait de passer devant la lune et la clairière se retrouvait dans l'obscurité.

— C'est drôle, dit Marton, mais il me semble qu'on marche derrière nous.

Ulysse se retourna et prêta l'oreille :

— Je n'entends rien, dit-il. C'est le vent.

— C'est possible, dit Marton, qui se remit à marcher.

— J'ai pourtant l'oreille fine, dit le chambrion. Personne mieux que moi n'entend les sangliers la nuit dans les avoines.

— Cousin, dit Marton, est-ce que vous posez toujours des collets?

— Toujours. Dame! il faut bien vivre, en attendant les quatre mille francs de M. Victor.

— Et les gardes ne vous prennent pas?

— Je ne crains que les gendarmes; heureusement

qu'il y a un nouveau brigadier, qui ne connait pas la forêt; l'autre, celui qui est parti, a manqué me pincer dix fois.

— Et qu'est-ce que vous prenez dans vos collets?

— Tantôt un lapin, tantôt un lièvre. Ah! la semaine dernière j'ai fait une belle chasse.

— Vraiment!

— J'ai pris un chevreuil, un magnifique brocard dans les quarante à cinquante livres. Le poulailler de Châteauneuf me l'a payé trente francs.

— C'est une belle journée, dit Marion; mais si on vous prenait, cousin?

Le chambrion se mit à rire.

— Un autre, dit-il, en serait quitte pour un procès-verbal, cent francs de frais et la confiscation de son fusil; mais moi, c'est différent.

— Pourquoi donc?

— Parce que j'ai déjà été condamné trois fois; si on me prenait, j'irais en prison.

— Faut prendre garde, cousin!

— Oui, oui, dit Ulysse, j'ai l'œil; mais ça ne m'empêchera pas d'aller relever mes collets cette nuit.

— Mais, reprit la Marton qui avait toujours son idée fixe et en revenait sans cesse à ses moutons, quand nous serons mariés et que nous aurons les quatre mille francs, est-ce que vous continuerez ce vilain métier de braconnier?

— Tout de même, cousine. Qui a bu, boira; j'ai la passion du collet, car, pour dire la vraie vérité, je n'ai pas touché un fusil vingt fois en ma vie.

Le chambrion reconduisit ainsi la grêlée jusqu'à la clôture du parc.

— Adieu, lui dit-il; à demain!

Et il l'embrassa, ajoutant :

— Cousine, savez-vous bien que je n'ai plus de chemises bientôt. Les miennes sont en loques!

— Ah! répondit Marton, c'est que je ne sais plus où prendre de la toile.

— Bah! en cherchant bien.

— C'est tout cherché, cousin. Vous savez, la dernière pièce de toile qui a disparu?

— Oui.

— Madame s'en est aperçue.

— Et elle vous a soupçonnée?

— Oh! pas moi... mais une jeune fille de Combreux qu'on avait prise pour aider à la cuisine et qui a été renvoyée. Quant à moi, cousin, vous savez bien qu'on ne peut pas me soupçonner. Vous savez, il y a trois ans, quand il vous fallait absolument trois cents francs, pour ne pas être exproprié, on a renvoyé la cuisinière pour l'argenterie qui a manqué. Mais moi... allons donc! est-ce que je ne suis pas la sœur de lait de monsieur le baron?

Ulysse se mit à rire; mais soudain la Marton tressaillit.

— Écoutez! dit-elle.

— Quoi donc?

— Il me semble qu'on a marché là... derrière cet arbre...

— C'est des imaginations, répondit Ulysse. La forêt est aussi déserte que l'église de Châteauneuf à cette heure; bonsoir, cousine.

Et il s'en alla pour tout de bon.

La Marton avait la clef d'une petite porte qui ouvrait du parc sur la forêt.

Elle rentra au château et gagna sa chambre, tandis que le chambrion rejoignait M. de Saint-Jullien.

Celui-ci attendait son hôte pour partir.

— On voit bien, dit-il en riant, que vous vous faites un brin de cour, la Marton et toi.

— Pauvre fille, dit Ulysse, elle n'a que le mariage en tête.

— Et tu n'y songes guère, toi.

— Je n'y songe même pas du tout ; car, voyez-vous, monsieur Victor, c'est laid, c'est méchant, bossu et grêlé ; seulement pour qu'elle marche à notre idée, ça ne coûte rien de promettre ; après on verra.

— Farceur ! dit le gros gentillâtre.

Et il détacha son cheval qui était toujours à la porte, broutant l'écorce d'un arbre.

— Quand te verrai-je?

— Est-ce que vous ne viendrez pas faire un tour par ici, demain, avant d'aller au rendez-vous?

— A quoi bon ?

— Vous feriez bien de venir tout de même ; il pourrait y avoir contre-ordre. Vous comprenez?

— C'est juste. Eh bien ! je serai ici à la pointe de neuf heures. Bonsoir, Ulysse.

Et M. de Saint-Jullien sauta en selle et partit au galop, cette fois, car il avait envie de dormir, d'autant plus qu'il avait ingurgité à Châteauneuf un bon demi-litre d'eau-de-vie.

Le chambrion, lui, alla relever ses collets.

Il se dirigea d'abord vers un piége à chevreuil placé dans un très-bon endroit, mais qui s'obstinait à demeurer vide.

Quelle ne fut pas sa surprise en voyant quelque chose d'énorme suspendu à la branche principale de son piége !

Ce n'était pas un chevreuil, vraiment, mais une belle biche, la royale femelle d'un dix-cors, une biche nourrice qui s'était prise et étranglée, la noble bête, tandis qu'elle s'en allait *viander* avec ses deux faons.

— C'est un coup de fortune ! murmura le braconnier.

Et il s'approcha.

La biche était bien morte, mais elle était encore chaude.

Le braconnier la dépendit.

Mais on ne porte pas une biche sur ses épaules comme un brocard ou une chevrette, et là commencèrent pour Ulysse les embarras de la fortune ; il prit l'animal par les pieds de derrière et, à grand effort, il le traîna jusqu'à une ligne de forêt, délibérant en lui-même s'il ne s'en irait point en courant jusqu'à Châteauneuf, prévenir le poulailler qui viendrait avec son mulet enlever l'animal avant le jour.

Mais en ce moment il entendit dans le bas de la ligne forestière le trot d'un cheval.

Ce ne pouvait être qu'un fermier qui s'en allait à la foire de Combreux.

— Hé ! pensa maître Ulysse, il n'y a pas un paysan qui refuse de gagner cent sous.

En place de porter la biche à Châteauneuf, je la porterai à Combreux.

Et il laissa l'animal et courut à la rencontre de l'homme à cheval.

— Hé ! l'ami, lui cria-t-il.

Celui-ci s'arrêta.

— Que voulez-vous ?

— Est-ce que vous êtes de Combreux ?

— Non, mais j'y vais, répondit le cavalier qui avait l'apparence d'un meunier.

— Vous n'êtes pas garde forestier ?

— Non.

— Ni gendarme ? ricana Ulysse.

— Farceur ! dit le meunier.

— Voulez-vous gagner une pièce de cent sous ?

— Oui certes, dit le meunier.

— Avez-vous un bon cheval ?

— Il porterait deux mille.

— Eh bien ! venez avec moi, dit Ulysse.

Et il conduisit sans défiance l'homme au cheval vers l'endroit où il avait laissé la biche.

Mais alors le meunier mit pied à terre :

— Mon brave homme, dit-il, vous n'avez pas de chance, pour cette fois. Je suis le nouveau brigadier de gendarmerie de Châteauneuf, et je vous arrête !

LI

Maître Ulysse fut tellement surpris de cette déclaration inattendue que lui fit le faux meunier, qu'il se mit d'abord à rire :

— Vous êtes un joli plaisant, dit-il, et un autre que moi s'y laisserait prendre.

Mais Nicolas, qui lui avait posé sa large main sur l'épaule, ouvrit sa blouse, et, bien que la nuit ne fût pas très-claire, Ulysse put voir en dessous le baudrier jaune traditionnel et la fameuse plaque à laquelle il est impossible de se tromper.

— Pincé ! murmura-t-il abasourdi.

Puis, payant d'audace :

— Eh bien ! dit-il, faites-moi un procès, je n'en mourrai pas, après tout. Je vas vous dire mon nom.

— Comment t'appelles-tu, mon garçon ? demanda Nicolas, prenant un air naïf.

— Jean Martin.

— Vraiment? Et où demeures-tu?

— A Fleury-sous-Bois.

— Il n'y a qu'un malheur à tout cela, répondit Nicolas.

— Et quoi donc?

— C'est que tu t'appelles Ulysse, et que tu as ta *chambrionne* à deux cents mètres du parc de Beaurevoir.

— Vous êtes malin, vous, dit Ulysse, plus malin encore que votre prédécesseur. Eh bien! puisque vous êtes si bien renseigné, faites-moi mon procès, et laissez-moi aller me coucher.

— Tu oublies encore un détail, mon garçon.

— Qu'est-ce que vous voulez que j'oublie, puisque vous savez tout?

— Tu as déjà subi trois condamnations pour braconnage.

— Eh bien! qu'est-ce que ça vous fait?

— Ça me fait que je t'arrête, et que tu peux bien compter sur deux mois de prison.

A ces mots, Nicolas, qui était un homme de précaution, tira de sa poche de belles poucettes toutes neuves.

— Voyons, mon garçon, lui dit-il, il faut s'exécuter de bonne grâce.

Ulysse regardait son adversaire et sentait bien qu'il ne serait pas le plus fort s'il lui prenait fantaisie d'engager une lutte.

Il tendit donc ses mains de bonne volonté et se laissa emmener.

Nicolas passa la bride de son cheval à son bras, et força son prisonnier à marcher devant lui.

Ils arrivèrent ainsi jusqu'à la route de Strasbourg.

Là, Nicolas se remit en selle; puis il se pencha, saisit Ulysse par les deux épaules, l'enleva de terre comme eût pu le faire un écuyer du cirque, et le plaça devant lui sur la barde.

— Je suis un peu pressé, lui dit-il.

Le vigoureux cheval partit au galop, et, moins d'une heure après, Nicolas et sa capture arrivaient à Châteauneuf.

Il n'était pas encore jour, et personne n'était levé dans la grande rue.

Seul, le gendarme qui avait tenu le cheval prêt quelques heures auparavant attendait son brigadier.

Ulysse avait fortement médité, durant le trajet, sur la versatilité des choses humaines, et, bien qu'il ne sût pas un mot de l'histoire romaine, il se disait quelque chose qui eût pu se traduire visiblement par le fameux vers :

La roche Tarpéienne est près du Capitole!

Deux heures auparavant, le bossu songeait au pot-de-vin de quatre mille francs qu'il prélèverait sur la dot de la future madame de Saint-Jullien.

Il ruminait en outre, dans sa cervelle, une bonne petite combinaison pour ne point épouser Marton la bossue, et ne lui pas donner un écu des quatre mille francs ; et comme il avait l'esprit inventif, il était sur le point de résoudre ce problème difficile.

Tout marchait donc à ravir, lorsque ce malheureux délit de chasse était venu tout compromettre.

Le paysan, à qui l'argent fait faire tant de choses, s'imagine que l'argent est un moyen irrésistible.

Un peu avant que Nicolas et lui n'atteignissent la caserne, Ulysse avait sondé le terrain, parlé d'un petit héritage qu'il attendait, et dit qu'il ferait bien volontiers un sacrifice d'un millier de francs pour se tirer de ce mauvais pas.

Mais Nicolas lui avait ri si franchement au nez, qu'il avait sur-le-champ abandonné ce moyen.

Alors il avait essayé de l'intimidation.

— Est-ce que vous avez entendu parler de madame la baronne? avait-il dit au brigadier.

— Certainement.

— Et de M. de Saint-Jullien?

— Mais oui, répondit encore Nicolas.

— C'est une femme qui a du pouvoir, dit le braconnier; et elle me protége, madame la baronne.

— Ah! vraiment?

— Parce que ma cousine est la sœur de lait de feu M. le baron.

— C'est très-heureux pour toi, mon garçon; mais ça ne t'empêchera pas d'aller en prison.

— Cette nuit, bon! mais demain on me relâchera.

— Je le souhaite pour toi, dit le brigadier. Et M. de Saint-Jullien, qu'est-ce qu'il fera pour toi, lui aussi!

— Oh! celui-là, il ira au tribunal et il me fera acquitter. Quand il veut quelque chose, M. de Saint-Jullien, il n'a qu'un mot à dire. S'il veut vous faire changer, il le fera.

Ulysse avait gardé pour la fin cette dernière menace, mais elle n'eut aucun effet.

Le brigadier l'enferma dans la prison provisoire qui se trouvait à la caserne; puis, avant de le laisser seul, il lui dit avec une bonhomie à laquelle le chambrion se trompa :

— Puisque tu dis que madame la baronne de Verne et M. de Saint-Jullien sont si puissants, il faut leur écrire, mon garçon.

Ulysse donna tête baissée dans le piége.

— Vous avez raison, dit-il. Est-ce que vous leur feriez parvenir mon petit mot?

— Rien ne s'y oppose, et, en dehors de mon devoir, j'ai toujours été obligeant, répondit Nicolas. Veux-tu de quoi écrire ?

Il appela son gendarme, qui s'empressa d'apporter à son prisonnier une plume et de l'encre.

Ulysse écrivit d'abord à M. de Saint-Jullien.

« J'ai été pincé cette nuit par les gendarmes ; ça va nous gêner un peu rapport à la demoiselle. Venez me voir en prison aujourd'hui, si vous pouvez. »

Puis, au lieu de s'adresser à madame de Verne, comme bien on le pense, ce fut à sa cousine Marton qu'il écrivit.

Le brigadier se chargea des deux lettres.

Il était alors cinq heures du matin ; mais le jour était loin encore. Nicolas revêtit son uniforme, et, comme son cheval avait déjà fait une bonne trotte, il prit celui d'un de ses gendarmes, et s'en alla tout droit au château de Beaurevoir.

Le jardinier venait de se lever, lorsque Nicolas sonna à la grille.

— Hé ! mon ami, lui dit Nicolas, madame la baronne n'est pas encore levée, n'est ce pas ?

— Vous pensez bien que non, répondit le jardinier.

— Eh bien ! dit Nicolas, il faut aller la réveiller et lui dire que j'ai absolument besoin de lui parler.

— Et il attacha son cheval en dehors de la grille.

Sans doute la baronne, en proie à une inquiétude vague, ne dormait que d'un œil, car elle entendit ce colloque sous les murs du château et ouvrit aussitôt sa croisée.

— Mathieu, cria-t-elle au jardinier, priez M. Sautereau de m'attendre, je descends à l'instant.

Et, en effet, quelques minutes après, enveloppée dans un peignoir, madame de Verne accourut et dit au jardinier :

16.

— Gardez le cheval de monsieur, et veillez à ce qu'on ne nous dérange pas.

Elle conduisit Nicolas dans le petit pavillon où elle l'avait reçu la veille au matin :

— Eh bien! monsieur, lui dit-elle, qu'avez-vous à m'apprendre ?

— Madame, répondit le brigadier, avant de m'expliquer, voulez-vous me permettre de vous faire une question ?

— Parlez, Monsieur.

— N'avez-vous pas été victime de plusieurs vols ?

— Oui, monsieur, cela est vrai.

— Entre autres, d'un vol d'argenterie ?

— Six couverts, il y a deux ans; et ce vol a été d'autant plus extraordinaire que je n'ai que des domestiques anciens et en qui j'ai la plus entière confiance.

— Cependant vous avez renvoyé, à cette époque, une fille de cuisine ?

— Oui, mais sans oser l'accuser.

— Cette fille était innocente, madame.

— Connaissez-vous donc le vrai coupable ?

— Oui, madame la baronne.

— Et il est chez moi ?

— Il est chez vous.

— Oh! c'est impossible.

— N'avez-vous donc jamais soupçonné Marton, votre femme de chambre ?

— Elle! fit la baronne stupéfaite.

— Madame, reprit Nicolas, il y a un complot tramé contre vous. Il ne s'agit de rien moins que d'enlever mademoiselle votre fille.

La barone étouffa un cri.

— Ce complot, dit le brigadier, a été ourdi par Marton, son cousin Ulysse et M. de Saint-Jullien.

Et alors, Nicolas Sautereau raconta à madame de Verne les événements de la nuit.

La baronne écoutait, toute bouleversée.

— Où couche votre fille, madame, demanda le brigadier.

— Dans ma chambre.

— Et Marton?

— A l'étage au-dessus.

— Alors, il est peu probable qu'étant rentrée au château à plus de minuit, elle ait déjà vu mademoiselle Annette.

— C'est tout à fait impossible.

— C'est ce que j'espérais, dit Nicolas; et si elle n'a pu encore remettre le billet de M. de Saint-Jullien, tout est sauvé. Soyez assez bonne pour la faire venir.

Madame de Verne appela le jardinier :

— Mathurin, lui dit-elle, vous allez monter à la chambre de Marton, et vous la ferez lever; puis, vous l'amènerez ici tout de suite.

Le jardinier obéit et fut obligé de frapper trois fois de suite à la porte de la bossue, qui rêvait mariage et se voyait enfin coiffée du voile blanc et de la couronne traditionnelle.

Marton crut que sa maîtresse était souffrante; mais l'inquiétude la gagna quelque peu lorsqu'elle sut que sa maîtresse était dans le pavillon et qu'elle vit à la grille le cheval du brigadier.

Néanmoins, elle suivit le jardinier.

Madame de Verne renvoya Mathurin.

— Mademoiselle, dit Nicolas à Marton, voici un billet de votre cousin Ulysse qui est en prison, où je l'ai conduit un peu après qu'il vous a eu quittée cette nuit.

Marton pâlit.

Madame de Verne dit à brûle-pourpoint:

— Et M. le brigadier que voilà vient vous arrêter pour le vol de l'argenterie.

Marton jeta un cri et tomba à genoux devant la baronne.

LII

Marton ne songeait plus à son cousin Ulysse, ni à ses promesses de mariage, ni aux quatre mille francs qui devaient être sa dot et que M. de Saint-Jullien avait promis de prélever sur celle de sa future femme.

Non, Marton ne songeait plus à rien...

Elle se voyait perdue, car son trouble, le cri qu'elle avait poussé et son attitude suppliante disaient assez qu'elle était coupable.

— Grâce! madame, grâce! balbutia-t-elle.

— Il est trop tard pour que je vous fasse grâce, répondit la baronne, car c'est monsieur qui vient de m'apprendre la vérité.

— Madame, observa Nicolas, à l'époque où vous avez été volée, avez-vous porté plainte?

— Non, monsieur.

— Si vous la faites maintenant, j'arrêterai cette fille.

— Et si je ne la fais pas?

— Madame, dit le brigadier en souriant, la justice ne doit quelquefois savoir que ce qu'on veut lui raconter. Il dépend de vous de ne pas perdre cette malheureuse.

— Ah! madame... madame... supplia Marton, n'aurez-vous donc pas pitié de moi?

— Vous m'avez trahie...

— J'ai été la sœur de lait de monsieur, geignit la bossue.

— Et c'est pour cela que vous vouliez faire tomber sa fille dans un infâme guet-apens!

La bossue s'arrachait les cheveux et se tordait les mains.

Tout à coup, après un silence, madame de Verne lui dit:

— Et si je vous pardonnais, me serviriez-vous fidèlement?

— Oh! tout mon sang est à vous, madame.

— Il ne s'agit pas de votre sang, mais bien de réparer le mal que vous avez fait...

— Le mal n'est pas grand jusqu'à présent, dit la Marton; mademoiselle Annette ne sait rien.

— Vous me le jurez?

— Je vous le jure, madame. Mademoiselle a seulement remarqué que M. Victor rôdait beaucoup aux environs du château, et, comme toutes les jeunes filles, elle s'est monté la tête.

— Mais cet homme lui a écrit? dit madame de Verne.

— Oui, madame.

— Où est la lettre?

— Je l'ai encore dans ma poche. La voilà, se hâta de dire la bossue, qui remit le billet de M. de Saint-Jullien à la baronne de Verne.

Madame de Verne l'ouvrit et le lut; puis ses lèvres se plissèrent dédaigneusement.

— Mais, dit-elle, cet homme est un paysan endimanché! On n'écrit pas dans ce style et dans ces termes-là à une jeune fille!

Et elle déchira l'atroce missive et la jeta sous ses pieds.

— Madame, dit alors le brigadier, si vous pardonnez à cette fille, que ce soit à la condition qu'elle m'obéira.

— Je ferai tout ce qu'on voudra, dit Marton.

— Et je me charge de tout, ajouta Nicolas Sautereau.

— Allez! lui dit la baronne, j'ai pleine et entière confiance en vous.

— Cette fille sait-elle écrire?

— Oui, dit Marton.

— Eh bien! qu'elle écrive à M. de Saint-Jullien ces simples mots :

« Le rendez-vous est changé ; ce n'est pas à la petite porte du parc, mais chez Ulysse qu'il faut venir. »

— Et ce billet, dit la baronne, qui donc le fera tenir à M. de Saint-Jullien?

— Marton l'enverra par un garçon de ferme.

La bossue écrivit le billet; puis Nicolas dit à madame de Verne :

— Jusqu'à ce soir, madame, vous ferez bien de tenir cette fille sous la plus rigoureuse surveillance, et de la laisser causer le moins possible avec votre fille.

Sur ces mots, il prit congé, annonça qu'il reviendrait le soir, alla reprendre son cheval et repartit.

Mais au lieu de retourner à Châteauneuf, le brigadier s'en alla droit à Saint-Jullien.

Il était à peine huit heures du matin, et Nicolas, qui calculait assez juste, se disait que M. Victor, qui avait rôdé une partie de la nuit, devait être encore au lit, et que certainement il ne serait pas reçu par lui, mais bien par la Marceline.

Nicolas ne se trompait pas; quand il arriva devant Saint-Jullien, il vit un garçon de charrue qui sortait de la basse-cour avec ses deux chevaux ; il lui dit :

— Est-ce que M. Victor est levé?

— Ah! mais non, répondit le laboureur. M. Victor est revenu de voyage cette nuit, il dort encore.

— J'ai une commission pour lui...

Le garçon de charrue se servit de son fouet comme d'un indicateur :

— Tenez, dit-il, entrez par là-bas... Vous voyez cette porte basse? C'est celle de la cuisine. Vous y trouverez mam'zelle Marceline. Elle ou M. Victor, c'est approchant la même chose.

Le gendarme entra dans la cour.

Au bruit, une femme se montra sur le seuil de la porte basse désignée par le garçon de charrue.

C'était la Marceline.

Nicolas ne l'avait jamais vue, mais on lui en avait parlé, et au premier coup d'œil il jugea qu'elle était bien la femme sur qui il avait compté.

C'était une fille de trente-cinq ans, d'une beauté commune, mais énergique.

Elle avait la mine insolente et le ton protecteur, et tout le monde, à Saint-Jullien, tremblait devant elle.

— Qu'est-ce que vous voulez? demanda-t-elle au brigadier d'un ton hautain.

Mais Nicolas mit pied à terre, ôta poliment son tricorne et répondit :

— J'avais une petite commission pour M. de Saint-Jullien, mais je crois que c'est à mademoiselle Marceline que j'ai l'honneur de parler ?

— Précisément, dit-elle d'un ton radouci.

— Ce qui est exactement comme si je parlais à M. de Saint-Jullien, continua Nicolas.

La Marceline ne tint pas contre ce dernier compliment; elle se dérida tout à fait.

— Mais entrez donc, monsieur le brigadier, dit-elle.

Nicolas ne se le fit pas répéter deux fois; il attacha son cheval dans la cour et entra, tenant toujours son tricorne à la main.

La Marceline était seule dans la cuisine; tout le monde était aux champs.

Le brigadier tira de sa poche le billet d'Ulysse le chambrion.

— C'est de la part d'un pauvre diable qui est en prison, dit-il.

— Qui donc ça?

— Ulysse le chambrion.

— Qu'est-ce que c'est que ça? fit la Marceline un peu étonnée.

— Vous ne le connaissez pas?

— Attendez! N'est-ce pas cet homme qui habite sous bois, là-haut, auprès de Beaurevoir?

— Justement.

— Et il est en prison?

— Hélas! oui.

— Mais dame! il pense que M. de Saint-Jullien, s'intéressera à lui.

— Ah bien! oui, fit la Marceline avec humeur; est-ce que ça nous regarde, tous ces gens-là?

— Mais, dit le brigadier qui prit un air naïf, il paraît que M. Victor et lui sont très-amis.

— Oh! bien oui...

— Et que M. Victor a besoin de lui en ce moment.

— Pourquoi faire?

Nicolas cligna de l'œil.

— Cet Ulysse est le cousin de Marton la bossue.

— Qu'est-ce que c'est encore que celle-là?

— C'est la femme de chambre de Beaurevoir.

Le chien de chasse perdu qui entend tout à coup les aboiements d'un autre chien ne tressaille pas plus vivement et ne dresse pas l'oreille plus vite que ne le fit la Marceline à ces derniers mots.

— Hein? fit-elle, qu'est-ce qu'il y a? que voulez-vous dire?

— Je vous croyais au courant... dit le rusé brigadier.

— Au courant de quoi?

Mais il paraît que M. de Saint-Jullien cherche à se marier.

La Marceline posa ses bras nus sur ses hanches :

— Ah! dit-elle, voilà ce que je voudrais voir!...

— Et on dit que madame la baronne, qui est encore jeune...

Ce fut un trait de lumière pour la Marceline :

— C'est donc pour cela, s'écria-t-elle, qu'il va se promener à cheval tous les jours, maintenant, au lieu de s'occuper de ses terres... Ah! madame la baronne lui a donné dans l'œil! Eh bien! nous verrons!...

— Ma foi, mademoiselle, dit le brigadier, je vous prie bien de vouloir m'excuser.

— De quoi donc?

— Mais de vous avoir appris une chose que vous ne saviez pas vraiment, et qui paraît vous faire de la peine. Aussi, je ne vous en dirai pas plus long...

— Mais au contraire, dit-elle, je veux tout savoir, monsieur le brigadier.

Puis, redevenant tout à fait femme.

— Mais vous vous rafraîchirez bien un peu? dit-elle.

— Oh! de grand cœur, dit Nicolas.

La Marceline ouvrit un bahut et en tira successivement des verres et une bouteille de vin.

— C'est du bon, dit-elle en le posant sur la table.

Nicolas se versa sans façon un verre de vin blanc.

— A votre santé! mademoiselle, dit-il.

17

La Marceline remercia d'un petit geste amical, puis elle vint s'asseoir auprès du brigadier.

— Mais, dit-elle, pour que vous sachiez tout cela, il faut donc qu'on en parle dans le pays ?

— On en parlera bien tôt, toujours.

— C'est'y Dieu possible?

— Mais, ajouta tout de suite Nicolas, je crois bien que ce sera pour se moquer de M. de Saint-Jullien.

— Ah! dit la Marceline dont les yeux brillèrent de joie, comment donc ça?

— Je ne crois pas que M. de Saint-Jullien réussisse.

Le regard de la Marceline devint plus brillant.

— Vous croyez? fit-elle.

— D'abord, madame la baronne est beaucoup plus riche, soit dit sans vous offenser.

— Oh! c'est sûr, ça. M. Victor n'a que des dettes. Sans moi, il serait à l'hôpital depuis longtemps.

— Et puis elle ne veut pas se marier...

— Ah! c'est vrai, au moins?

— Elle veut marier sa fille.

— Qui sait? dit la Marceline avec son instinct jaloux, si ce n'est pas à la fille qu'il pense.

— Oh! non, dit Nicolas, il préfère la mère.

— Je lui en donnerai, des baronnes, moi! s'écria la Marceline avec emportement.

Et elle prit le billet qui était resté sur la table et le déchira en mille morceaux.

— Écoutez, mademoiselle, dit Nicolas d'un ton persuasif, si vous voulez suivre mes conseils...

— Eh bien?

— Rien de tout ce que vous redoutez n'arrivera.

Et Nicolas prit un air confidentiel, en se versant un dernier verre de vin.

LIII

Nicolas Sautereau avait paru sans doute singulièrement communicatif, à la la Marceline, quand il avait bu deux verres de vin blanc.

Et la Marceline était sans doute aussi femme à profiter d'un bon conseil; car le brigadier s'en était allé au bout d'une heure, reconduit par elle jusqu'à la porte de la cour et salué, comme il mettait le pied à l'étrier, de son plus avenant sourire.

Puis, tandis que le gendarme s'en allait, elle était rentrée dans la maison et avait, comme à l'ordinaire, vaqué à ses occupations.

Les gens de ferme, car M. de Saint-Jullien faisait valoir, étaient arrivés à neuf heures pour déjeuner.

La Marceline ne s'était point départie de sa bonne humeur. A midi, M. de Saint-Jullien était descendu de sa chambre, tout guilleret, tout réjoui, sifflant comme un merle au lever du soleil.

— J'ai faim! avait-il dit en faisant clapper sa langue, faim et soif!

La Marceline avait mis le couvert et servi le déjeuner, un restant de civet de lièvre, des œufs au jambon et une cruche de petit vin blanc de Saint-Jean de Bray.

Il avait dévoré, ce bon M. de Saint-Jullien, endenté qu'il était comme un ragot qui passe quartenier.

La Marceline allait et venait par la maison, chantonnant entre ses dents qui étaient fort blanches et qu'elle montrait volontiers.

Deux ou trois fois le gros gentillâtre avait eu des velléités d'être indiscret.

— Hé! hé! avait-il dit une fois, la maison est rudement grande pour un homme seul.

La Marceline n'avait pas répondu.

— Une toute petite femme, qui apporterait une grosse dot, ne serait peut-être pas trop mal venue ici, avait-il ajouté la seconde fois.

La Marceline n'avait pas bronché.

La troisième fois, M. Victor de Saint-Jullien avait été plus explicite encore.

— Dis donc, Liline, avait-il dit, il me vient une drôle d'idée.

— Ah! fit la Marceline.

— Si je me mariais!

Mais alors la servante-maîtresse avait levé sur lui un de ces regards froids et hautains sous le poids duquel le robuste gentilhomme se sentait trembler comme un écolier devant la férule de son magister.

— Je crois, avait-elle répondu, que vous n'êtes pas dans votre bon sens aujourd'hui.

Le rustre avait avalé une bouchée de travers et n'avait pas répondu.

Comme il avait fini de déjeuner et se rinçait la bouche avec un grand verre d'eau-de-vie, un paysan entra dans la ferme.

C'était le messager de Marton.

M. de Saint-Jullien reconnut un des métayers de Beaurevoir, et il se sentit mal à l'aise, car la Marceline était là.

Mais la Marceline ne demanda pas à voir ce billet que

le paysan apportait, et M. de Saint-Jullien s'était hâté de dire : « C'est bien ! répondez que j'irai, » il tortilla le papier et en alluma sa pipe.

Puis il alla faire un tour dans la cour pour éviter toute explication avec la terrible mégère.

Pourquoi Marton la bossue changeait-elle le rendez-vous ?

M. de Saint-Jullien ne se l'expliquait pas ; mais, à tout prendre, la chose lui convenait mieux ainsi.

— On sera plus libre ! pensa-t-il.

La journée, bien qu'écoulée à moitié déjà, lui parut interminable.

Il prolongea son souper et resta à la cuisine, jusqu'à ce que, suivant son habitude, la Marceline eût regagné sa chambre de bonne heure.

Alors il sortit sans bruit, se rendit à l'écurie, sella son cheval, le fit passer au long du mur sur le fumier, pour que la Marceline n'entendît point résonner ses sabots sur le pavé de la cour ; puis quand il fut dehors, il sauta en selle et partit au galop.

Une heure après, il était à la porte d'Ulysse le chambrion.

Mais la porte était close.

Il frappa, personne ne lui répondit.

— Ce brigand-là est sans doute après ses collets, dit-il.

Et comme M. de Saint-Jullien était un homme peu scrupuleux dans ses relations avec les petites gens, il jeta la porte à bas d'un coup d'épaule, entra et se fit tranquillement du feu, avec une bourrée qu'il poussa dans l'âtre.

Puis il bourra une nouvelle pipe et attendit.

Un quart d'heure s'écoula ; Ulysse n'avait garde de revenir. Le pauvre diable méditait dans la prison de Châteauneuf sur les petites misères de la vie de braconnier.

Mais au bout d'un autre quart d'heure, un léger bruit se fit au dehors.

M. de Saint-Jullien sortit.

Il faisait clair de lune, et le gentillâtre put voir une femme qui s'avançait d'un pas rapide.

C'était Marton la bossue.

— Comment! dit M. Victor qui avait éteint sa pipe et l'avait remise dans sa poche, tu es seule?

— Oui, monsieur Victor.

— Et la demoiselle?

— Elle ne viendra pas.

— Tonnerre! exclama M. Victor, que s'est-il donc passé?

— Rien de mauvais pour vous, après tout, répondit Marton, si c'est à l'argent et non à la femme que vous tenez.

— C'est à l'argent, pardieu!

— Je le pensais bien, dit Marton.

Et elle entra et referma la porte sur eux.

Puis, prenant un air mystérieux :

— Mon cher monsieur Victor, dit-elle, vous avez joliment bien fait de me dire hier que vous aviez laissé un billet sur la table du pavillon.

— Pourquoi cela?

— Mais dame! parce que j'ai bien manqué faire une boulette et tout gâter. Si j'avais donné votre lettre à mademoiselle, tout était perdu.

— Comment donc?

— Bien m'en a pris, ce matin, de descendre dans le parc avant le lever de mademoiselle.

— Ah!

— J'ai trouvé madame la baronne qui se promenait toute pensive. Quand elle m'a vue, elle m'a appelé et m'a dit :

— Connais-tu M. de Saint-Jullien?

Moi, je me suis mise à songer.

Elle a continué :

— N'est-ce pas ce monsieur qui monte si bien à cheval et que nous rencontrons quelquefois dans la forêt?

— Oui, madame, ai-je répondu.

— Est-ce qu'il est marié?

— Non.

Ça m'intriguait qu'elle me demandât tout cela.

Et puis, voyez-vous? avec madame la baronne, j'ai mon franc parler, à cause que je suis la sœur de lait de feu M. le baron. Alors je lui ai dit tout crûment :

— Mais pourquoi donc, madame, que vous me demandez cela?

Elle a paru un peu embarrassée ; mais elle m'a dit tout de même.

— C'est que, vois-tu, je n'ai que trente-deux ans, et c'est bien jeune pour rester veuve. Je me remarierais volontiers.

Dame! alors, j'ai compris que c'était de ce côté-là qu'il fallait frapper, et je lui ai dit :

— Je crois bien que madame la baronne n'aurait qu'un mot à dire pour que M. de Saint-Jullien...

— Tu crois?

— Oh! dame! il est assez amoureux de madame.

Alors, madame a beaucoup rougi, et je l'ai entendue qui murmurait :

— C'est peut-être bien lui...

J'ai fait l'étonnée, elle m'a dit encore :

— Tu ne sais donc pas que j'ai reçu hier une belle déclaration?

— De M. de Saint-Jullien?

— Je ne sais pas, la lettre n'était pas signée.

Moi j'ai répondu :

— Ce doit être de lui.

Et comme madame la baronne devenait toute rêveuse, j'ai ajouté :

— Alors ça ne déplairait pas à madame de s'appeler madame de Saint-Jullien.

— Mais non, m'a-t-elle dit, c'est un des plus vieux noms de la province.

— Et ils ont un beau château, ai-je ajouté.

— Oh ! m'a-t-elle dit, nous habiterions Beaurevoir, si ça se faisait. J'ai mes habitudes ici.

— Mais, ajouta-t-elle, quand on s'appelle de Saint-Jullien, quand on appartient à notre monde, on n'écrit pas des billets anonymes. On les présente franchement.

— Ah ! elle a dit ça ? fit le rustre.

— Oui, répondit Marton.

— Alors je n'ai qu'à y aller ?

— C'est-à-dire, non. Il faut lui écrire demain matin un petit mot bien respectueux pour lui demander la permission de vous présenter chez elle, et l'envoyer par un de vos domestiques.

— Et tu crois qu'elle me répondra ?

— Sur-le-champ. Ça ira tout seul après.

— Bonne Marton ? fit M. de Saint-Jullien.

Et il s'en alla, sans même songer à demander des nouvelles d'Ulysse.

Le lendemain au point du jour, et avant que Marceline fût levée, M. de Saint-Jullien mettait un domestique à cheval et l'envoyait à Beaurevoir porteur d'un billet ainsi conçu :

« Madame la baronne,

» Un de vos voisins de terre sollicite de votre bonté quelques minutes d'entretien.

» Votre humble serviteur.

» SAINT-JULLIEN. »

Deux heures après le domestique revenait avec cette réponse :

« Madame la baronne de Verne attend M. de Saint-Jullien. »

LIV

Ainsi que l'avait dit Marton la bossue dans l'interrogatoire que Nicolas Sautereau et madame de Verne lui avaient fait subir la veille au matin, le mal n'était pas encore très-grand : mais enfin, la jeune tête de mademoiselle Annette avait trotté.

Mademoiselle Annette n'avait que seize ans, mais elle en paraissait dix-huit, était rieuse au possible, traitait volontiers sa mère comme une sœur aînée et croyait que la vie ressemble tout à fait au roman.

Marton lui avait parlé si souvent de M. de Saint-Jullien, que la fillette se voyait déjà la châtelaine de ce vieux manoir qu'elle avait aperçu de loin, un jour, en se promenant en voiture.

Ce matin-là, mademoiselle Annette descendit de bonne heure et trouva sa mère au salon, lisant une lettre.

— Que fais-tu là, maman ? lui dit-elle.

Madame de Verne donna à sa physionomie une expression mélancolique.

— Ma chère enfant, je réfléchis, dit-elle.

A quoi ?

— A une foule de choses.

— Oh ! comme tu es sérieuse, maman ?

17.

Madame de Verne n'hésita point, et dit à sa fille :

— As-tu entendu parler de M. de Saint-Jullien?

Annette rougit jusqu'aux oreilles.

— Pourquoi me demandes-tu cela, maman?

— L'as-tu remarqué? continua la baronne.

— Mais oui... il est très-bien à cheval...

— Enfin, qu'en penses-tu?...

— Mais... rien... c'est-à-dire... je le trouve très-comme il faut...

— Ah! dit madame de Verne, tu me rassures.

— Et elle soupira.

— Mais que veux-tu donc dire, maman?

— Mon enfant, dit madame de Verne devenant tout à fait sérieuse, sais-tu que je n'ai que trente-deux ans?

Annette tressaillit et regarda sa mère.

— Si je me remariais, m'aimerais-tu encore?

La jeune fille pâlit légèrement.

— Mais pourquoi me dis-tu cela, maman?

— Parce que je crois, répondit madame de Verne, que M. de Saint-Jullien veut me demander ma main.

Annette étouffa un cri.

Mais c'était une fille de race ; elle avait une fierté inflexible et se redressait sous le coup qui la frappait.

Pas un muscle de son visage ne tressaillit ; elle demeura calme, tandis que les battements de son cœur s'arrêtaient ; puis elle répondit froidement :

— Eh bien! maman, si M. de Saint-Jullien te plaît, il faut l'épouser.

Dans les deux minutes qui venaient de s'écouler, madame de Verne avait souffert le martyre, et son cœur de mère avait éprouvé des angoisses inconnues ; mais l'épreuve était nécessaire.

Et l'épreuve avait pleinement réussi.

— Elle ne l'aime pas encore! se dit-elle en regardant attentivement sa fille, la tête seule était en feu.

A partir de ce moment, mademoiselle Annette demeura calme et indifférente.

Elle éprouvait bien un peu de dépit; mais ce dépit ne tint pas longtemps.

A midi, M. de Saint-Jullien arriva.

Annette se retira dans sa chambre et ne parut point au salon.

M. de Saint-Jullien avait fait une toilette de mauvais goût et qui le faisait ressembler de plus en plus à un piqueur de bonne maison.

Il était en casquette ronde, en cravatte rouge, en bottes molles garnies d'éperons.

Madame de Verne se mordit les lèvres pour ne pas rire en le voyant entrer dans cet équipage.

Le rustre salua gauchement, balbutia quelques mots, prit la chaise que la baronne lui indiquait du doigt, s'assit et croisa ses jambes.

Puis il appela à son aide toute son audace paysanne, et il fit sa demande à peu près en ces termes :

— Madame la baronne, vous êtes veuve et je suis garçon; nous sommes voisins; je suis un bon gentilhomme, et j'ai l'honneur de vous demander votre main.

Madame de Verne crut devoir jouer l'embarras et une certaine émotion, et elle répondit :

— Monsieur, votre demande m'honore infiniment; mais vous me donnerez bien quelques heures de réflexion.

M. de Saint-Jullien s'inclina.

Puis il parla de choses et d'autres, fit un cours de vénerie à madame de Verne, et s'en alla ravi de la tournure que prenait son affaire.

Quand il fut parti, mademoiselle Annette descendit au salon.

Elle trouva sa mère toute triste.

— Eh bien, lui dit la jeune fille, qu'en penses-tu?

— Je le trouve affreux et mal élevé, répondit madame de Verne; il est commun et sans esprit.

— Alors il te déplaît?

— C'est-à-dire que j'en ai horreur.

— Tu l'as congédié?

— Oui, il reviendra... il me paraît entêté, et je ne sais comment me soustraire à ses obsessions.

— Ah! maman, dit mademoiselle Annette, si tu voulais...

— Quoi donc?

— Il y a bien longtemps que tu me promets d'aller passer l'hiver à Paris. Veux-tu?

— Madame de Verne parut hésiter.

— Eh bien, soit, dit-elle, mais à une condition.

— Laquelle?

— C'est que nous partirons demain matin.

— Chère mère! dit mademoiselle Annette en sautant au cou de madame de Verne.

. . . .

Le lendemain, M. de Saint-Jullien s'eveilla de meilleure humeur que la veille.

Il avait rêvé que madame de Verne lui écrivait :

« Venez, cher mari futur, que nous convenions de la publication de nos bans. »

Mais la Marceline vint jeter un grand seau d'eau glacée sur cet enthousiasme.

Elle entra dans sa chambre et lui dit :

— Monsieur Victor, voici une lettre que madame la baronne de Verne m'a remise pour vous.

Le gentillâtre tressaillit et regarda la Marceline avec une sorte d'effroi.

Mais celle-ci continua en riant :

— N'ayez crainte, allez ! madame la baronne n'est pas si sotte que d'épouser un homme endetté comme vous et qui ne savait pas encore hier matin si c'était la fille ou la mère qu'il voulait.

M. de Saint-Jullien ouvrit la lettre de madame de Verne, qui écrivait ces simples mots :

« Merci, monsieur et cher voisin, de m'avoir éclairé sur
» l'infidélité de ma femme de chambre que je renvoie,
» au moment de quitter Beaurevoir pour plusieurs mois.
» Je vais marier ma fille à Paris.

» Votre voisine,

» Baronne DE VERNE. »

. . . .

Là s'arrêtaient les mémoires de Nicolas Sautereau.

Or, un matin de la semaine dernière, je frappais à la porte de ce petit cottage où le vieux gendarme vit en paix avec sa femme depuis qu'il a sa retraite.

— Mais, mon cher brigadier, lui dis-je, je ne peux pourtant pas finir mon livre par l'histoire de la baronne de Verne et de M. de Saint-Jullien.

— Que voulez-vous? me répondit-il, vous n'avez pas écrit mes Mémoires, mais une fraction de mes Mémoires. Et puis le reste de ma vie ressemble au commencement : j'ai arrêté des voleurs, des assassins, découvert des crimes, que sais-je? Mais c'est toujours la même chose!

— Mais votre frère, mais la Fouine ?

Il passa la main sur son front avec tristesse :

— Mon frère est mort à l'hospice; les autres aussi. La Mariette est heureuse et grand'mère. Mon pauvre vieux Michel Legrain est mort l'an passé à près de cent ans.

Quant à la Fouine, je l'ai revue à sa sortie de prison ; je lui ai fait du bien, et elle m'en a récompensé en voulant empêcher mon mariage.

A ces mots, le brigadier regarda tendrement madame Sautereau.

— Ah! dit celle-ci avec émotion, si tu racontais à monsieur comment nous nous sommes mariés, il en ferait peut-être une jolie histoire.

— Eh bien! soit répondit Nicolas Sautereau, mes amours seront le couronnement de mes Mémoires.

Écoutez.

J'ai pris des notes, en écoutant le vieux brigadier, et voici l'épilogue de cette modeste épopée.

LV

Par une de ces nuits tourmentées de novembre où le ciel est gros de nuages noirs que pousse le vent du sud-ouest et desquels tombe à larges gouttes une pluie battante, tandis que les arbres des bois ont des craquements lugubres, deux gendarmes qui revenaient de ce que, en termes du métier, on appelle *la correspondance*, chevauchaient, vers dix ou onze heures du soir, dans un chemin creux détrempé et sillonné de profondes ornières.

— Quel temps de chien! dit le brigadier Nicolas Sautereau.

— Je suis transi jusqu'aux os, répondit le gendarme

qui l'accompagnait, et je n'ai pas un fil de sec. On ferait une corde de mon manteau.

— Et du mien donc! reprit le brigadier. Mais encore, toi, camarade, tu as une femme et un enfant; tu vas trouver ton souper prêt, un bon feu, et le moutard qui te sautera aux jambes. Pour moi, rien de tout cela...

Et Nicolas soupira.

— Pourquoi ne vous mariez-vous pas, brigadier?

— Et trouver une femme!

— C'est bien facile...

— Mais non, dit le brigadier en soupirant.

Le vent redoublait de violence et la pluie tombait par torrents.

— J'ai bonne envie, continua le brigadier, d'aller demander une heure d'hospitalité au château de Beaurevoir. Nous voici au bord de la forêt; c'est dix minutes de galop, tandis que Châteauneuf est à plus d'une lieue d'ici.

— Oh! moi, répondit le gendarme, je ne me mouillerai pas davantage pour une heure de plus. Et puis, la femme m'attend... Elle serait inquiète.

— Alors bonsoir, dit Nicolas.

— Bonsoir, brigadier, répondit le gendarme, comme ils arrivaient à un endroit où le chemin se bifurquait. Prenez garde à votre cheval en entrant sous bois.

— Bah! répondit Nicolas, j'en ai monté de plus ombrageux que lui.

— Heureusement, ajouta le gendarme, il fait mauvais temps pour les affûteurs aujourd'hui.

Et les deux gendarmes se séparèrent.

Pour expliquer les dernières paroles qu'ils venaient d'échanger, il suffira de dire que Nicolas Sautereau montait un jeune cheval qu'il avait acheté il y avait huit jours, et qui deux fois déjà avait failli le faire tuer.

La première fois, comme il longeait la forêt au petit

jour, Nicolas avait entendu un coup de fusil dans une enceinte voisine.

Au bruit, le cheval s'était emporté, et pendant une heure, à travers champs et taillis, menant un galop furieux, sans que son cavalier pût le maîtriser, il avait franchi tous les obstacles et failli l'abattre vingt fois.

Deux jours après, les ailes d'un moulin à vent lui avaient causé la même épouvante.

Nicolas prit le chemin de Beaurevoir et poussa son cheval, car la violence du vent et de la pluie augmentait toujours; et bien qu'on fût en novembre, de temps en temps la voûte plombée du ciel s'ouvrait et laissait entrevoir un muet éclair.

Mais tout à coup, et pour la première fois de la soirée, un coup de tonnerre se fit entendre.

C'était bien autre chose en vérité qu'une détonation d'arme à feu.

Le cheval fit un bond prodigieux, se cabra, puis se jeta à fond de train hors du chemin, emportant son cavalier, impuissant à le réduire, à travers la nuit et l'espace.

La lutte entre la monture et le cavalier n'eût pas été bien longue cependant, sans un nouveau coup de tonnerre; puis un autre encore qui se succédèrent à quelques minutes d'intervalle.

Alors Nicolas comprit qu'il n'avait plus qu'à invoquer la Providence, car le cheval s'était capuchonné, et, appuyant sa mâchoire inférieure à son poitrail, il paralysait complétement l'action du mors.

Nicolas tournait maintenant le dos à la forêt; le cheval s'était jeté au milieu du vignoble qui se dirige en pente douce vers la Loire.

Ce vignoble est coupé çà et là de terres arables, et, au milieu de ces terres, il y a d'anciennes carrières abandonnées et de profondes marinières.

Par la nuit noire qu'il faisait, il était impossible au brigadier de se rendre compte maintenant de la direction qu'il prenait.

Un dernier roulement de tonnerre acheva de rendre le cheval fou, en même temps qu'il montrait à Nicolas, à dix mètres de lui, une de ces carrières d'où on avait longtemps extrait de la pierre à bâtir.

Le cheval y courait tête baissée; Nicolas fit un dernier effort, — effort impuissant! pour arrêter son cheval.

Mais il était trop tard; l'animal manqua des pieds de devant, et tomba dans le précipice d'une hauteur de dix pieds, entraînant avec lui son cavalier.

La chute fut terrible; Nicolas tout meurtri perdit un moment connaissance.

Quand il revint à lui, il se tâta, comme on dit, et ne se trouva rien de brisé. Ses quatre membres étaient intacts, mais la tête avait porté sur une pierre, et il avait une large balafre au front.

Quant au cheval, il s'était tué sur le coup.

Le pauvre gendarme étancha comme il put le sang qui coulait de son front, se traîna jusqu'à une sorte de sentier crayeux qui conduisait hors de la carrière, toujours sous la pluie diluvienne et battue par ce vent terrible qui déracine les arbres et jette bas les maisons.

Où était-il?

Il ne le savait pas.

La campagne paraissait déserte, et l'horizon était de plus en plus noir...

Soudain, une faible clarté, un petit point lumineux lui apparut dans l'éloignement.

Nicolas fixa ses yeux dessus, comme le marin perdu sur l'étoile qui brille tout à coup.

Cette lumière n'avançait ni ne reculait.

— C'est une maison, pensa Nicolas.

Et il se traîna comme il put à travers les champs boueux, les fossés et les vignes, tombant quelquefois, quelquefois s'arrêtant pour laisser passer une rafale furieuse, parfois aussi pour essuyer le sang qui inondait son visage.

Mais toujours les yeux tournés vers cette lumière, et prenant courage à mesure qu'il s'en approchait.

D'abord, il crut que c'était une ferme; mais bientôt un large sillon blanchâtre qui coupait en deux la terre brune, et qu'il reconnut pour être la route de Châteauneuf à Gien, le détrompa.

C'était une petite maison isolée au bord du chemin, et devant laquelle Nicolas avait passé bien souvent.

Les forces du brigadier étaient épuisées; il perdait beaucoup de sang, et il était temps qu'il arrivât, car il tomba au seuil de la maison en appelant au secours.

Et lorsque les gens de la maison accoururent, ils trouvèrent le gendarme évanoui pour la seconde fois.

. . . .

Quand Nicolas Sautereau revint à lui, il était couché tout vêtu sur un lit, et deux femmes étaient à son chevet.

On lui avait bandé le front et lavé le visage.

De ces deux femmes, l'une était déjà vieille, l'autre était jeune, et Nicolas fut frappé de sa beauté.

C'étaient évidemment la mère et la fille.

— Eh bien! monsieur, lui dit celle-ci avec douceur, comment vous trouvez-vous?

— Mieux, répondit Nicolas, qui leva sur les deux femmes un regard de gratitude. Mais... où suis-je?

— A la Maison-Blanche, répondit la jeune fille avec un sourire triste. Nous allions nous coucher, ma mère et moi, quand nous vous avons entendu appeler au secours.

Mais cela va mieux, n'est-ce pas? Et puis ma mère, qui s'y connaît un peu, puisque mon pauvre père était médecin, dit que votre blessure n'est pas dangereuse. Seulement, elle a saigné beaucoup, et c'est ce qui a amené votre faiblesse.

Les mots de *Maison-Blanche* et de *médecin* mirent tout de suite le brigadier sur la voie.

— Ah! dit-il, vous êtes madame et mademoiselle Langevin?

— Oui, dit la jeune fille.

— Chères dames, dit le brigadier, comment vous remercier de ce que vous avez fait pour moi?...

— Ce que nous avons fait est bien simple, dit la femme âgée. Mais que vous est-il donc arrivé?

Nicolas sauta à bas du lit, secoua ses membres contusionnés et s'approcha du feu qui flambait dans la cheminée.

— J'ai failli me tuer, dit-il.

Et il raconta la course folle qu'il avait menée à travers champs, emporté par son cheval épouvanté, et sa terrible chute dans la vieille carrière.

— C'est une permission de la Providence, dit la mère, que vous ne vous soyez point tué sur le coup avec votre cheval.

— Ma mère, répondit la jeune fille avec tristesse, Dieu n'abandonne jamais ceux qui ont foi en lui.

— Hélas! dit madame Langevin avec un soupir, Dieu t'entende, mon enfant, car il nous a bien éprouvées déjà!

Et Nicolas vit errer une larme dans les yeux de la pauvre femme.

— Oui, ma mère, dit encore la jeune fille, il est certain que Dieu en nous reprenant mon père, nous a éprouvées cruellement. Mais qui sait? peut-être nous réserve-t-il des jours meilleurs.

Nicolas regardait attentivement ces deux femmes et

devinait que la mort du chef de la famille n'était pas la seule épreuve que Dieu leur eût fait subir.

Le jour commençait à poindre, la pluie ne tombait plus et le vent s'était apaisé.

Il fallait que l'évanouissement du gendarme eût duré longtemps, soit dans la carrière, soit depuis que les deux femmes l'avaient recueilli, car l'Angelus tintait dans le lointain à l'église de Châteauneuf.

Presque au même instant, on entendit le bruit d'un cabriolet sur la route et, peu après, ce cabriolet s'arrêta devant la Maison-Blanche.

Alors, tandis qu'on frappait à la porte, les deux pauvres femmes se regardèrent en pâlissant.

LVI

Qu'étaient-ce que madame et mademoiselle Langevin?

C'est ce que nous allons vous dire en peu de mots.

Dix années auparavant, un médecin étranger était venu s'installer à Châteauneuf.

Il avait une femme et deux enfants, un fils et une fille.

C'était un homme encore jeune, au front intelligent, à la parole douce et persuasive et qui, tout d'abord, plut à la petite population campagnarde au milieu de laquelle il venait chercher une clientèle.

Le docteur Langevin venait de Paris, où il avait su, tout jeune, acquérir une réputation.

Quel motif bizarre l'amenait dans un petit pays ? quel drame avait passé dans sa vie ?

La province sait tout, car elle est curieuse et cancanière, et bientôt les malheurs du docteur Langevin furent connus à Châteauneuf.

Le malheureux praticien avait été impliqué dans un procès criminel, accusé d'avoir coopéré à un infanticide ; son innocence avait été reconnue, mais il avait été emprisonné pendant six mois ; il s'était assis sur les bancs de la Cour d'assises, et le procès l'avait ruiné en lui enlevant sa clientèle.

Il avait rassemblé les débris de sa modeste fortune et était venu s'établir à Châteauneuf, déjà malade, déjà miné par le chagrin.

Il avait lutté quatre ou cinq ans avec courage ; mais le mal et le chagrin avaient fini par triompher.

Le docteur Langevin était mort, laissant à sa veuve et à ses enfants, pour tout héritage, cette maisonnette entourée d'un jardin qu'on appelait la Maison-Blanche.

Sa fille avait alors dix ans, son fils dix-huit.

Le jeune homme était entré au Val-de-Grâce, en était sorti comme aide-chirurgien et avait été envoyé en Afrique dans un régiment.

Sur sa modeste paye, le brave jeune homme prélevait une somme de cinquante francs par mois qu'il envoyait à sa mère et à sa sœur.

Les deux femmes, retirées à la Maison-Blanche, faisaient leur petit ménage elles-mêmes, travaillaient du matin au soir à d'ingrats ouvrages de couture et ne parvenaient pas à nouer les deux bouts.

M. Langevin avait laissé quelques dettes en mourant, une surtout qui était énorme, eu égard à la modeste position des deux femmes : il avait emprunté jadis douze cents francs.

Le créancier était un paysan âpre entre tous.

Le prêt avait eu lieu pour six années.

Madame Langevin avait payé les intérêts exactement ; mais elle était hors d'état de rembourser une pareille somme à l'échéance. Elle était donc allée voir son créancier, le suppliant de lui accorder du temps.

Mais le paysan avait refusé, disant qu'il voulait acheter deux arpents de vigne et qu'il avait besoin de son argent.

L'échéance était arrivée, les pauvres femmes n'avaient pu payer.

Alors le créancier impitoyable avait mis son billet dans les mains d'un huissier, qui avait marché, comme on dit.

Or le cabriolet qui, ce matin-là, venait de s'arrêter à la porte, était celui de maître Vénard, huissier à Gien, agissant au nom et pour le compte de Jean-François Tardiveau.

C'était le nom du créancier.

Les deux femmes avaient pâli en voyant entrer cet homme qui, lui aussi, fut un peu surpris de voir le brigadier Nicolas Sautereau assis au coin du feu.

L'huissier venait saisir.

Nicolas connaissait l'huissier ; il devina le drame qui allait se jouer.

Maître Vénard était un homme de quarante ans, à la figure joviale et toute ronde, une bonne pâte d'huissier, comme on en trouve quelquefois en province et qui préviennent très-souvent, en cachette, le malheureux contre lequel ils vont instrumenter.

Maître Vénard avait écrit huit jours auparavant à madame Langevin une lettre toute confidentielle dans laquelle il la prévenait qu'il serait obligé de venir saisir. Mais il lui conseillait de voir un notaire des environs dont il lui donnait l'adresse et qui, bien certainement, pourrait lui faire trouver douze cents francs sur sa maison.

Madame Langevin avait suivi le conseil; mais le notaire qu'elle était allée voir n'avait pas d'argent.

— Ma chère dame, dit maître Vénard en entrant, je pense que vous avez suivi mon conseil.

— Hélas! oui, monsieur, dit la veuve en essuyant une larme, mais je n'ai pas réussi.

— Quel malheur! murmura l'huissier. Mais c'est que je viens saisir, ma pauvre dame...

Et il dégagea la porte, car il était resté sur le seuil, pour laisser entrer son clerc.

Le clerc avait sous le bras une serviette en maroquin et dans l'oreille une plume.

— Saisissez, monsieur, dit la jeune fille avec un accent de douleur calme.

— Mais, ma pauvre enfant, dit la mère en éclatant en sanglots, où irons-nous, s'il nous faut quitter cette maison?

— Dieu est bon, répondit la jeune fille, il aura pitié de nous tôt ou tard.

— Faites votre devoir, monsieur, dit madame Langevin d'une voix éteinte.

Jusque-là, Nicolas était demeuré silencieux et n'avait pas cru devoir intervenir.

Mais alors il dit à l'huissier:

— De quelle somme s'agit-il?

— Hélas! répondit maître Vénard, d'une grosse somme, douze cents francs, plus les frais.

— Mais cette maison est à vous? dit le brigadier en s'adressant à madame Langevin.

— Oui, monsieur.

— Elle vaut certainement plus de douze cents francs...

— Oh! certes oui.

— Eh bien, dit Nicolas, si M. Vénard veut nous donner quarante-huit heures, je me fais fort de trouver douze cents francs à Châteauneuf.

La veuve eut un cri de joie.

Quant à mademoiselle Langevin, elle leva sur le gendarme un regard céleste.

— Vrai? monsieur, dit-elle, il y aurait à Châteauneuf quelqu'un qui viendrait à notre aide,

— Je le crois, mademoiselle.

L'huissier paraissait indécis.

Nicolas lui frappa sur l'épaule :

— Allons! mon maître, lui dit-il, venez déjeuner à Châteauneuf avec moi, nous arrangerons ça. D'ailleurs, vous me rendrez service en me reconduisant, car je suis à pied.

— A pied? fit l'huissier étonné.

Puis, remarquant le mouchoir qui ceignait le front de Nicolas :

— Mais que vous est-il donc arrivé?

— J'ai été jeté dans une carrière par mon cheval, qui s'y est tué, et j'ai eu la chance d'en sortir. Mais je crois bien que sans ces dames du bon Dieu, ajouta Nicolas ému, je serais mort de froid cette nuit.

— Eh bien! dit l'huissier, qui savait bien que Nicolas Sautereau était un homme sérieux qui ne s'avançait pas légèrement, si c'est comme ça, allons à Châteauneuf.

Et il fit monter le brigadier dans son cabriolet, et tous deux partirent accompagnés des bénédictions des deux pauvres femmes.

Une fois en route, le brigadier dit à l'huissier :

— Ce n'est pas la peine d'aller chez le notaire.

— Pourquoi?

— Parce que l'argent est tout trouvé.

— Comment cela?

— Écoutez, dit naïvement le brigadier, depuis vingt ans que je suis au service, j'ai fait quelques économies, j'ai bien une quinzaine de cents francs quelque part.

— Et vous allez les prêter?

— Pourquoi pas? dit simplement Nicolas.

— Et votre cheval que vous allez être obligé de remplacer? Je sais bien que l'État vous indemnisera... mais ça prend du temps... et...

— J'ai ma sœur la Mariette qui est dans le Val, à trois lieues de Châteauneuf, répondit Nicolas. Son mari est à son aise. Si j'ai besoin d'une centaine d'écus, ils me les prêteront.

— Vous êtes un fier brave homme, dit l'huissier en regardant Nicolas. Mais vous n'avez pas d'argent chez vous?

— Si fait bien.

— Au reste, vous l'eussiez eu placé, que vous auriez toujours eu du temps pour le retirer. Il faudra perdre quatre ou cinq jours.

— A quoi faire?

— Mais dame! à prendre l'inscription au bureau des hypothèques.

— Fi! dit le brigadier. Est-ce que j'ai besoin de ça? ces braves dames me feront leur billet. J'ai confiance en elles. A quoi bon les humilier par une hypothèque?

L'huissier ne répondit pas, car son cheval venait de s'arrêter subitement et refusait d'avancer.

Il y avait quelque chose de couché en travers de la route, et ce quelque chose c'était une femme.

Était-elle ivre, dormait-elle ou n'était-ce plus qu'un cadavre? C'est ce qu'il eût été difficile de dire à la première vue.

Le brigadier sauta hors du cabriolet.

18

La femme paraissait dormir, mais en réalité elle était évanouie.

C'était une pauvresse en haillons.

Le brigadier la prit dans ses bras en disant :

— Je crois bien qu'elle est à moitié morte de besoin.

Elle était nu-pieds, et ses pieds étaient en sang.

Nicolas la porta dans le cabriolet :

— Vite à Châteauneuf! dit-il à l'huissier. Je crois bien qu'elle va mourir.

Le mouvement de la voiture fit rouvrir les yeux à la pauvresse.

— Oh! j'ai faim! murmura-t-elle, et j'ai bien froid.

Mais soudain Nicolas jeta un cri...

Dans cette femme déguenillée, il avait reconnu la Fouine, cette sombre et triste héroïne du drame de la *Fringale*.

LVII

Une heure après, on eût trouvé la Fouine provisoirement installée dans une chambre de la caserne de gendarmerie.

Comment le brigadier l'avait-il retrouvée, sur la route de Gien à Châteauneuf?

C'était toute une histoire, et cette histoire, la Fouine l'avait ainsi racontée au brigadier, lorsque, ramenée à

Châteauneuf, couchée dans un bon lit, entourée de soins, elle était revenue à elle :

— Ah! mon bon monsieur Sautereau, disait-elle après avoir apaisé cette faim canine à laquelle elle avait failli succomber, sans vous je serais morte! et morte de faim... Je suis si malheureuse.

— Mais d'où venez-vous? où allez-vous? demanda le brigadier.

— Je sors de Melun; vous savez bien que j'avais été condamnée à dix ans de réclusion. J'ai fait mon temps.

— Comment! murmura Nicolas, il y a donc dix ans de cela?

— Mais oui, mon bon monsieur, dix ans et six mois. Mon temps fini, on m'a renvoyée.

Je suis allé à Paris d'abord, espérant trouver de l'ouvrage; mais les gens qui sortent de prison, vous savez, on n'a guère confiance en eux.

J'ai fait plus de dix places en quelques semaines; j'ai été garde-malade, balayeuse de rues, laveuse de vaisselle. Quand on apprenait que je sortais de la *centrale*, on me renvoyait.

Un marchand de bestiaux de Nevers qui était venu à Paris m'embaucha le mois dernier pour aller à Poissy l'aider à conduire des moutons. Il fut content de moi et m'emmena à Nevers.

Mais, à Nevers, sa femme a su qui j'étais, elle m'a chassée.

C'est de Nevers que je reviens, à pied et mendiant mon pain.

Mais on n'est guère charitable dans ce pays : et quand vous m'avez trouvée sur la route, il y avait près de deux jours que je n'avais mangé.

Cette narration était à peu près vraisemblable. Nicolas l'adopta sans réserves.

— Ma bonne femme, dit-il à la Fouine, à tout péché miséricorde. Vous avez payé votre dette à la société ; il est juste que la société vous vienne en aide.

Vous êtes malade, vous resterez ici jusqu'à ce que vous soyez rétablie ; et puis on vous donnera de l'ouvrage quelque part sur ma recommandation.

En attendant, vous rapetasserez mes nippes et ferez mon ménage, car je suis garçon.

La Fouine s'était mise à pleurer d'attendrissement et elle avait arrosé de ses larmes la main du brigadier Nicolas Sautereau.

Celui-ci avait alors songé à tenir sa promesse vis à vis des dames de la Maison-Blanche.

Il avait emmené maître Vénard, l'huissier de Gien, déjeuner au cabaret, c'est-à-dire dans ce café où se réunissait chaque soir la petite bourgeoisie de Châteauneuf, et dans lequel nous avons autrefois fait connaissance avec M. Victor de Saint-Jullien.

Puis il lui avait compté une somme de douze cent trente francs en échange du billet souscrit par feu M. le docteur Langevin. L'huissier abandonnait ses honoraires et ses frais.

L'huissier s'en était allé en disant que le brigadier de Châteauneuf était le plus honnête homme du monde.

Nicolas lui avait bien demandé le silence, mais maître Vénard n'était pas homme à taire une bonne action.

En s'en retournant à Gien, il ne put résister au plaisir d'entrer chez les pauvres femmes de la Maison-Blanche.

La mère eut un mouvement d'effroi en le voyant.

Mais l'huissier avait un bon sourire sur sa face épanouie et il dit à la veuve :

— Ne craignez plus rien, madame, votre affaire est arrangée !

La jeune fille joignit les mains :

— Vous avez donc trouvé de l'argent? dit-elle.

— C'est le brigadier qui en a trouvé.

— Chez qui? demanda la veuve.

— Chez lui, donc! répondit maître Vénard. Je suis payé. Il voulait me laisser le billet pour que je vous le rapporte, mais je n'ai pas voulu m'en charger; il aura le plaisir de vous le rendre lui-même :

— Mais, dit madame Langevin, comment donc cela a-t-il pu se faire aussi vite? Je croyais qu'il fallait aller à Orléans pour prendre une hypothèque.

— Il ne veut pas d'hypothèque, il a confiance en vous.

Les deux femmes pleurèrent d'attendrissement et l'huissier repartit.

Le lendemain Nicolas se présenta à la Maison-Blanche; il était venu à pied et n'était pas en uniforme.

Vêtu comme un militaire en bourgeois, rasé de frais, Nicolas avait vraiment bonne tournure.

Il était alors dans sa trente-huitième année.

— Ah! monsieur, lui dit madame Langevin, comment vous remercier de tout ce que vous avez fait pour nous?

— En me permettant de venir vous voir quelquefois, répondit Nicolas en posant discrètement le billet sur la cheminée, et si jamais vous avez encore besoin de moi...

En parlant ainsi il regardait mademoiselle Langevin.

Henriette Langevin avait vingt ans.

C'était une jolie fille, brune, avec des yeux bleus, un peu rondelette, et qui, malgré les rudes épreuves qui l'avaient assaillie elle et sa mère, avait conservé une bonne humeur et une gaieté presque inaltérables.

— Maman, dit-elle à la veuve, n'est-ce pas que M. Sautereau serait bien aimable de dîner avec nous ce soir?

Nicolas se sentit rougir comme un écolier, mais il n'osa refuser.

18.

Il resta donc ce soir-là à la Maison-Blanche, et ne reprit le chemin de Châteauneuf que vers dix heures.

Les nuits se suivent et ne se ressemblent pas.

Il ne pleuvait plus ce soir-là ; le temps était clair, la lune brillait au ciel et l'air était doux.

Nicolas s'en alla tout rêveur, le cœur ému, et moins peut-être de la gêne des deux femmes que de la beauté calme et sereine de mademoiselle Henriette.

— Ah ! se disait-il en lui-même, l'homme qui l'épousera sera bien heureux. Elle a l'air si douce et si bonne !

La fouine l'attendait au coin du feu, et elle le remercia de nouveau de tout ce qu'il avait fait pour elle.

— Vous êtes bon comme le bon Dieu, lui dit-elle, et le bon Dieu vous récompensera.

Nicolas se mit au lit tout songeur et ne dormit pas. Les premiers rayons du jour le surprirent réveillé et songeant à mademoiselle Henriette.

— Quel dommage ! se disait-il, qu'au lieu d'être un pauvre soldat, je ne sois pas un bon propriétaire des environs... elle m'épouserait peut-être...

La Fouine entra dans sa chambre pour lui demander ses ordres, — car il l'avait prise provisoirement pour sa femme de ménage, — la Fouine lui dit, comme si elle eût surpris le cours de ses pensées :

— Vous ne songez donc pas à vous marier, monsieur Sautereau ?

Nicolas tressaillit.

— J'y songe bien, dit-il, mais le difficile est de trouver une femme.

— Ah bien ! répondit la Fouine, je crois qu'il n'en manquerait pas si on savait que vous prenez goût au mariage. La femme à l'un de vos gendarmes me le disait ce matin.

Nicolas soupira et ne répondit pas.

Ce jour-là il reprit son métier et alla à Orléans se remonter d'un cheval.

Le lendemain il fut obligé de se rendre à Jargeau; le jour d'après il fut requis par le juge de paix pour une apposition de scellés.

Une semaine s'écoula sans que Nicolas vînt voir les dames de la Maison-Blanche.

La Fouine était toujours à la caserne.

Cette femme semblait s'être repentie; elle travaillait avec ardeur et témoignait une vive reconnaissance des bontés que le brigadier avait pour elle.

Un jour, un paysan, dont la ferme avoisinait la Maison-Blanche, vint à la caserne.

Il apportait un petit panier de raisins secs au brigadier.

C'était l'offrande des deux pauvres femmes, accompagnée d'une lettre bien affectueuse et bien simple de mademoiselle Henriette.

Nicolas, qui était devenu mélancolique depuis quelques jours, en fut touché jusqu'aux larmes.

La Fouine avait peu à peu gagné sa confiance.

— Mon bon monsieur Sautereau, lui dit-elle, j'ai été une infâme créature, mais je me suis bien repentie, allez! et maintenant j'ai du cœur, et je vous donnerais tout mon sang... Eh bien! voilà que je suis toute désolée de vous voir triste comme ça. Pour sûr que vous avez un gros chagrin.

Nicolas ne répondit pas.

Mais la Fouine ne se tint pas pour battue; le lendemain et les jours suivants elle revint à la charge, si bien que Nicolas finit par lui avouer qu'il était amoureux de mademoiselle Henriette Langevin.

— Eh bien! dit la Fouine, il faut l'épouser.

— Elle ne voudrait pas de moi, répondit Nicolas. Elle a été élevée comme une demoiselle.

— Et vous, dit la Fouine, n'êtes-vous pas quasiment un monsieur ?

Nicolas soupira encore une fois et se tut.

Mais le lendemain il écrivit à madame Langevin pour la remercier de son envoi, et il donna sa lettre à porter à la Fouine.

Celle-ci s'en chargea et partit pour la Maison-Blanche.

Et tout en cheminant, la veuve Jacques Leloup, la maîtresse de Jean Lapin, la créature infâme qui avait empoisonné les chiens de garde du malheureux M. Jalouzet, la Fouine enfin, se disait :

— Ah ! tu es amoureux ! ah ! tu m'as donné l'hospitalité, et tu as cru que j'oublierais que sans toi on n'aurait jamais pris mon pauvre Lapin, qui est mort guillotiné ! Eh bien, on va voir à t'en faire souvenir... Une femme comme moi, ça ne pardonne jamais.

LVIII

La Fouine était maintenant une femme de quarante-cinq ans.

Le régime de la prison, les souffrances et les privations avaient détruit cette beauté paysanne qu'elle avait autrefois.

Son regard seul avait conservé son audace et son effronterie. Ses cheveux noirs grisonnaient et son visage amaigri était sillonné de rides profondes.

Elle arriva à la Maison-Blanche à cette heure crépusculaire si bien nommée *entre chien et loup*.

Elle avait un petit panier au bras et les mains dans les poches de son tablier.

Madame et mademoiselle Langevin étaient chez elles.

La mère apprêtait à souper, la fille travaillait à son ingrate besogne de couture.

La Fouine entra en disant :

— Je suis la femme de ménage du brigadier de gendarmerie Sautereau.

A ce nom le visage des deux femmes s'éclaira, et la Fouine, qui avait pris en prison l'habitude d'observer les gens, crut s'apercevoir que mademoiselle Henriette rougissait un peu tandis qu'elle lisait la lettre du brigadier.

Madame Langevin fit asseoir la Fouine et lui offrit de se rafraîchir.

La Fouine en profita pour tirer ses pieds de ses sabots et les chauffa à la flamme du foyer tandis qu'elle mettait dans ses sabots un peu de cendre chaude.

Puis elle se mit à bavarder et fit un grand éloge de son nouveau maître.

De temps à autre mademoiselle Henriette rougissait.

— Bon, pensa la Fouine, elle l'aime! ça sera drôle...

Quand elle quitta la Maison-Blanche, il faisait clair de lune.

Avec sa perspicacité ordinaire — et qui lui avait valu le nom bizarre de la Fouine, — elle examina tout en sortant.

La maison n'avait qu'un étage au-dessus du rez-de-chaussée; il y avait une écurie dans laquelle se trouvait la modeste provision de bois du pauvre ménage, et au-dessus de ce bois une demi-douzaine de bourrées, espèce de fagots faits avec des branches d'arbres morts.

La Fouine s'en alla chargée des compliments de madame et de mademoiselle Langevin pour le brigadier.

On la conduisit même un bout de chemin, jusqu'au tournant de la route.

Puis les deux femmes rentrèrent, car il était près de dix heures du soir, et la Fouine parut continuer sa route vers Châteauneuf.

Mais à cent pas plus loin, elle s'arrêta et s'assit sur un tas de pierres, au bord de la route.

De cet endroit, elle voyait la Maison-Blanche et la lampe de mademoiselle Henriette qui brûlait toujours.

La jeune fille s'était remise sans doute à travailler, tandis que sa mère se couchait.

Et la Fouine se prit à ricaner et à murmurer entre ses dents :

— Elle aime le beau brigadier, la petite, et ils feraient un joli ménage, ma foi !

Elle resta là pendant plus d'une heure, rêveuse et méditant quelque ténébreuse action.

La lampe de la jeune fille laborieuse brûlait toujours.

La Fouine se disait encore :

— Est-il bête, ce brigadier ! Il s'amasse quinze cents francs en vingt années, et il les prête sur un simple reçu à ces deux femmes, qui n'ont pour tout bien que cette maison, qui n'est seulement pas assurée peut-être...

Avec une botte de paille et deux allumettes on en verrait la fin, de cette bicoque !...

Comme elle faisait cette dernière réflexion, la Fouine entendit retentir sur la route le pas de plusieurs chevaux.

Puis bientôt, au clair de lune, elle aperçut les tricornes et les sabres des gendarmes.

— Tiens! pensa-t-elle, faut croire qu'il y a du nouveau, car j'ai laissé le beau brigadier au coin du feu.

Et la Fouine se remit en chemin, allant à la rencontre des gendarmes.

C'était en effet Nicolas Sautereau et les deux gendarmes de la brigade.

Où allaient-ils ?

Un homme les accompagnait monté sur un gros cheval de labour, qui avait peine à suivre les chevaux des gendarmes.

Nicolas aperçut la Fouine :

— Eh bien ! lui dit-il en arrivant sur elle, vous n'êtes pas en avance, Marguerite.

Marguerite était le vrai nom de la Fouine.

— C'est que, répondit-elle, ces dames ont voulu me faire souper, et nous avons jasé de vous un brin.

— Ah ! dit Nicolas en tressaillant.

— Nous avons parlé de vous, ajouta la Fouine d'un air malin; c'est des femmes du bon Dieu et qui vous aiment bien, allez !

Puis elle dit encore :

— Mais où donc que vous allez tous, à cette heure-ci ?

— Ma bonne Marguerite, dit Nicolas, le gendarme ne s'appartient pas. A l'heure où il croit pouvoir se mettre au lit, il lui faut se mettre en selle.

— Il est donc arrivé quelque malheur ?

— Oui, dit Nicolas, il s'est commis un crime dans une ferme, à deux lieues d'ici. Un homme pris de boisson a assommé à coups de bêche un garçon de charrue. Nous allons l'arrêter...

C'est ce brave homme qui est venu nous chercher.

Et il montrait le paysan monté sur un cheval de labour.

— Ah ! mon bon maître, dit la Fouine qui prit un ton

dolent et effrayé, prenez garde au moins qu'il ne vous arrive malheur !

— Le devoir avant tout, dit Nicolas. Bonsoir, Marguerite ; ma bonne femme, rentrez à la caserne. Peut-être serons-nous de retour cette nuit.

Et il mit son cheval au galop pour rejoindre les autres gendarmes qui avaient continué à trotter bon train, tandis qu'il échangeait ces quelques mots avec sa femme de ménage.

La Fouine fit cent pas encore dans la direction de Châteauneuf.

Puis elle s'arrêta de nouveau et s'assit pour la seconde fois sur un tas de pierres.

Les gendarmes avaient disparu, mais la Maison-Blanche se montrait toujours dans le lointain, éclairée par les rayons de la lune qui était maintenant au bas de l'horizon et n'allait pas tarder à disparaître

La petite lampe était éteinte.

Alors la Fouine rebroussa chemin et tourna le dos au bourg de Châteauneuf dont elle apercevait maintenant le clocher qui se mirait dans les eaux jaunes de la Loire.

— J'aurais du malheur, murmurait-elle en marchant à petits pas, si je ne fais pas le coup cette nuit.

Seulement, où trouver du feu ?

Et comme elle se posait cette question, elle crut voir à gauche de la route, dans les vignes, un léger brouillard qui montait dans le bleu du ciel, alors d'une pureté parfaite.

La Fouine était trop une fille de campagne pour ne pas savoir tout de suite à quoi s'en tenir.

Ce brouillard, c'était la fumée d'un fourneau allumé entre les vignes et une portion de la forêt récemment défrichée.

C'étaient des mottes de terre et des racines d'arbres auxquelles on avait mis le feu.

La Fouine quitta la route et s'engagea bravement à travers les vignes.

La lune disparaissait en ce moment derrière les plateaux où commence la Sologne, de l'autre côté de la Loire; et la nuit, claire et lumineuse jusque-là, s'assombrissait tout à coup.

La Fouine mit un grand quart d'heure pour atteindre les fourneaux, car il y en avait une demi-douzaine allumés les uns près des autres.

Les cultivateurs qui défrichaient et appelaient le feu à leur aide étaient rentrés chez eux, les uns dans une ferme voisine, les autres à Châteauneuf.

La Fouine s'empara d'une souche qui achevait de se consumer; puis elle reprit sa course, se heurtant à toutes les aspérités du sol, tombant parfois dans des flaques d'eau, résultat des dernières pluies, mais se relevant et continuant sa course avec une sauvage agilité.

Si la Maison-Blanche n'eût justifié son nom par les murs crépis à la chaux, peut-être que la Fouine aurait perdu plus de temps.

Mais ces murailles blanches se détachaient en vigueur sur le bord des vignes et guidaient la marche de la Fouine.

Elle sauta sur la route à vingt pas de la maison, brandissant toujours la souche enflammée.

La route était déserte, la Maison-Blanche silencieuse, et la lampe de mademoiselle Henriette éteinte depuis longtemps.

Le pays est sûr aux alentours de Châteauneuf; madame Langevin et sa fille vivaient depuis plusieurs années en cette maison isolée sans qu'il leur fût jamais rien arrivé. Elles n'avaient pas même un chien de garde!

La Fouine s'avança tout doucement, soufflant sur son

tison pour qu'il ne s'éteignît pas; et elle ne s'arrêta qu'à la porte de cette petite écurie où les deux femmes serraient leur bois.

Cette porte ne fermait que par un système très-simple qu'à la campagne on appelle une *bobinette.*

Un loquet en dedans, une ficelle en dehors.

On tirait la ficelle, le loquet se levait et la porte s'ouvrait.

La Fouine avait examiné et constaté tout cela en sortant de la maison une heure auparavant.

Elle pénétra donc facilement dans l'écurie, sans bruit, retenant presque son haleine.

On eût dit une vraie fouine se glissant dans un poulailler.

Puis elle écarta les bourrées et plaça la souche enflammée au milieu.

Après quoi elle se sauva en murmurant :

— Je crois bien que du coup Jean Lapin sera vengé !

Elle s'en alla en courant et fit une bonne demi-lieue sans se retourner.

Alors seulement elle s'arrêta pour la troisième fois et attendit.

Une heure s'écoula, puis, au bout d'une heure, une fumée blanche s'éleva au-dessus de la maison; puis, mêlés à cette fumée, des étincelles et des jets de flamme.

— Ça y est ! murmura la Fouine qui reprit tranquillement le chemin de Châteauneuf.

En effet, la Maison-Blanche, l'unique bien des deux pauvres femmes, brûlait pendant qu'elles étaient endormies !

LIX

La ferme vers laquelle les gendarmes de Châteauneuf se dirigeaient en toute hâte s'appelait la Martelière; elle était assez considérable et était tenue par un fermier qui occupait une demi-douzaine de domestiques et quatre charrues.

La main-d'œuvre est chère dans l'Orléanais; les bras manquent quelquefois, surtout à l'époque des moissons et des vendanges.

A la moisson dernière, maître Hurel, c'était le nom du fermier, avait manqué d'ouvriers, et il avait embauché tout ce qui s'était présenté.

Un mendiant était venu demander l'aumône le soir de la première journée.

Maître Hurel, qui était charitable, l'avait fait souper et coucher; puis, le lendemain, il lui avait dit, le voyant jeune et robuste encore :

— Pourquoi ne travaillez-vous donc pas?

— Je ne trouve pas d'ouvrage, avait répondu le mendiant

Le fermier l'avait embauché.

Les moissons finies, cet homme avait demandé à rester et à remplacer le berger qui était malade.

Puis il avait aidé aux vendanges, et comme il était assez bon ouvrier, il avait fini par rester à la ferme.

Il savait faire un peu de tout, bêchait et labourait, paraissait assez doux d'humeur et n'était pas exigeant pour le salaire.

Quand on lui avait demandé son nom, il avait dit qu'il s'appelait Martin.

Ce qui avait décidé Martin à rester à la ferme, c'était peut-être moins le dénûment profond où il se trouvait que le voisinage de la forêt.

Au bout d'un mois Martin révéla sa passion de braconnier.

Il posait ses collets qui, le lendemain, n'étaient jamais vides; il s'en allait, la nuit, tuer un lièvre à l'affût.

Le fermier, qui lui-même était un peu braconnier, ne trouvait pas cela mauvais.

Un seul homme à la ferme, faisait ombrage à Martin et prenait ombrage de lui.

Cet homme était un garçon de charrue appelé Raimbaud et qui était comme lui braconnier.

Raimbaud et Martin s'étaient pris de querelle plusieurs fois.

Il est vrai que Raimbaud, homme violent et d'une vigueur herculéenne, commençait toujours.

Il y avait entre eux, comme on dit, une jalousie de métier.

Raimbaud était non-seulement garçon de charrue, mais encore charretier.

C'était lui qui conduisait les denrées de la ferme sur les marchés voisins.

A chaque voyage, il s'attardait dans les cabarets et rentrait à la ferme pris de boisson.

Ce jour là, il était allé à Sincé porter de l'avoine.

Quand il revint, les gens de la ferme étaient à souper; Raimbaud entr'ouvrit sa blouse et jeta sur la table un énorme lièvre pris au collet.

— Voilà comment je sais mon métier, dit-il. J'ai posé

ce collet-là à cent mètres de la route dans une sapinière, ce matin, quand je suis rentré.

Martin regarda le lièvre, puis le collet et dit :

— Tu en as menti, mon garçon. Ce n'est pas toi qui as tendu ce collet.

— Et qui donc alors ? fit Raimbaud d'un ton de menace.

— C'est moi. Je reconnais bien le laiton dont je me sers.

Raimbaud serra les poings :

— Eh bien ! dit-il, si tu as envie de ton lièvre, viens le jouer à ce jeu-là.

Martin ne souffla mot. Raimbaud lui faisait peur.

Il soupa à la hâte et sortit, sans doute pour éviter de nouvelles discussions.

Mais le charretier le suivit :

— Ah ! canaille ! lui dit-il, tu dis que je lève tes collets, toi ?

— Je le dis, répliqua Martin, parce que c'est vrai.

Et il se dirigea vers le grenier à fourrage où il couchait.

Raimbaud le suivit.

Et, comme il posait le pied sur l'échelle, il le saisit rudement et le jeta par terre.

Martin se releva, prit une pierre et la jeta à la tête de son agresseur qui fut frappé au front.

Raimbaud jeta un cri de rage, s'arma d'une bêche qui se trouvait là, et courut sus à Martin.

Celui-ci prit la fuite en appelant au secours.

Mais avant que les gens de la ferme ne fussent sortis, le charretier l'atteignit et le renversa tout sanglant, d'un coup de bêche, sur un tas de fumier.

— Au secours ! à moi ! criait Martin.

Le charretier frappa deux fois encore, et Martin ne cria plus, ne bougea plus.

Il avait le crâne ouvert et la poitrine défoncée...

Les gens de la ferme arrivaient trop tard.

— Je crois bien qu'il a son compte, dit le charretier.

Et il jeta sa bêche et alla s'enfermer dans la grange, criant :

— Si quelqu'un approche, je le brûle.

Il avait son fusil dans la grange, caché sous une meule de foin.

Il le prit, se montra au haut de l'échelle et répéta :

— Je tue le premier qui m'approche.

On redoutait cet homme, les plus hardis n'osèrent pas avancer, et le fermier lui-même, qui était cependant un homme de résolution, jugea prudent de battre en retraite.

Mais en même temps il prit son fusil à lui et fit feu sur la grange où l'assassin s'était réfugié.

Puis il mit son fils à cheval et l'envoya à Châteauneuf chercher la gendarmerie.

En même temps on transporta le malheureux Martin dans la cuisine de la ferme.

Il respirait encore, mais paraissait devoir mourir au bout de quelques heures.

Le fils du fermier fit diligence ; il alla à Châteauneuf au grand trot de son bidet et moins de deux heures après il était de retour avec les gendarmes.

L'assassin se tenait coi dans la grange ; il n'osait ni faire feu ni sortir.

Puis, toujours étreint par l'ivresse, il avait fini par se coucher sur la paille en se disant :

— Ils n'oseront pas venir.

Pendant quelque temps il avait lutté contre le sommeil, tenant son fusil à la main et prêt à faire feu sur celui qui essayerait de monter les degrés de l'échelle.

Vaincu enfin par le sommeil, ce lourd sommeil de l'ivresse, il s'était endormi.

Un bruit de chevaux dont le sabot retentissait sur le pavé de la cour le réveilla.

Il se leva vivement, sauta de nouveau sur son fusil et courut à une lucarne par laquelle il regarda.

Il vit alors les gendarmes qui mettaient pied à terre, à la lueur d'une lanterne que tenait le fermier.

— Où est l'assassin? demandait le brigadier.

— Là, dit le petit pâtre, mais prenez garde! il va tirer sur vous?...

— Je suis payé pour ça, dit simplement Nicolas Sautereau, et il mit un pied sur l'échelle.

Soudain une balle siffla.

Instinctivement, Nicolas, qui avait son mousqueton à la main, baissa la tête.

Quand il n'était pas ivre, Raimbaud était un bon tireur; mais la main lui tremblait sans doute, car sa balle passa au-dessus du tricorne du brigadier.

Nicolas continua à monter.

— Il a un fusil double! cria le fermier.

Mais Nicolas montait toujours et ses deux gendarmes le suivaient.

Le charretier avait fermé la porte en dedans.

— Au nom de la loi ouvrez! cria Nicolas.

Mais soudain une nouvelle détonation se fit entendre; puis on entendit à l'intérieur la chute d'un corps.

Raimbaud, perdant la tête, entrevoyant dans l'avenir les bras rouges de l'échafaud, venait de se faire justice en se faisant sauter la cervelle avec son deuxième coup de fusil.

On enfonça la porte et on le trouva roide mort.

Sa cervelle avait jailli de tous les côtés.

— Voilà de la besogne de moins pour la justice, dit le brigadier.

Puis il demanda au fermier où était la victime.

— Sur le lit de ma femme, répondit le fermier.

Nicolas redescendit de la grange, et ses trois gendarmes s'approchèrent du lit où râlait le blessé.

Nicolas écarta les rideaux de l'alcôve, en même temps que la femme Hurel approchait sa lampe de la tête ensanglantée du blessé.

Nicolas jeta un cri et recula :

— Martinet! dit-il.

Martinet, car c'était lui, ouvrit les yeux, reconnut son frère et ne se démentit point à cette heure suprême.

Martinet, avait toujours exécré Nicolas.

— Oh! dit-il avec un accent de haine, s'il t'avait tué, le charretier, je lui aurais pardonné, moi...

Puis il retomba inerte sur l'oreiller et ne parla plus.

— Vous connaissez donc cet homme? demanda maître Hurel.

— Oui, murmura Nicolas, qui essuya une larme.

Mais il n'eut pas le temps de s'expliquer davantage; un des garçons de ferme accourut en criant :

— Au feu! au feu!

Dans les campagnes, ce cri sinistre domine tous les cris, l'épouvante de l'incendie prime toutes les épouvantes. C'est le drame des drames, celui-là auprès duquel tous les autres pâlissent.

Il y avait pourtant un cadavre et un homme qui allait mourir dans la ferme de la Martelière; mais on oublia le mourant et le mort, et tout le monde sortit.

Une immense lueur empourprait l'horizon.

Le tocsin de Châteauneuf sonnait.

— C'est la Maison-Blanche qui brûle, s'écria le fermier. Il n'y a que cette maison-là dans cette direction.

— La Maison-Blanche! exclama Nicolas Sautereau.

— Oui, la maison de madame Langevin, répondit le fermier.

Le brigadier murmura :

— Mon frère mourant... et là-bas... oh! c'est à devenir fou.

Puis, s'élançant vers l'endroit où ses deux gendarmes et lui avaient attaché leurs montures :

— A cheval, dit-il, à cheval!

Et il sauta en selle et partit au galop le premier.

LX

Dieu envoie, dit-on, un lourd sommeil aux pauvres gens.

Ce dicton populaire est assez vrai.

Le pauvre est rarement ennuyé de durs soucis; rarement l'insomnie l'atteint-elle à son chevet, et quand il s'endort après les fatigues de la journée, un coup de canon aurait peine à le réveiller.

Madame Langevin et sa fille dormaient donc profondément lorsque l'incendie s'était déclaré.

Le feu avait couvé longtemps, puis il était sorti en flammes rouges par la porte et la fenêtre de l'écurie.

Les deux femmes dormaient toujours.

On avait aperçu les premières lueurs de l'incendie à trois quarts de lieue à la ronde, que les deux femmes dormaient encore.

Ce fut madame Langevin qui s'éveilla la première, suffoquée par la fumée.

Elle jeta des cris et courut à la porte.

Mais l'escalier était en flammes.

Henriette, qui couchait dans la pièce voisine, entendit les cris de sa mère et accourut.

Toutes deux voulurent se jeter dans l'escalier; mais, suffoquées par la fumée, elles furent obligées de rebrousser chemin.

Alors elles ouvrirent la fenêtre et appelèrent au secours.

Des rouliers qui venaient de finir étaient arrivés les premiers sur le lieu du sinistre.

Puis, après eux, un fermier du voisinage qui apportait une échelle.

Mais la fenêtre où se montraient les deux femmes, qui se tordaient les mains de désespoir, était trop haute et l'échelle trop courte.

Ce fut en ce moment que Nicolas arriva au galop, suivi de ses gendarmes.

Il aperçut les deux femmes que les flammes éclairaient, et qui ne pouvaient sortir de la maison.

Descendre de cheval, enfoncer la porte qui brûlait par un coin, se précipiter dans l'escalier en flammes dont chaque marche croulait sous ses pieds.

Horriblement brûlé, à demi asphyxié, il parvint au premier étage.

Les deux femmes, à demi mortes de frayeur, jetèrent un cri de joie et d'espérance suprême en le voyant.

— Ah! sauvez nous! sauvez nous! dirent-elles.

Nicolas prit Henriette dans ses bras.

— Non, dit-elle, sauvez ma mère!

Il courut à la fenêtre :

— L'échelle, cria-t-il, posez l'échelle.

L'échelle, il le savait, était trop courte, mais un de ses gendarme l'avait compris.

L'échelle fut posée contre le mur et tandis que les rouliers la maintenaient solidement par le pied, le gendarme monta jusque sur le dernier échelon.

Alors Nicolas prit madame Langevin à bras le corps, se suspendit d'un bras à l'appui de la croisée, et de l'autre, comme un écuyer du cirque qui se penche sur sa selle et ramasse un bâton dans l'hippodrome, sans toucher la terre, il tendit son fardeau au gendarme qui le reçut, se hâta de descendre et de déposer la pauvre femme évanouie sur le sol.

Nicolas était remonté dans la chambre que les flammes commençaient à envahir.

Il arracha les couvertures du lit, les jeta sur Henriette et l'enveloppa tout entière; puis la prenant dans ses bras, à son tour il s'élança dans l'escalier avec la rapidité de l'éclair.

A la dernière marche, l'escalier s'écroula; mais le brigadier touchait le sol et parvenait hors de la maison.

Il avait les cheveux et la barbe brûlés; mais, grâce aux couvertures, mademoiselle Langevin n'avait point été atteinte par les flammes.

En ce moment, les pompiers de Châteauneuf arrivaient au pas gymnastique.

Mais il était trop tard pour sauver la maison.

Au petit jour, la demeure des pauvres femmes n'était plus qu'un amas de décombres fumants, et les malheureuses se trouvaient sans asile, sans vêtements et sans pain.

Et comme elles se tordaient les mains de désespoir, Nicolas leur dit :

— Ma sœur, la Mariette, est une fermière aisée de l'autre côté de la Loire, dans le Val. Venez, elle vous donnera asile comme si vous étiez pour elle une mère et une sœur.

. . . .

LXI

Trois mois s'étaient écoulés.

Madame Langevin, déjà minée par le chagrin depuis de longues années, avait éprouvé une si vive émotion durant la nuit fatale où sa maison fut incendiée, qu'elle avait succombé quelques semaines après, rendant le dernier soupir dans les bras de sa fille en larmes, au milieu des gens de la ferme de la Mariette, où elle avait reçu un asile.

Henriette était donc orpheline.

La Fouine, arrêtée et convaincue du crime d'incendie, attendait l'heure de son jugement.

Martinet, transporté à l'hospice de Jargeau, était mort quarante-huit heures après.

Quant à Nicolas, chaque fois que le service lui en laissait le temps, il se rendait chez sa sœur.

La Mariette aimait sans doute beaucoup son frère et nous avons vu quelle affection Nicolas lui portait.

Et cependant, ce n'était pas elle seule à présent qui attirait le brigadier.

Nicolas aimait Henriette; mais il n'osait pas le lui dire.

Henriette, pensait-il, était une demoiselle, et sa condition était bien au-dessus de la sienne.

Cependant l'hiver avait fait place au printemps, et le printemps est la saison par excellence de ceux qui éprouvent le besoin d'aimer.

Un soir au coucher du soleil, le brigadier arriva à la ferme tout mélancolique et tout pensif.

Il fut assez étonné de voir au seuil de la porte un

homme en uniforme qui vint à lui et l'appela par son nom.

Cet homme, qu'il était facile de reconnaître pour un aide-chirurgien de l'armée française, tendit la main à Nicolas et lui dit :

— Je me nomme le docteur Langevin et je sais tout ce que vous avez fait pour ma mère et pour ma sœur.

Nicolas balbutia quelques mots d'excuse.

Le docteur poursuivit :

— Ma sœur est pauvre et je n'ai plus, moi, que ma modeste solde de médecin militaire. Nous n'eussions jamais pu nous acquitter envers vous sans une circonstance vraiment providentielle.

Nicolas le regarda avec étonnement.

— Vous aimez ma sœur et ma sœur vous aime, ajouta simplement le jeune homme. Voulez-vous être mon beau-frère?

Le brigadier se sentit trembler et son cœur battit violemment.

En ce moment, la Mariette sortit de la ferme en donnant le bras à mademoiselle Henriette.

Elle tendit la main à Nicolas, et Nicolas fléchit un genou devant la jeune fille.

— Il y a quinze ans de cela, me dit alors madame Sautereau, quand l'ancien brigadier eut terminé son récit, et depuis quinze ans je me répète chaque jour que je suis la plus heureuse des femmes.

Un parent éloigné nous a laissé un modeste héritage ; mon frère est chirurgien major, et quelquefois il me semble que ma pauvre mère est auprès de nous, tant nous entourons sa mémoire de vénération et de respect.

FIN

www.ingramcontent.com/pod-product-compliance
Lightning Source LLC
Chambersburg PA
CBHW060505170426
43199CB00011B/1337